Tumulto

Hans Magnus Enzensberger

Tumulto

tradução
Sonali Bertuol

todavia

Aos desaparecidos

(1963)
Notas sobre um primeiro
encontro com a Rússia **9**

(1966)
Anotações rabiscadas num diário sobre
uma viagem pela União Soviética
e suas consequências **35**

(2015)
Premissas **97**

(1967-1970)
Lembranças de um tumulto **101**

(1970 em diante)
Depois **221**

Índice onomástico **255**

Notas sobre um primeiro encontro com a Rússia

(1963)

O endereço não estava de todo correto, mas assim mesmo a carta foi parar na minha caixa de correio: Budal Gar, Tome, Noruega. Os italianos sempre têm dificuldades com letras que faltam no seu alfabeto. Não consegui decifrar de imediato o remetente no envelope. Tratava-se de uma abreviatura: *Comes*. "*Caro amico*", eu li; o homem que me escrevia tão gentilmente era Giancarlo Vigorelli, e assinava como secretário-geral e editor da revista romana *L'Europa Letteraria*. Só então me ocorreu que eu o conhecera fazia algum tempo. Na Itália, um talento como o dele não é tão raro. Ambição, habilidade e bons relacionamentos suprapartidários lhe permitiram ter acesso a recursos cuja origem permanece nebulosa. Ele os usou para fundar uma organização chamada Comunità Europea degli Scrittori. As más línguas o comparavam a um empresário teatral ou a um diretor de circo. Mas isso era injusto, pois as iniciativas dele tinham mérito. Durante toda a Guerra Fria, não houve mais ninguém que tivesse se engajado com tanto empenho e boa vontade para transpor o fosso, pelo menos no terreno da cultura, entre os blocos em conflito. Assim, ele já conseguira realizar um ou outro encontro entre escritores "ocidentais" e "orientais".

Agora eu tinha em mãos o convite feito por ele para um encontro que aconteceria em Leningrado. Como fui parar na lista de Vigorelli era para mim um mistério, pois, segundo ele me informava, havia nela autores de muitos países, entre os quais alguns de grande calibre. Não era nem um pouco óbvio que Vigorelli pensasse também nos alemães ocidentais. Leningrado era para nós um lugar mítico, para não dizer proibido, que se situava no Oriente, não o Próximo, mas o Extremo; isso, por um lado, porque vinte anos antes um Exército alemão havia cercado, sitiado e forçado Leningrado a se render pela fome e, por outro, porque Ialta* fez essa cidade desaparecer atrás de uma cortina difícil de abrir. O tom de ambos os lados do Muro de Berlim era militante, envenenado pelo medo de recrudescimentos na costura dos dois impérios.

A Alemanha consistia em dois protetorados: de um lado, a morna República Federal, de outro, a "zona", sobre a qual eu nutria poucas ilusões, imunizado que estava por minhas próprias observações e por leituras pregressas: *As origens do totalitarismo*, de Hannah Arendt, *Homenagem à Catalunha*, de George Orwell, e *A mente cativa*, de Czesław Miłosz. Eu também adquirira uma dose de noções básicas de marxismo com o auxílio de um jesuíta de Freiburg: Gustav Wetter, que, em dois tomos, dissecara o materialismo dialético com o mesmo apuro que um canibal teria com um bebê que pretendesse jantar. Ele tinha cacife para fazer isso em plena Guerra Fria, e muito do que veio à luz nessa vivissecção foi elucidativo para mim. Mas o que me faltava, e que os livros não podem proporcionar, era a autópsia. Eu queria ver com meus próprios olhos como as coisas estavam do outro lado, não só nas províncias-satélites, mas também na Rússia, que já havia bastante tempo era chamada apenas de CCCP, União das Repúblicas Socialistas Soviéticas.

Foi assim, portanto, que numa tarde de agosto — lembro que era um sábado — eu aterrissei em Leningrado a bordo de um

---

* Conferência de Ialta, na Crimeia, que definiu as zonas de influência americana e soviética após a Segunda Guerra Mundial. [Esta e as demais notas são da tradutora.]

avião russo. Até lá também tinham viajado Jean-Paul Sartre e Simone de Beauvoir, Nathalie Sarraute, Angus Wilson, William Golding, Giuseppe Ungaretti e Hans Werner Richter, enquanto pelo lado oriental estavam presentes Mikhail Sholokhov, Iliá Ehrenburg, Konstantin Fedin, Aleksandr Tvardóvski, Ievguêni Ievtuchenko, Jerzy Putrament, da Polônia, e Tibor Déry, da Hungria. Também se encontrava ali alguém da República Democrática da Alemanha (RDA), um certo Hans Koch, do qual apenas se sabia que ocupava a função de secretário da União dos Escritores da Alemanha Oriental. Ingeborg Bachmann, que havia sido convidada, cancelara no último minuto, e Uwe Johnson era absolutamente indesejado pelas autoridades russas e alemãs orientais.

Todavia, era necessário que um eventual alemão da República Federal estivesse ali; afinal, o mundo exterior havia revogado pouco a pouco a nossa quarentena política. Mas qual alemão? Max Frisch teria sido melhor, mas era suíço. E quanto a Hans Werner Richter, que era bem conhecido? A saga do Grupo 47 já se espalhara até Moscou. O tema oficial dos debates era inócuo: "Problemas do romance contemporâneo". Mas por que eu, que nunca tinha escrito um romance? A meu favor, penso que contou sobretudo minha data de nascimento. Ela garantia que detalhes desagradáveis da época nazista não viriam à tona; além disso, num sentido vago, eu era considerado "de esquerda", fosse lá o que isso significasse.

Eu nunca estivera na Rússia antes. Não estava familiarizado com os usos e costumes que prevaleciam ali. Como a União dos Escritores Soviéticos dirigia o evento, éramos considerados uma delegação, para não dizer hóspedes do Estado. Fomos alojados no melhor hotel da cidade, o Europeiskaia, na própria Niévski Prospekt. No saguão, estendiam-se autênticos tapetes do Cáucaso, de Bucara e da Pérsia. Nos banheiros superaquecidos, enormes banheiras apoiavam-se sobre patas de leão em ferro fundido. Havia também um jardim de inverno com palmeiras. Com sua suntuosidade um tanto gasta, seus candelabros e suas pesadas escrivaninhas, o grande hotel não estava mais à disposição de cavalheiros como Turguêniev e Tchaikóvski, ou mais tarde, um Górki ou um Maiakóvski, mas de uma nova classe de hóspedes.

Um pequeno quiosque oferecia jornais em diversas línguas, mas eu tinha que me contentar com o *Neues Deutschland*, o *L'Unità* e o *L'Humanité*. Dos outros periódicos, eu não conseguia decifrar sequer o nome. Aquilo era mongol, armênio ou tajique? Nesse caso, era melhor ficar com o *Pravda*; até meu mísero russo bastava para entender suas manchetes, pois sempre era fácil adivinhar o que elas anunciavam: histórias de sucesso da produção agrícola e industrial e más notícias do mundo capitalista. Meu desejo de ter um mapa da cidade não foi recebido com compreensão. Parecia que absolutamente ninguém se interessava por mapas. Só perguntar por eles já causava espanto. Apenas espiões cobiçavam tais segredos de Estado.

Em contrapartida, para nossa "delegação" (que consistia apenas em seu presidente, Hans Werner Richter, e eu) havia à disposição nada menos do que dois acompanhantes, o que logo se revelaria um golpe de sorte imerecido. Embora tais cicerones atuassem sobretudo como intérpretes, prestando socorro a estrangeiros balbuciantes, eles tinham ainda outras tarefas; é sua responsabilidade proteger não apenas o hóspede, mas também o Estado de eventuais inconvenientes. Instâncias superiores esperam que eles as informem sobre como o estrangeiro se comporta e o que pensa. Um deles era Lev Ginzburg, um homem descontraído, germanista e tradutor altamente qualificado, que provavelmente exercia essa função apenas de forma eventual. O outro, Konstantin Bogatiriov, parecia não atribuir muita importância a deveres oficiais, e repelia chavões ideológicos como a moscas inoportunas. Não demorou muito e ele começou a se manifestar de forma tão depreciativa sobre o partido governante e sua liderança que cheguei a me perguntar se não haviam posto um provocador na nossa cola. Dada a vigilância onipresente, tal pensamento era inevitável. Mas logo percebi que minhas suspeitas não tinham cabimento. Kóstia — como ele se fazia chamar — era um homem franzino, quase desnutrido, de trinta ou 35 anos, que só de olhar para ele se podia notar que sobrevivera a anos difíceis. Ele conhecia o aparelho por dentro e por fora e sabia com que penalidades e privilégios era possível contar, que lojas eram destinadas para os poucos privilegiados e quais os diferentes graus de favorecimento. Quando lhe perguntei a que se deviam os danos em seus dentes, ele me disse, sem perder o sangue-frio, que era um souvenir do campo de prisioneiros. Pouco a pouco, como se não fosse nada demais, ele foi me contando sobre os presos entre os quais passara alguns anos longe dali, muito além dos Urais. Desde então, ele era um entendido em dentistas. Isso acabou sendo útil, porque durante a noite Hans Werner foi acometido por uma dor de dentes que o deixou fora de combate por dois dias.

A verdadeira paixão de Kóstia nunca foi a política, mas a poesia. Talvez ela tivesse sido a sua perdição, talvez ele tivesse reproduzido e passado adiante versos proibidos; a favor disso falava o fato de que ele sabia de cor poemas de Óssip Mandelstam, bem como as *Elegias de Duíno*, de Rilke — estas inclusive em alemão.

Algo assim sempre existiu na intelligentsia russa. Kóstia corporificava o éthos das pessoas para as quais a literatura estava acima de tudo, um culto que há muito deixou de existir entre nós.

Até mesmo eu sabia que São Petersburgo, ou Petrogrado, ou Leningrado, essa beleza menosprezada, é assombrada em uma a cada duas esquinas por fantasmas literatos. Mas nos debates que estavam na pauta do congresso não se falava de Púchkin, Gógol, Dostoiévski, dos irmãos Serafim, nem de poetas como Kharms e Khlébnikov.

Konstantin Fedin, um homem influente, presidente da quase onipotente União dos Escritores, atacou Joyce, Proust e Kafka, os franceses defenderam o *nouveau roman,* e os quadros exaltaram o realismo socialista. Foi tudo muito entediante. Apenas Iliá Ehrenburg, que se manifestou, não como porta-voz oficial, mas como líder intelectual dos delegados soviéticos, levantou um pouco a poeira. Não admira, pois já em 1954, com seu romance *O degelo,* ele apadrinhara um primeiro e tímido período de críticas ao stalinismo. Agora ele pisava diretamente nos calos dos veteranos da União dos Escritores. "Nossos escritores", ele disse, "não escrevem romances ruins porque defendem o socialismo, mas porque o bom Deus não os abençoou com talento. Em toda a União Soviética, não vemos nem de longe despontar um Tolstói, um Dostoiévski, um Tchékhov. Mas autores sem talento temos bastante." Sem dúvida, era necessário que houvesse escritores que atingissem milhões de leitores, mas a literatura russa precisava também de outros que escrevessem somente para 5 mil. Ele próprio não via sentido no *nouveau roman,* que estava sendo altamente elogiado ali. Mas devemos todos respeitar o direito à experimentação. Foi o ponto culminante do debate.

Ninguém voltou aos argumentos de Ehrenburg, nem ele mesmo. Como um cosmopolita, preferiu conversar com Hans Werner Richter sobre a Alemanha; até para mim ele teve tempo, embora eu fosse um completo desconhecido na Rússia.

Mas afinal, um congresso é apenas um congresso. É por isso que nós, Kóstia e eu, fugimos uma e outra vez sempre que foi possível. O tempo para isso era escasso. Fomos ver o encouraçado *Aurora,* que já em 1904-5 prestara os seus serviços na

Guerra Russo-Japonesa. A bandeira vermelha pendia cansada do mastro. O navio me pareceu bastante pequeno e pronto para o ferro-velho. Depois, uma espiada no Palácio de Inverno, o lugar onde, em novembro de 1917, aconteceu a insurreição ou, se preferir, o golpe dos bolcheviques, e na agulha dourada do Almirantado. Mais não nos foi permitido.

Mas em algum momento, talvez no segundo dia, deve ter havido um grande banquete. Lembro-me de estar sentado ao lado de um gigante que ostentava o suntuoso uniforme de almirante da Frota Vermelha e um grande anel com um camafeu branco. À minha pergunta, ele declarou com uma gargalhada estrondosa que se tratava de um retrato do tsar; era Nicolau II, a quem ele venerava. Enquanto isso, tinha início a ceia com numerosos brindes. Com os inevitáveis copos de vodca cheios até a borda. Sartre, que ocupava o posto de honra, parecia não ser páreo para o álcool. No meio da longa sequência de pratos, ele teve que se dar por vencido. Um discreto guarda-costas levou-o dali e o pôs em segurança. Mais tarde, circulava o rumor de que um médico havia sido chamado, mas não é preciso acreditar em tudo o que se sussurra no corredor.

A última noite foi mais descontraída. Se me lembro bem, quem se encarregou disso foi Ievguêni Ievtuchenko, que, três anos mais jovem do que eu, sabia exatamente onde a noite acontecia em Leningrado. O lugar para onde ele nos arrastou era uma espécie de loft, o último andar de uma fábrica abandonada. Ali havia uma banda que, além de tocar ritmos de danças tradicionais e melodias de swing, conhecia a última moda do Ocidente. Os *stiljagi* exibiam orgulhosos suas jaquetas de couro e seus autênticos ou falsos blue jeans. Enquanto os mais velhos se embebedavam em silêncio, mas com empenho, a cena jovem se entregou ao twist até altas horas. Só mais tarde percebi como aqueles garotos se mantinham atualizados: eles deviam seu conhecimento das canções de Elvis Presley e dos

Beatles a estações como a Radio Liberty ou o Russian Service da BBC. Eles sabiam perfeitamente como driblar o *jamming* soviético na frequência de ondas curtas.

Na noite seguinte, partimos com o célebre *Flecha Vermelha* para Moscou. Esse trem com vagões-dormitórios devia sua fama em boa parte a amantes desabrigados, que não contavam com muitas chances de felicidade em suas moradias apertadas. As cabines duplas não apenas eram confortáveis e aconchegantes devido ao grande calibre dos trilhos, como eram também liberadas, já que podiam ser ocupadas sem que o estado civil dos passageiros fosse levado em consideração. Ninguém se queixava de que a viagem demorava dez horas.

Também em Moscou, os "delegados", que ninguém delegara, foram imediatamente tomados pela mão. Fomos alojados no Hotel Moscou, na própria Praça Vermelha, em frente ao Kremlin. Os hóspedes entravam no arranha-céu em forma de caixa por um gigantesco saguão mal iluminado, no qual havia espalhadas pesadas poltronas club. Nos cantos do grande recinto, ficavam pendurados alto-falantes, nos quais se podia ouvir dia e noite os mesmos corais pomposos de sempre. Elevadores cronicamente congestionados rangiam ao conduzir os hóspedes até o nono andar, onde uma corpulenta supervisora registrava nossos acessos e cuidava para que ninguém entrasse no quarto errado.

Também fazia parte do programa uma Leitura Internacional de Poetas, realizada na sede de um sindicato. A leitura teve um caráter tão plurilinguístico que o público pouco entendeu. Mais divertido foi um convite privado feito por Iliá Ehrenburg. Seu apartamento na rua Górki era tão monumental que me fez lembrar de recepções em residências na Park Avenue ou na Rue de Varenne. As paredes eram decoradas por obras de arte da modernidade clássica: um Matisse aqui, ali um Braque ou um Vlaminck. O champanhe era servido por criadas com toucas brancas, blusas pretas e aventais de renda bordados. Canapés e petits-fours rodavam em bandejas. O anfitrião foi bem-sucedido em sua tentativa de evocar de forma convincente épocas burguesas perdidas. Perguntei-lhe em francês sobre a sua conturbada temporada em Paris, quando morou em Montparnasse e costumava se sentar no Rotonde com Diego Rivera, Picasso, Modigliani, Apollinaire, e depois sobre as suas aventuras na Guerra Civil Espanhola. Ele era um homem que havia sobrevivido a muitas coisas e sempre caíra de pé. Devo dizer que gostei muito dele, mais do que de Konstantin Símonov, que também estava entre os convidados. Muito senhor de si e muito reservado, ele lembrava um dono de fábrica de máquinas da Suábia.* Aliás, soube que Símonov tinha o hábito de voar em um avião particular para o seu campo de caça na Sibéria nos fins de semana. Já Ehrenburg parecia superior porque tinha motivações ocultas interessantes e perseguia objetivos políticos muito específicos.

A delegação não teve chance de ver de Moscou mais do que o hotel, o Mausoléu de Lênin em frente ao Kremlin ou o parque da Exibição das Conquistas da Economia Nacional, pois já estava marcado um passeio de barco pelo rio Moscou, que nos levou até a foz do rio Oka e durou quase um dia inteiro. Para chegar até o píer e embarcar, tivemos que atravessar uma espécie de estação fluvial, um imponente edifício de vários andares coroado por uma cintilante estrela soviética. Fazia muito calor. Como eu não tinha um mapa, não entendia para onde estávamos indo. Ao que tudo indicava, a partir dali a capital se conectava com mares distantes, pois no cais não estavam ancorados apenas vapores de passeio, mas também

---

* Região do sudoeste da Alemanha, a cujos habitantes se atribui, além de acentuada habilidade para os negócios, especial parcimônia e avareza.

navios mercantes, com cargas a serem transportadas até o mar Báltico ou o mar Cáspio. O complexo sistema de canais do rio Moscou e do Volga nos fez passar por grandes represas, com comportas gigantescas decoradas por colunas que se abriam e se fechavam automaticamente, como que acionadas por uma mão fantasma. No convés, podíamos nos sentar sob os toldos brancos e desfrutar a vida. Não apenas o vinho da Geórgia, mas também a vodca corria a rodo. Fiquei impressionado de ver a bravura de Hans Werner acompanhando o ritmo dos poetas russos com quem dividia a mesa.

Enquanto isso, a verdadeira sensação do dia rapidamente se espalhara. Nikita Khruschóv, o chefe supremo do gigantesco país, manifestara o desejo de falar com os escritores que estavam reunidos ali, talvez até mesmo em sua própria casa. Imediatamente começaram os cochichos e as conjecturas sobre quem faria parte do grupo.

Como sempre, eu não tinha resistência etílica suficiente, e meu russo era muito precário para me permitir participar dessas especulações. Eu estava em pé junto à amurada quando um homem de uns quarenta anos me abordou em inglês. Ele parecia interessado em saber minha opinião, dada a minha condição de estrangeiro que estava ali pela primeira vez, sobre a situação política do país. Mencionei o famoso "degelo" e disse que achava que havia anos que a conjuntura avançava num movimento de *stop and go*. O chefe, continuei, tinha se proposto a tirar o império da paralisia, quebrar fixações, mas de certa forma isso estava acontecendo de modo espasmódico, em surtos esparsos, de bocado indigesto em bocado indigesto. Por isso ninguém sabia exatamente aonde iria dar. O resultado era uma alternância entre esperança e medo, não apenas na intelligentsia, mas provavelmente em todas as outras pessoas. Ele escutou e parecia se divertir com a opinião, e ao final disse que ela não estava de todo errada.

Mais tarde, o leal Kóstia sussurrou que o meu interlocutor era Aleksei Adzhubei. Na minha ignorância, esse nome não me dizia nada. Fiquei bastante assustado quando soube que eu havia falado de forma tão aberta com o genro de Khruschóv e editor-chefe do *Izvéstia*, o jornal oficial do governo. A programação incluía uma excursão de ônibus a um local sagrado: a casa de Tolstói em Iásnaia Poliana, apenas duzentos quilômetros ao sul de Moscou, o que, pelos padrões russos, é muito perto. Tudo ali está disposto exatamente como se o dono da casa tivesse acabado de deixar o escritório. As pantufas estão à sua espera, o tinteiro está cheio na escrivaninha. Nela vi também um jornal de 1910 e algumas cartas que o destinatário provavelmente já não estava lá para ler. Nos movemos por esse museu de reconstituições rigorosas como se viajássemos no tempo. A encenação é tão perfeita que quase não ousamos admitir a verdade: naturalmente estamos diante de uma falsificação feita para nos comover.

Então, no dia 13 de agosto, chegou o grande momento. De manhã cedo eu estava no aeroporto, com os outros escritores convidados, para tomar um avião especial até Sóchi. Agora estava claro quem integrava a misteriosa lista de convidados. Além dos inevitáveis figurões Sholokhov, Tvardóvski e Fedin, Sartre, Beauvoir e Ungaretti, não poderia faltar o promotor do encontro, Vigorelli. Do país, embora figurassem alguns respeitáveis narradores da Grande Guerra Patriótica, os autores conhecidos eram bastante escassos; em compensação, havia todo o tipo de presidentes e membros de agremiações da Rússia, da Bulgária e da Romênia. Quem não estava e por quê? Onde tinham ficado Ehrenburg e Ievtuchenko? Levei um susto quando vi Aleksei Adzhubei novamente, o genro com quem eu falara de forma tão imprudente no passeio de barco. E o que acontecera com Hans Werner Richter? Por que havia desaparecido? Temi que ele pensasse que eu tinha tido algum dedo nisso. Mas nada mais longe de mim, na verdade eu teria gostado de me esconder atrás dele.

Depois seguimos para a vila de Khruschóv, em Gagra. Tomei notas sobre o que se passou lá nos dias 13 e 14 de agosto de 1963.

O anfitrião sai pela porta, lentamente, com passos miúdos, remando com os braços, um homem velho a quem o corpo já dá trabalho. Sua calma expressa mais paciência que alegria com o encontro. Assim que ele para, começa uma cerimônia de apresentações, abraços e apertos de mão que lembra um pouco um teatro amador. A direção é improvisada, o sorriso sem marcas de rotina. Os gestos têm algo de desajeitado. Os nomes e idiomas dos convidados são estranhos a ele, suas propensões mais ainda. São intelectuais, pessoas cheias de pensamentos ocultos. Talvez estejam sendo irônicos. O respeito que demonstram esconde reserva, arrogância, talvez hostilidade. Os visitantes são para ele um fardo. Chatos de galochas.

Ele os recebe não sem dignidade. A elegância rústica não se restringe à camisa bordada. Ela também ajuda a contornar certos embaraços. Uma forma astuta de lidar com o escárnio dissimulado é ignorando-o. A casa, o parque e os arredores também ajudam. Essa gente sofisticada examina tudo com olhares rápidos de esguelha, reverencia a arquitetura moderna, contempla as árvores cheirosas e a extensa praia deserta com inveja. Um pequeno orgulho assoma no dono da casa. Ele mostra a parede de vidro que se desdobra acionada por um motor oculto.

Ele praticamente dispensa os guarda-costas. Os visitantes não são revistados. Essa coragem é simpática, porque não é ostentatória. Os espaços são grandes demais para o homem que os habita. Falta-lhe o instinto da riqueza. Pequenos objetos, que não foram previstos por nenhum arquiteto, destoam do conjunto: um simples e pequeno relógio de parede, um cinzeiro cor-de-rosa fora de contexto. A casa também é bem equipada demais; ela não sentiria falta do morador e se ofereceria a qualquer sucessor. O anfitrião não manifestou nenhum desejo especial, não escolheu pessoalmente a madeira. Os móveis são das linhas mais caras dos *kombinats*, complexos de fábricas estatais. Eles também podem ser encontrados nos saguões dos hotéis da capital, nas mesmas cores. Num pequeno salão de conferências, o grupo toma assento. O anfitrião não indica um programa, não preparou nada especial. Cadeiras são arrastadas. Alguns segundos de perplexidade, então a palavra está com os convidados, que não estão mais seguros que seu ouvinte. Eles foram prevenidos, a cada um em particular foi dado a entender que não estariam diante de um interlocutor culto. Era preciso, por favor, ter atenção para: evitar palavras estrangeiras, empregar uma linguagem simples e tomar cuidado com a irascibilidade do pequeno grande homem.

Os presidentes falam um por um, três minutos cada. Seus agradecimentos, palavras de enaltecimento, declarações de compromisso são ligeiramente floreadas demais, expansivas demais. O destinatário não acredita nelas. Ele tem um ouvido aguçado. Sartre não se arrisca um milímetro com suas trinta palavras, assume uma postura de espera, para não dizer cordata, bem ao contrário do seu comportamento na França, onde costuma exibir provas de valentia isentas de perigo perante o poder. O único que dá alguma mostra de coragem é o polonês Jerzy Putrament. Ele reivindica maior margem de movimento para os autores soviéticos.

Já nessa cena, tenho a impressão de que o anfitrião é superior aos convidados. A maioria deles, ainda no ônibus, numa estranha agitação, não tinha ajeitado a gravata, trocado de camisa, passado e repassado detalhes protocolares? O anfitrião não precisa de nada disso. Ele está ciente de sua vantagem.

Isso se evidencia assim que terminam os panegíricos conciliatórios dos escritores. Mais um momento de indecisão. Então o primeiro-secretário do Comitê Central ergue-se hesitante e começa a falar. Os intérpretes arrastam as cadeiras. Ele apenas queria dizer algumas palavras, começa quase em tom de desculpa. No início, parece inseguro. Imagino que quando está entre os seus proceda de maneira completamente diferente, que haja mais bebida e também gritos de vez em quando.

O que se segue é um discurso de cinquenta minutos, desprovido de qualquer conexão lógica, discursiva. Ele começa calmamente, um pouco entrecortado, depois se exalta, arrasta longos exemplos e anedotas, fala mais depressa, acaba tomando um rumo inesperado e para de repente. Ele próprio parece surpreso com o que disse. Ele não gostaria de retirar nada, mas não quer de forma alguma simplesmente deixar assim. Não sabe como continuar, mas alguma coisa vai lhe ocorrer. Sim, um pouco de paciência! Paciência não lhe falta. Ele espera, cruza as mãos. Os outros sim estão nervosos, temem que o orador tenha encalhado. Trinta segundos. Então sai uma nova frase. Ela surge como que do nada, começa num ponto que ninguém imaginava. O nexo só pode ser adivinhado num momento posterior, ou nem isso, as associações levam a outras direções. Ingenuidade infinita e desarmante? Somente entre os ouvintes mais tolos espalha-se uma sensação de que eles próprios poderiam fazer melhor. Mas isso é um equívoco, pois nenhuma das declarações aparentemente tão rasas é despropositada; quase sempre há algo correto nelas, às vezes até mesmo profundo. O discurso de Khruschóv não arrebata; o que nele incita a pensar é o seu senso comum e a sua astúcia, a sua coragem e o seu tino para o possível. Linguisticamente, ele tende a reduzir o desconhecido ao conhecido. Tom de voz constante, vocabulário reduzido, sintaxe mínima.

Abordagens retóricas travam na garganta e não parecem convincentes, o que o orador imediatamente percebe. Mesmo a indignação dele não parece nova, expressa-se como se tivesse vindo à sua mente pela centésima vez. Ele não compreende por que deveria continuar repetindo coisas tão claras. Seus insights não são numerosos, mas ele tem segurança naqueles que apresenta. Suas dúvidas são raras, mas justamente por isso elas ameaçam os céticos.

Isso se evidencia quando o anfitrião, sem motivo aparente, começa a falar da Hungria. Ninguém antes dele havia mencionado a Revolução Húngara de 1956. Mas afinal Sartre, que na verdade nada acrescentou às saudações dos outros além de uma frase breve e batida, está na mesa. O que ouvimos na sequência é uma tentativa de justificação. Ela é apresentada de forma importuna e desajeitada. "Se a nossa intervenção foi um erro, eu sou o principal culpado. Mas hoje, sete anos depois, qualquer um pode ver: não foi um erro."

Ele agarra o touro pelos chifres, põe as diferenças em cima da mesa em vez de escamoteá-las. Tenho a impressão de que se ressinta da cautela e do afã de adaptação dos convidados. Sem dúvida, os que estão ali querem algo dele, maior margem de ação para os autores soviéticos, possibilidades de viajar para o exterior, fazer exposições, publicar. E talvez ele também queira algo de nós: apoio junto à opinião pública para a sua definição de coexistência pacífica e suas iniciativas de desarmamento. Ao mesmo tempo, não hesita em nos confrontar com o capítulo mais sombrio do seu governo. A ferida que é a Hungria não está cicatrizada. Ele quer semear em um terreno que não foi lavrado. Sua tentativa de convencimento se dirige não apenas a nós, mas também a si próprio. Ele não põe panos quentes, como fizeram Vigorelli, Ungaretti e Surkov, o que sem dúvida significa que ele tem mais respeito por nós do que temos por ele.

De resto, essa passagem é a única em que se nota o seu envolvimento emocional. Após uma pausa, ele se embrenha novamente nas suas tortuosas associações de ideias, fala sobre Deus e o mundo, quase beira a tagarelice. Mais tarde, alguns oficiais superiores me asseguram que a loquacidade do anfitrião lhes causa grandes preocupações. O chefe, eles dizem, é incapaz de guardar um segredo, especialmente quando se trata de êxitos, tanto os reais quanto os presumidos.

Citações do discurso: "Abolimos a ditadura do proletariado. Após 45 anos, já não precisamos mais dela. A União Soviética é um Estado popular. Hoje já somos uma democracia. Apenas quem tem medo precisa de uma ditadura". Ele defende a prosperidade contra os argumentos dos chineses: "'Quanto mais ricos vocês ficarem, mais burguês será o seu pensamento', um dos delegados deles me disse. Mas se um homem tem uma segunda calça, ele é um marxista pior? Perguntei-lhe se ele achava que os melhores comunistas andavam por aí sem calças". Às vezes ele se vangloria, exalta as forças de seu país. "Não foi porque os capitalistas se tornaram mais inteligentes, mas porque nós ficamos mais fortes, que o acordo de Moscou sobre o fim dos testes nucleares se concretizou. Sem a crise do Caribe, talvez hoje não tivéssemos um tratado no bolso." Ele fala de acordos mais amplos mencionados por Dean Rusk, o secretário de Estado dos Estados Unidos, ofertas que foram muito além do que foi discutido publicamente. (Correm rumores em Moscou de que os Estados Unidos, no espírito do Plano Marshall, teriam prometido ajuda abrangente ao Bloco Oriental.)

Tudo isso intercalado por lições sobre os males do capitalismo. Já o modo como ele explica o socialismo a um homem como Sartre é desarmante. Muitas vezes, ele lia sobre suicídios nos jornais ocidentais. Não se tratava de um assunto privado! "Algo assim é muito raro em nosso país. Investigamos a fundo todos os casos, procuramos os culpados e tentamos melhorar as condições." Sartre escuta essas análises como que petrificado.

É significativa a única reminiscência literária no discurso de Khruschóv. Ele se lembra de uma história que leu em 1910 ou 1911, numa revista liberal. O nome do autor não lhe vem à memória. (Talvez seja Christoph von Schmid.) Um grande proprietário de terras é abordado na rua por um mendigo, que lhe pede um copeque. Ele procura nos bolsos, mas somente encontra uma moeda de vinte copeques, que dá ao pobre. Este, sem caber em si de tanta alegria, agradece de joelhos. "De quão pouco", diz o fazendeiro, "esse homem precisa para ser feliz! Para mim, seriam necessários pelo menos vinte mil rublos para me deixar contente assim." O orador se mostra indignado com a diferença entre os protagonistas dessa história, que lhe parece significativa o bastante para citá-la ainda hoje. Ou ele pergunta para quem o operário trabalha no capitalismo. Um exemplo poderia ilustrar isso. Um homem vende a sua força de trabalho para a construção de um muro, mas não tem o direito de saber para que este servirá. No fim, pode ser uma parede de uma prisão, atrás da qual ele próprio estará um dia... A parábola não atinge seu efeito edificante e o orador percebe tarde demais que falar sobre muros em face da "Barreira de Proteção" de Berlim pode ser perigoso.

Ele se sente mais à vontade com as fábulas dos livros ilustrados. Para abordar o tema do culto à personalidade, lhe vem à mente o elefante. Uma vez, em sua infância, quando um desses animais visitou a aldeia, todos queriam vê-lo. Tanta gente fora até lá e se juntara ao redor do elefante que ele, ainda garotinho, acabou ficando sem vê-lo. Algo semelhante ocorre com o culto à personalidade. No funeral de Stálin, morreram 106 pessoas na Praça Vermelha. Sua própria filha só conseguiu se salvar rastejando para baixo de um automóvel. Já hoje, quando o veem nas ruas de Moscou, um cutuca o outro e diz: "Olha ali, lá vai Khruschóv!". O outro dá de ombros: "Ah, eu já o conheço. Ele até já viu acontecer de cuspirem no chão".

Mas o que o perturba e o aborrece são coisas muito simples. Por exemplo, a fortuna privada de Kennedy. Por que os trabalhadores votam num homem tão rico? Ele pensa por um momento. Então tem uma luz: os capitalistas ganham as eleições porque *vocês* os ajudam. Diz isso voltado para os convidados. Alguns entre os escritores se sobressaltam, outros pasmam. Mas o orador logo os acalma acrescentando que naturalmente não se referia aos presentes ali. Mas eles carregam uma responsabilidade bastante pesada. De resto, esse foi o único ponto do discurso que fez referência ao trabalho dos convidados; sobre literatura e estética, para o meu alívio, ele não desperdiçou uma só palavra.

Talvez ele superestime a influência do ofício das letras. Talvez também pense sobre o quão passível de sedução e suborno a classe pode ser, ainda que isso muitas vezes tenha sido conveniente para o Estado soviético. Mas também as teses marxistas tradicionais cometem o mesmo erro, que, em última análise, equivale à inversão da proposição de que o ser social determina a consciência. Se a sua afirmação fosse publicada no *Pravda*, causaria uma pequena sensação. Aqui, proferida por um homem que só ouviu falar do marxismo no Curso Breve de História do PCUS (B),* ela soa apenas como o reconhecimento de uma realidade política.

Então o discurso simplesmente acaba, porque o orador tem a sensação de que já é o bastante, sem se preocupar com um efeito final, que seria facilmente alcançado com algumas frases sobre paz, futuro e progresso. O aplauso é bem-educado, porém contido. As pessoas se levantam e saem para passear.

---

* Partido Comunista da União Soviética. "B" é uma menção aos bolcheviques.

Está muito quente, os convidados sofrem dentro de ternos escuros. O anfitrião convida para um banho de mar. Ele próprio quer entrar na água. Os visitantes não trouxeram trajes de banho. Consternação protocolar, perplexidade, e também desinteresse. Quem vai querer se banhar nu, opção que o chefe de Estado deixa a critério de cada um, ainda mais sob o olhar da autora de *O segundo sexo*? É preferível ficar sentado nos degraus da escada, conversando cautelosamente, enquanto o anfitrião desaparece numa das duas cabanas na praia. Apenas Vigorelli, um autor desconhecido e eu queremos tomar banho de mar. Nos instalamos na segunda cabana e ali encontramos, destinados ao dono da casa e de seu número, três calções de banho de uma qualidade espantosamente baixa. Eles vão até nossos joelhos. Tenho que segurar o meu com as duas mãos. Os dez minutos no mar Negro provavelmente foram os únicos confortáveis do dia, para o anfitrião e para nós. Apenas o salva-vidas, sempre a postos em seu barco para resgatar o seu mestre, mostrava preocupação com o nosso bem-estar.

O jantar, que dura duas horas, é servido no terraço. Antes disso, nos é permitido visitar a ala residencial. Ela lembra a decoração de um filme dos tempos da UFA,* colchas cor-de-rosa no quarto, poltronas ao gosto do Café Kranzler. Os poucos discursos de banquete são banais e insípidos, mas a cozinha é primorosa. Fala-se quase que unicamente russo. Meu vizinho, Konstantin Fedin, mostra pouca vontade de traduzir o que os estrangeiros dizem para o anfitrião, sentado diagonalmente à sua frente. Apenas trivialidades são passadas adiante. De qualquer forma, eu, o mais novo à mesa, não teria quase nada a dizer.

---

* Universum Film Aktiengesellschaft, grande companhia cinematográfica alemã, fundada em 1917 e estatizada durante o nazismo, quando esteve sob influência direta de Goebbels.

Apenas uma vez a Alemanha é mencionada, e bastante à margem: daqui, diz de repente o anfitrião, ele pode ver a Prússia. Do outro lado da baía, fica a casa de veraneio de Ulbricht.* Isso é tudo, nem mais uma palavra sobre política. O dono da casa come e bebe muito pouco. Tenho a impressão de que está entediado, mas continua atento e solícito, oferece bebidas: vinho da Geórgia e uma água mineral da qual sobe ao nariz um leve cheiro de enxofre. É como um convite para jantar na casa do prefeito. Nos sentamos com os boticários e os inspetores escolares e comemos do bom e do melhor. As línguas não se soltam, o vinho não nos alegra, nenhuma piada nos ocorre. O anfitrião de repente parece cansado, seus olhos estão semicerrados, apenas uma pequena desconfiança ainda está acordada, e ele escuta só com meio ouvido.

Depois do café, o poeta russo Aleksandr Tvardóvski executa o seu grande e bem preparado coup. Ele tem uma longa carreira na bagagem. Na Segunda Guerra Mundial, ficou conhecido com um poema sobre o soldado Vassíli Tiorkin, que não apenas era popular como também havia recebido um Prêmio Stálin. Sob Khruschóv, foi confiada a Tvardóvski a direção da revista *Novy Mir*; nessa época, ele fez questão de publicar *Um dia na vida de Ivan Daníssovitch*, obra de um autor completamente desconhecido chamado Aleksandr Soljenítsin.

No ringue, portanto, um peso pesado.

Ele lê uma continuação de seu poema épico dos anos 1940: *As memoráveis aventuras do soldado Tiorkin no Além*. Sob o governo de Stálin, não se podia nem pensar numa publicação desse texto e, mesmo após o "degelo", os censores achavam arriscado demais imprimi-lo. Eles lhe propuseram uma "edição do texto", que o autor declinou.

---

* Walter Ulbricht, então chefe de Estado da República Democrática da Alemanha.

A versão que ele trouxera mostrava por quê. No Além, o bravo soldado, que lembra Švejk,* encontra exatamente as mesmas condições que na União Soviética. Ele busca em vão um lugar onde possa descansar. Quando quer reclamar, ouve que isso não faz sentido, porque ali todos vivem felizes e satisfeitos; para isso trabalha a Polícia Secreta. Para quem se comportasse de forma exemplar, acenava-se com um privilégio muito especial: passar as férias no inferno burguês. Poemas épico-satíricos desse tipo são um gênero tradicional na literatura russa. Na estrutura das estrofes e nos fraseados aludem a *Alemanha: Um conto de inverno*, de Heinrich Heine. O efeito que observo nos que estão sentados à minha frente é bastante similar. Estrofes "líricas" e satíricas se alternam, e os alvos são atingidos com uma precisão infalível. Naturalmente, nós, os estrangeiros, não entendíamos do que se tratava. Mas o dono da casa ouviu atentamente e tolerou a leitura por cinquenta minutos. Às vezes ele parecia preocupado, algumas vezes parecia quase irritado, as "partes poéticas" o entediavam, mas não conseguiu resistir às piadas, riu estrondosamente algumas vezes e, quando a leitura terminou, permaneceu em silêncio um bom tempo e depois disse secamente: "*Choroscho*".**

Para os escritores soviéticos, esse foi o resultado decisivo da visita, uma manobra engenhosamente tramada, bem-sucedida. A despedida ofereceu a mesma cena que as boas-vindas: abraços desajeitados, apertos de mão distraídos, alívio secreto de ambos os lados. Apenas os delegados dos países socialistas camuflados como escritores, entre eles um homem particularmente insípido de Berlim Oriental, exibiam um ar solene.

---

* Personagem do romance satírico *O bom soldado Švejk*, do escritor tcheco Jaroslav Hašek (1883-1923). ** "Bem", em russo.

Não restam muitos pontos nebulosos sobre Khruschóv depois desse encontro. Através de um plebiscito ou de eleições parlamentares, esse homem nunca teria chegado ao poder. Ele é discreto. Provavelmente isso o salvou. Sua força é a de um homem que decidiu sobreviver. Dessa maneira, ele sobreviveu ao stalinismo e às lutas pelo poder após a morte do georgiano. Não há como duvidar de sua prudência e de sua capacidade de resistir. Ele tem mais senso para manejar situações do que para criá-las. Não é um homem de grandes projetos, é difícil de convencer, impermeável a argumentos teóricos, capaz apenas de aprender por tentativa e erro.

Suas qualidades podem ser mais bem definidas de forma negativa. Ele está bastante isento da megalomania e da paranoia de seus antecessores. Suas convicções básicas são tão simples que não são elas que programam seu comportamento, mas o contrário: o comportamento que as interpreta caso a caso. Nos limites dos seus lugares-comuns, ele é inseguro; portanto, é capaz de aprender. Ele nem imagina em que consiste o seu maior feito político. É a desmistificação do poder. Um homem sem segredos no mais alto posto do Estado: no mundo todo, isso é raro; na Rússia, inédito. Falta-lhe todo e qualquer "carisma". Na sua presença, antes se instala o tédio, e não um fascínio ao qual um homem como De Gaulle deve o seu efeito. Ele não nega o culto à personalidade apenas como ideologia, o que significaria pouco, mas através de sua pessoa. Quem se mostra desapontado com isso não entendeu do que se trata. Na era nuclear, qualquer Napoleão aclamado pelas massas poderia se arriscar ao suicídio coletivo. Diante disso, o sapato com que Khruschóv teria batido em sua tribuna em Nova York é inofensivo. Podemos bocejar à mesa desse homem, mas não nos sentimos ameaçados.

Um voo curto trouxe todos os participantes de volta a Moscou. Ninguém tinha vontade de comentar a experiência. Os importantes convidados estrangeiros saíram depressa em busca de suas conexões para Paris, Roma ou Varsóvia. O leal Kóstia foi me buscar no hotel e me proporcionou uma longa noite com alguns dos seus amigos de todas as horas no seu pequeno apartamento na Primeira Aeroportovskaia, num edifício que abrigava como uma colmeia os membros menos proeminentes do ofício das letras. Havia vodca demais para que eu possa me lembrar sobre o que as pessoas ali presentes falaram, protestaram e riram.

Na manhã seguinte, dia 15 de agosto, recostei-me aliviado em minha poltrona no avião da SAS para Oslo. Minha primeira excursão à União das Repúblicas Socialistas Soviéticas valera a pena.

Postscripta

(2014)

Nikita Sergueievitch Khruschóv morreu como um pacato aposentado em sua casa de campo, em 1971.

Hans Koch, mencionado no começo, suicidou-se em 1986. Ele não deixou uma carta de despedida que pudesse esclarecer seus motivos.

Aleksandr Trifonovitch Tvardóvski foi destituído após a queda de Khruschóv; ele morreu amargurado em sua datcha, em 1972.

Após o meu regresso, escrevi:

Apontamentos de cozinha

(1963)

Numa tarde ociosa, hoje
vejo em minha casa
pela porta aberta da cozinha
uma leiteira   uma tábua de cortar cebola
uma tigela para o gato.
Na mesa há um telegrama.
Eu não o li.

Num museu em Amsterdam
vi num velho quadro
pela porta aberta da cozinha
uma leiteira   uma cesta de pão

uma tigela para o gato.
Na mesa havia uma carta.
Eu não a li.

Numa casa de verão, junto ao rio Moscou
vi há poucas semanas
pela porta aberta da cozinha
uma cesta de pão   uma tábua de cortar cebola
uma tigela para o gato.
Na mesa estava o jornal.
Eu não o li.

Pela porta aberta da cozinha
vejo leite derramado
guerras de trinta anos
lágrimas em tábuas de cortar cebola
mísseis antimísseis
cestas de pão
lutas de classes.
Embaixo, à esquerda, bem no canto,
vejo uma tigela para o gato.

Anotações rabiscadas num diário sobre uma viagem pela União Soviética e suas consequências

(1966)

27 de agosto. Sob um escaldante calor de verão, de Oslo a Moscou via Estocolmo.

No aeroporto de Cheremetiév, sou apanhado por meu amigo Kóstia Bogatiriov, que conheci há três anos em Leningrado, na minha primeira viagem à Rússia. Foi um alegre reencontro. Sempre nos demos bem, já desde o primeiro momento.

Como muitos europeus orientais — Tibor Déry, por exemplo —, ele fala um alemão escorreito, antiquado. Meu russo é deplorável. Consiste em algumas centenas de vocábulos e uma gramática rudimentar, o que mal dá para me entender com um garçom.

Portanto, dependo completamente de Kóstia. Descobri que seu pai é o famoso etnógrafo Piotr Bogatiriov. Ele tinha ido para Praga com Roman Jakobson e, em 1939, quando chegaram os alemães, retornara a Moscou. Quando aconteceram os expurgos, Piotr foi banido da universidade e só foi reabilitado após a morte de Stálin. Meu amigo Kóstia, portanto, cresceu numa típica família russa de intelectuais. Quando voltou para casa após dois anos no gulag, traduziu poemas de Rilke, a quem venera. Ele guarda seus livros em estantes reforçadas com portas de vidro. Em 1965, Kóstia participou de um sarau de poesia alemã em Moscou; lá ele leu também alguns dos meus textos, talvez na tradução de Lev Ginzburg, que se propôs a publicar todo um livro meu em russo; até agora, porém, isso se limitou a alguns poemas em revistas, na *Inostrannaja Literatura* ou na *Novy Mir*, provavelmente quando Tvardóvski era o editor.

Dessa vez sou alojado nos andares superiores do Hotel Pequim, um fantástico arranha-céu da era Stálin. Aparentemente, este alojamento já um tanto desgastado pelo tempo é reservado para hóspedes do governo e do Partido. Tenho toda uma suíte para mim. Ela consiste num salão enorme que parece um ginásio esportivo e que, com exceção de um grande piano de cauda, está vazio, além de um quarto e um banheiro enorme com uma banheira de ferro fundido sem a tampa do ralo.

Espero poder esclarecer o meu status inesperadamente elevado na União dos Escritores Soviéticos, que fica na rua Povarskaia, no bairro de Arbat. A casa, um palacete classicista cercado por um parque particular, dá a forte impressão de que ali vive uma família aristocrática. (Ignorante que era, eu não sabia que a casa antigamente pertencera à família Rostov, de *Guerra e paz*, um detalhe bastante evidente para qualquer russo letrado. Bastaria que eu tivesse prestado atenção em um monumento no jardim, no qual Tolstói descansa numa cadeira, para perceber de que herança desfrutavam desde 1934 os presidentes do Comitê Executivo da União dos Escritores Soviéticos.)

No Ocidente, não temos noção do significado político, do poder e da riqueza dessa instituição. A afiliação é uma questão de sobrevivência para qualquer escritor. Uma exclusão equivale à morte social. A União é ao mesmo tempo autoridade de censura, agência de viagens, tesouraria e serviço de assistência social. Ela decide sobre a permissão para sair de férias ou viajar para o exterior. É a ela que os escritores devem se dirigir quando precisam de um passe de transporte ou uma passagem de avião ou uma geladeira, de uma internação num sanatório ou num hospital. Subordinado à União, o chamado Litfond cuida da administração, da atribuição e da manutenção de datchas e apartamentos.

Eu fora, portanto, convidado ou convocado para visitá-la nesta tarde. Uma casa extremamente peculiar! De um lado, em estreitas baias, matraqueiam as máquinas de escrever da burocracia; de outro, salões com candelabros de cristal e pesados reposteiros de veludo. Há até mesmo uma Vênus de Milo de gesso perdida num salão.

Sob o olhar complacente de Górki, um copo de conhaque é oferecido ao visitante. O diretor da comissão para escritores de países ocidentais — infelizmente esqueci seu nome — trouxe consigo um especialista em literatura alemã e um séquito de ajudantes. Só posso explicar essa pompa pelo fato de que há três anos, por mero acaso, para não dizer por engano, fui convidado para a residência de verão de Khruschóv. Mas há algo também contra essa hipótese, pois o chefe de Estado que naquela ocasião nos recebeu em Gagra fora destituído já fazia um ano. Não se pode dizer que Leonid Brejnev, seu sucessor, tenha grande interesse pela literatura. Desde então, o clima político voltou a registrar temperaturas glaciais. Isso tem seus efeitos sobre o ofício das letras. Em 1964, Joseph Brodsky foi preso em Leningrado e condenado a cinco anos de trabalhos forçados por "parasitismo"; apenas recentemente foi libertado, porque esse caso provocou um escândalo internacional. E ele não foi o único. Andrei Amalrik teve sorte semelhante. Também o escritor Andrei Siniavski não foi perdoado por publicar seus ensaios críticos no exterior sob o pseudônimo de Abram Tertz. Um tribunal de Moscou, numa farsa jurídica nos padrões stalinistas, condenou-o a sete anos de confinamento sob segurança máxima num campo de prisioneiros. O fato de esses bodes expiatórios serem judeus não pode ser coincidência. Isso lembra a campanha contra os "cosmopolitas sem raízes", desencadeada no início dos anos 1950 pelo Kremlin, bem como a famigerada conjuração dos médicos, que ele inventou pouco antes de sua morte. Muitos autores, artistas e cientistas soviéticos logo perceberam os sinais de um retrocesso aos últimos anos de Djugashvili. Pessoas como Sakharov ou Paustóvski se negaram a aceitar a situação. Eles se dirigiram a Brejnev com uma carta aberta de protesto. Uma nova cena dissidente se espalhou pela Rússia. Na casa da União dos Escritores, não se pronunciou uma sílaba sobre tudo isso.

Só depois eu soube que ali é mantido um registro meticuloso de cada autor estrangeiro, e que há especialistas para cada país e cada idioma, que leem tudo o que é publicado. Não apenas livros, mas também declarações políticas são registradas nesses dossiês. Um currículo é constantemente atualizado; até mesmo recortes de jornais e resenhas vão para as pastas. É provável que eu também tenha sido enquadrado numa das categorias criteriosamente definidas que decidem sobre a graça e a desgraça dos envolvidos. Ao lado dos "antissoviéticos" e dos "reacionários" há também os "escritores burgueses progressistas". Estes são tratados especialmente bem, muito melhor do que os camaradas estrangeiros, que, embora sejam mimados com altas tiragens e honorários, são antes vistos como idiotas úteis. Tudo isso fala de uma crença na relevância política da literatura, que me parece bastante exagerada.

Não só o convite para um Congresso pela Paz em Baku é por eles confirmado como também me propõem uma viagem por toda a União Soviética, "para que eu possa conhecer melhor o país". E não na forma usual de uma "delegação" — não, até mesmo me é permitido viajar sozinho, com um intérprete. Trata-se de um privilégio que não é concedido à maioria dos hóspedes. Imediatamente menciono Kóstia, de cujos excelentes conhecimentos de alemão eu não gostaria de abrir mão. Após uma breve consulta, também isso é concedido, e então é traçado um plano de viagem que, durante quase um mês, deverá me conduzir pelos confins do império.

No funcionalismo público tsarista havia treze posições hierárquicas, sei pelos romances russos. E isso mudou menos do que se poderia imaginar. Um velho homenzinho, talvez de quinto ou quarto grau, me chama à parte e põe na minha mão um envelope bastante gordo com cédulas de rublos. Para que é o dinheiro? Essa pergunta o surpreende. Mas o senhor é nosso hóspede, ele diz. Acaso o convidado vai viver de vento? Minhas objeções são rechaçadas. "Tome como um adiantamento dos honorários por futuras publicações."

À noite, no clube dos escritores, que fica na vizinhança, não falta nada. Há até mesmo caviar Sevruga em travessas de prata. O edifício poderia ser um palácio de algum banqueiro ou comerciante expropriado após a Revolução. O acesso é restrito aos membros inscritos e a seus convidados. Reencontro algumas pessoas que conheci em Leningrado. Sobretudo o germanista e tradutor Lev Ginzburg, que também está presente. Ele cita Pasternak, que disse: "Os únicos que invocam a moral nas peças de Shakespeare são os criminosos". Talvez ele se refira a certos membros oficiais do clube cujos livros ninguém lê, mas que dispõem de um bom apartamento, um chofer e uma casa na Crimeia.

Depois de um tempo, percebo que sinto falta de alguma coisa nesta cidade. De repente me dou conta de que são os anúncios em néon, placas de firmas e de marcas. Em vez de me alegrar com sua ausência, sinto falta deles, um sinal do condicionamento de nossa consciência pelo espetáculo da mercadoria. Mas sem dúvida também em Moscou o tráfego triplicou no decorrer dos últimos três anos. Era a isso que Walter Ulbricht se referia quando prometeu que não alcançaria o Ocidente e sim o ultrapassaria?

O famoso GUM na Praça Vermelha é chamado assim porque é o "Magazine Universal do Estado". Ele existe desde 1893. Nessa época, era o maior dos grandes magazines europeus. Os velhos bolcheviques não gostavam dele. Após a Revolução, ficou fechado por um longo tempo e somente ressuscitou após a morte de Stálin, graças a Khruschóv. Com o seu fantástico labirinto de escadarias, passagens, cúpulas de vidro, colunas, pontes e galerias, ele lembra os *Carceri* de Piranesi. Às vezes estão à venda ali produtos pelos quais se procura em vão em outras lojas. É por isso que visitantes de toda a União Soviética se apinham nos corredores do GUM, e ninguém se queixa das longas filas diante dos balcões.

De resto, o fetiche da mercadoria na Rússia está tão longe de arrefecer quanto o poder do Estado. Muito pelo contrário, aqui as mercadorias ocidentais são consideradas símbolos de status. Quanto mais diminui a escassez de bens de consumo básicos, mais aumenta a desigualdade. Uma conhecida de Moscou especializou-se em reunir catálogos de compras pelo correio, como os das lojas Quelle ou Neckermann, e alugá-los por semana. Ela também coleciona moldes da revista *Burda* e os aluga a costureiras particulares. Quem obtém permissão para viajar ao exterior é, evidentemente, um privilegiado. Mas as pessoas entregam listas para o viajante e esperam que ele traga os objetos que desejam. Pode ser um remédio de importância vital, mas também um acessório da moda ou um determinado brinquedo. Essa obrigação causa sérios incômodos ao viajante, que não pode levar divisas consigo e acaba tendo que mendigar a seus anfitriões.

Salta aos olhos a presença de centenas de etnias nas estações ferroviárias de Moscou: de Leningrado, de Jaroslav, de Kazan, da Bielorrússia, de Kiev, de Kursk — elas são gigantescos caravançarás. As salas de espera lembram os tempos de guerra. Os passageiros levam os seus farnéis e dormem no chão. Eles têm todo o tempo do mundo. Quem não vai correr o país pode fazer uma expedição pelas estações de trem para ter uma ideia da babel de trajes e idiomas.

29 de agosto. Voo para Baku, para o Congresso pela Paz, organizado pela União dos Escritores. São sete horas da manhã. No

aeroporto, Kóstia, Lev Ginzburg, o romancista Vassili Aksio-nov e alguns outros que não conheço sentam-se a uma mesa na sala de embarque. Todos vieram de muito longe. Ninguém comenta o que saiu no *Izvéstia*. Os posicionamentos ideológicos são tabus nessa roda de café da manhã. Em vez disso, os passageiros trouxeram suas garrafas de vodca. Eles bebem em copos para água. *Sto gramm* — 100 ml — é a dose mínima. Não consigo seguir o ritmo, o que significa automaticamente cair no conceito desse grupo.

Ginzburg começa a falar mal dos chineses. Essa é, pelo que sei, uma atitude bastante disseminada na União Soviética. Nesse ponto, de repente muitos estão de acordo com uma autoridade que apenas há alguns anos os encarcerou e os enviou para o campo de prisioneiros. Não era apenas por causa dos conflitos de fronteira ao longo dos rios Amur e Ussuri, que havia anos vinham recrudescendo. Recentemente, Mao, o "Grande Timoneiro", proclamara a Grande Revolução Cultural Proletária, soltara a Guarda Vermelha e convocara para o "assalto ao quartel-general". Ele se referia ao Comitê Central do Partido.

Vocês no Ocidente deveriam nos agradecer, dizem meus companheiros de viagem Lev e Kóstia, porque nós, os russos, os protegemos contra o "perigo amarelo". Eles dizem que o fascínio da intelligentsia ocidental pela China é esnobismo. Eles equiparam Mao Tsé-tung a Hitler; tanto um quanto o outro queimaram livros e lançaram seu país no abismo. E quanto a Djugashvili?, eu pergunto. Tais comparações causam um certo desconforto, mesmo entre aqueles que sofreram com os expurgos; afinal, o Exército Vermelho repeliu a invasão alemã. Em particular, um deles até mesmo me diz que os americanos sabiam muito bem por que intervinham no Vietnã: pois, se não o fizessem, os comunistas acabariam conquistando o mundo. Assim, mesmo nas primeiras horas do dia, posições podem de repente tomar rumos contrários quando a vodca flui.

Em Baku, enfeites de flores por toda parte, além de bandeiras e faixas nas quais triunfa a paz mundial. Hotel e edifício do congresso: monstruosa arquitetura de concreto. As delegações da Ásia e da África celebram um reencontro; aparentemente muitos dos participantes já se conhecem de outras datas.

No saguão, Ievguêni Ievtuchenko também aparece. Ele é a estrela do congresso. Cercado por fotógrafos. Para os padrões soviéticos, a sua aparição tem algo hollywoodiano. Para a minha surpresa, ele se recorda imediatamente do nosso encontro em Leningrado há alguns anos. Ele se lembra até mesmo da nossa noite de rock 'n' roll fora do programa oficial.

Tenho o azar de ser comparado a ele em alguns jornais — e parece que o contrário também é verdade. É o clichê do *angry young man*. Mas um fenômeno como ele só é concebível na Rússia. Basta ouvir como ele recita, com a voz imponente de um bardo. Não é algo que tenha inventado, essa é uma tradição, pelo menos desde Maiakóvski, mas que provavelmente remonta ao século XIX; o mesmo vale para o papel de representante que ele assume, como se falasse por milhões de pessoas sem voz. Naturalmente ele atrai a inveja dos rivais, que levantam suspeitas e o acusam de fazer o jogo do governo e ser um escritor de encomenda. A verdade é que ter um poema na primeira página do *Pravda*, na qual, por exemplo, Gagarin foi glorificado, não é algo que se concede a qualquer um. Por outro lado, ele já escreveu e publicou um texto que dizia: "Não o deixem sair! Vigiem seu túmulo para que não volte!" — ou algo assim. Ele se referia a Stálin, e todos entenderam.

A maioria dos participantes do congresso eu não conheço nem mesmo de nome. São centenas de escritores: indianos, árabes, africanos, indonésios, entre os quais muitos membros do Partido e *fellow travellers*. Os chineses aparentemente não foram convidados, ou cancelaram. Da Alemanha Oriental veio um homem chamado Eduard Claudius. Não exatamente uma companhia agradável. Mas do Japão está aqui Kobo Abe, cujo romance *A mulher nas dunas* é uma obra-prima. Ele está ali sentado, com seu rosto pequeno, muito concentrado, hesita em tirar o casaco enquanto escuta educadamente Ievguêni falar sem pudores sobre sua vida. Ele nos relata que sempre quis fazer um recital no Palácio dos Esportes. Finalmente, neste verão, ele conseguiu. Diante de 150 mil ouvintes, declamou um poema contra o aplauso, e o poema foi fortemente aplaudido. Ele afirmou ter mantido completamente o sangue-frio. E que isso o desapontara, porque significava que estava se despedindo de sua juventude. E seu público se ressentira de que seu tempo de gritar tivesse acabado.

Ele enumera as instâncias com as quais tem que lidar: o presidente da União dos Escritores, o secretário do Partido, o censor, o editor e o homem que decide sobre a concessão de papel. Ele se queixa de que seu último livro teve aprovada apenas uma tiragem de 200 mil exemplares. "Estão me boicotando, já havia 380 mil pré-encomendas do meu livro!" Então afirma existir uma falsa solidariedade entre os poetas russos: se um critica o outro, diz-se que houve um ataque pelas costas. E que dessa maneira o dogmatismo paralisa também os seus opositores: contaminando-os.

Ele é incansável. Ele nos conta sobre um camponês de cem anos que, quando lhe perguntam sobre a justiça, dá a seguinte resposta: você tem que lutar por ela com astúcia, senão será morto, e isso é injusto; mas não com astúcia demais, senão, sem perceber, acabará lutando apenas por si mesmo, e para isso a sua astúcia não será suficiente. A luta pela justiça, diz o camponês, é a justiça. Ievtuchenko inventou isso?

Admito que ele me impressiona com sua generosidade, suas poses, sua percepção das poses, sua vaidade, sua sinceridade, sua rotina, sua luta contra a rotina, seus gestos, sua inesgotável torrente verbal, suas longas mãos, suas confissões, suas mentiras, sua amizade, sua predileção pelo risco, seu treino, que se assemelha ao de um tenista, sua coqueteria, suas prisões, seus discursos de banquete e seus roubos. Perante os outros, ele não é apenas capaz de uma confiança desmedida, mas também de lisonjas desmedidas e de exigências desmedidas, especialmente em relação às mulheres. Ginzburg me diz que ele gosta de exibir suas conquistas. Toda vez ele afirma que aquela é a mulher da sua vida, e da próxima vez é uma outra, com a qual quase sempre está casado.

Ele sempre pôde viajar para onde quis, tanto para Havana quanto para Chicago ou Paris. Sempre contou com alguém para lhe comprar morangos frescos da Geórgia no mercado negro, uma tigela por 32 rublos, o ganho semanal de um motorista de ônibus.

Aqui ele conhece todo mundo. No ônibus, ele aponta para alguém e diz: esse era intérprete no campo de concentração. Aquele é garoto de programa. Então me apresenta seu "professor", que havia sido jogador de futebol e se tornou um bom poeta. Ele roubou a esposa desse amigo. Mas os dois bebem juntos. Tentam reconstruir um poema de 1945, "O hospital". Um outro texto fala de uma velha kulak louca, que se senta à margem do Volga e espera que lhe devolvam sua terra e sua vaca. Ela joga no rio os peixes que cria. Ievguêni afirma que pescou muitos deles em sua companhia, com uma vara da Finlândia e moscas artificiais tailandesas.

Muitas histórias assim. Um aposentado numa pequena cabana de verão quer se fazer de importante no colcoz por seus conselhos. Ninguém dá ouvidos ao velho presunçoso. A partir de então, a assembleia passa a se reunir pelas suas costas. O aposentado percebe e exclama: Por que ainda não morri? E começa a escrever poemas — ele, que passou a vida passando rasteiras nos que sabiam ler e escrever.

Comparados a essas anedotas, os discursos de banquete do congresso são indescritivelmente prolixos. Falso folclore de pisadas duras e dançarinas desajeitadas, poetas vociferantes. Ievtuchenko diz que a coisa toda é uma farsa e se recusa a declamar. Mas por que veio então?

No meio desse bate-boca, ele consegue escutar um guatemalteco baixinho, de uns 25 anos, que há cinco anos vive em Moscou. O homem é sério, infeliz, fanático e bêbado. Ele se considera uma vítima do colonialismo e fala aos berros com Ievguêni, a quem chama de playboy sustentado pelo Estado. A estrela corporifica tudo que o pequeno Roberto, que se acha o grande Obregón, perdeu ou nunca possuiu. O russo não perde o controle nem por um instante e brinda com o poeta bêbado. Mas os outros continuam a vociferar.

Ouço muitas vezes a palavra "mat", da qual apenas presumo que tenha algo a ver com mãe. Pergunto a Lev Ginzburg, que ri de mim estrondosamente. Quando vocês alemães xingam, é sempre de *Scheißkerl* e *Arschloch*.* Nós, na Rússia, preferimos outras obscenidades. Aqui se fode em todas as variantes, e até mesmo a mãe não é poupada. Cai a ficha: da mesma forma, um francês tem *le con* e *le foutre* na ponta da língua, e certos americanos gostam de xingar de *motherfucker*. Lev é o intérprete certo para palavras que não estão no dicionário. "Tome cuidado para não confundir *blat* com *bliad'*, duas palavras muito importantes para nós. *Bliad'* significa simplesmente 'prostituta', mas você não deve entender ao pé da letra. Por outro lado, chamamos de *blat* tudo o que ocorre pelas costas de alguém, ilegalmente ou mesmo através de corrupção, isto é, a maior parte das coisas." — "Na Alemanha, antes costumávamos chamar isso de *organisieren* ou *Vitamin B*."** — "Não há outra forma. Lembre-se sempre disso, por favor."

---

* "Seu merda" e "cu".   ** B de "Beziehungen": relações, contatos, conhecimentos.

No dia seguinte, escuto como um dos censores oficiais se aproxima de Ievguêni. Ele o admira pessoalmente e adora seus poemas. "Um homem que amava os pássaros morreu. Um bando de pássaros voa ao redor do seu túmulo. Mas o meu túmulo quem visitará? Meu trabalho é sujo. Onde está a gaiola, Ievguêni? Justamente as passagens que tenho que cortar são as que eu amo. Mas outros podem entendê-las erroneamente e usá-las contra nós. O que uma pessoa sozinha pode fazer contra tantas outras?" — mais um que parecia ter bebido demais e se afogava em autocomiseração.

Prefiro discutir com Raymond Kunene, um zulu da África do Sul com passaporte inglês e etíope. Pergunto a ele quanto tempo ainda vai durar o apartheid. Ele responde que as coisas estão começando a se virar contra os brancos; a bomba nuclear não vai ajudá-los em nada. Sua insegurança secreta, o medo; ele acha que isso, mais cedo ou mais tarde, levará ao colapso do regime. Ele sabe que ninguém no mundo intervirá? Isso é óbvio. Veja o Vietnã! Os chineses estão certos quando dizem que, assim como a FLN na Argélia e todos os outros movimentos de libertação, o vietcongue terá que vencer com suas próprias forças. — Isso soa cínico. — Mas é verdade. Estamos nos preparando para a guerrilha. — Então vocês pretendem matar 3 milhões de pessoas? — Não, alguns brancos irão embora por si sós, e não apenas dos piores, mas também dos melhores. Com os outros, nós faremos as pazes, como no Quênia. — Mas vocês os odiarão tanto que não poderão conviver com eles! — Por que não? Depois da vitória, ele diz, antes do ódio o inimigo merece respeito.

Os confabuladores profissionais da paz fazem longuíssimos discursos vazios e idênticos em quinze idiomas. Eles não conseguem falar do Vietnã sem o adjetivo "heroico". Para eles, a guerra dos Estados Unidos é "uma convulsão do imperialismo moribundo". Um argelino inteligente, que quando se manifestou privadamente demonstrou perspicácia e firmeza, junta-se a esse coro no pódio. Eu lhe pergunto por quê. Lá em cima ele não falava por si mesmo, é a sua resposta; ele fora convidado apenas pro forma. Sua missão consistia em entregar o *communiqué* dos chefes que ele representa. Era *la règle du jeu*.

Decido não dizer absolutamente nada nesse pódio. Não tenho vontade de me lançar contra esses moinhos de vento.

É um consolo a chegada de Margarita Aliguer, uma poeta judia na casa dos cinquenta, dotada tanto de dignidade quanto de humor e conhecimento da natureza humana. Me sentei à mesa dela no jantar. Ela parece enxergar facilmente o que há por trás dessas encenações que são comuns por aqui. Aos discursos no congresso, ela reage apenas lançando um olhar resignado para o alto.

Fui apresentado não apenas a ela, mas também à sua filha Masha. Por que ela não se chama oficialmente Aliguer, mas Maria Aleksandrovna Makarova? Ela tem 23 anos e estuda literatura americana. Grandes olhos verdes, cintilantes, penetrantes, adultos, e mãos infantis. Ao comer, ela treme ligeiramente, e tal como um coelho se contenta com algumas folhas de alface. Ela fala um pouco de francês e espanhol, mas sobretudo um inglês castiço, hesitante, como se aprendido em discos. Eu a acho encantadora.

Numa ditadura, a opinião pública normalmente é constituída pela propaganda oficial, e é preciso saber desfrutar dos meios de comunicação com extrema moderação. Apenas quem conhece bem as regras do jogo consegue tirar deles informações úteis de vez em quando. Ainda me lembro bem do treinamento que a Segunda Guerra Mundial me ofereceu nesse sentido. E como na Alemanha naquela época, aqui também a cortina de fumaça é compensada por um meio não oficial de comunicação: o boato, a informação de bastidor. Quanto mais estrito o sigilo, mais solta corre a fofoca. É preciso apenas perguntar às pessoas certas, caso não queira ficar totalmente à mercê da sua própria desinformação.

Eu estava curioso o suficiente para sondar meus companheiros, pois queria saber mais sobre Masha; também estava impressionado com a sua mãe, minha vizinha de mesa. Como de costume, Kóstia e Lev estavam informados. Soube então que Margarita Aliguer teve uma vida difícil e aventureira. Ela nasceu em Odessa, em 1915. Seu sobrenome foi um meio anagrama, porque seus pais se chamavam Seliguer. A vida dela lembra as histórias contadas por Isaac Babel. Quando jovem, Margarita viveu a guerra civil em Odessa, com todas as revoltas que podem ser lidas em Paustóvski e Jabotinsky. Provavelmente foi uma bolchevique fervorosa. Naquela época ainda havia esperanças políticas. Tudo acontecia ao mesmo tempo e arrebatava a quase todos: o papel-chave da intelligentsia, as oportunidades de ascensão, a arte, a poesia e o cinema novo.

Seu primeiro marido foi Konstantin Makarov-Rakitin. Uma criança nascida desse casamento completou apenas um ano de idade e morreu em 1938. Makarov, a quem Masha deve o sobrenome, tombou no front em 1941. Durante a guerra, Margarita viveu na Leningrado sitiada, onde a porção diária de pão era menor do que em Buchenwald,* e escreveu um poema patriótico que todas as crianças russas em idade escolar sabem de cor. A heroína é uma partisã de doze anos de idade chamada Soia, que é fuzilada pelos alemães. Por esse poema, Margarita recebeu um Prêmio Stálin; o prêmio e a sua origem judaica eram as únicas coisas que ela tinha em comum com Ehrenburg. Esse prêmio, disse Kóstia, a protegeu durante décadas, mesmo que ela sempre tivesse se relacionado com as pessoas erradas, indesejáveis; era amiga de Anna Akhmátova

---

* Campo de concentração nazista em Weimar.

e de muitos outros que foram vítimas dos expurgos ou que escaparam por um triz.

O casamento de Margarita com o compositor Konstantin Makarov, portanto, explicava o sobrenome de Masha, embora a mãe dela estivesse ligada a Aleksandr Fadeiev. Esse homem devia sua breve fama a um romance de 1927: *Os dezenove*. Eu o conhecia. Não era um autor sem talento. Talvez pudesse ter se tornado um escritor. Um segundo livro, *A jovem guarda*, já era um enorme calhamaço fiel à linha oficial. Então ele se tornou um stalinista furioso que controlou a vida literária na União Soviética durante décadas. Ter chamado Sartre de "uma hiena na máquina de escrever" foi o menor de seus pecados; Sartre estava em Paris, onde nenhum Fadeiev poderia prejudicá-lo. Diferentemente dos amigos, colegas e camaradas russos, para os quais arranjou passagens para o gulag.

Pelo que me dizem, ele nunca se importou com a filha Masha. Mas presumo que ela tenha herdado dele a cor tártara dos olhos: um azul brilhante que pode transmudar ora num cinza-metálico, ora num turquesa.

De qualquer forma, é certo que Fadeiev era um alcoólatra grave, e que ele atirou em si mesmo, na sua datcha em Peredelkino, depois do famoso discurso de Khruschóv no qual os crimes de Djugashvili foram chamados pelo nome. Dizem que ele não endereçou sua carta de despedida à esposa ou aos filhos, mas ao politburo. Mesmo na Rússia ninguém entende o que se passou na mente desse homem.

Não posso nem quero invadir os segredos familiares de Margarita. Não sei se devo acreditar em tudo o que me contaram em Baku. Ouvi dizer que Margarita Aliguer até hoje tem bons contatos, inclusive no Comitê Central do Partido. Dizem ainda que há um terceiro marido em sua vida, que se chama Igor e é membro desse órgão. Por fim, um jornalista sussurra em meu ouvido que a bela Masha tem um casamento infeliz.

Num país onde não há imprensa marrom, prosperam as histórias de escândalos, em cuja maioria, assim como no *Pravda*, não se pode confiar.

A propósito, me chamou a atenção o pensamento liberal que há na União Soviética sobre uma mulher e um homem viverem juntos. De vez em quando as pessoas se casam, de vez em quando se divorciam. Não há estigma em relação a um nascimento ilegítimo e, pelo que ouço, o aborto é uma forma bastante comum de controle de natalidade. Aqui a emancipação produz frutos com os quais o movimento de mulheres no Ocidente nem sequer se permite sonhar. Creio que isso tem a ver com a tremenda carga que as mulheres tiveram que suportar neste país, não apenas durante a guerra, como também em tempos de paz, na indústria, nos colcozes, enquanto seus maridos eram presos, tombavam em combate ou se entregavam à vodca.

Como ela parece entediada, proponho a Masha encetar a fuga do circo do Congresso e dar um passeio pela cidade. Faz um calor excepcional para um dia de setembro. Há sorvete e *kvas* em todas as esquinas, mas Masha tem uma dica, e nos sentamos num café na avenida da praia. Uma russa e um alemão conversam em inglês no Azerbaijão. Quanto à arquitetura, aqui se pode admirar um arrojado pot-pourri de art nouveau, estilo neogótico e arquitetura soviética. Masha me diz que os edifícios mais suntuosos remontam ao boom do petróleo que eclodiu no fim do século XIX. Os irmãos de Alfred Nobel estavam entre os pioneiros que fizeram imensas fortunas; os Rothschild também. O vento que sopra do mar Cáspio cheira a querosene. É só no pequeno centro antigo que o islã ainda vive. Há também um bazar totalmente oriental, onde passamos bastante tempo.

No morro que fica atrás da cidade foi instalado um parque de diversões, com uma roda-gigante cheia de luzes coloridas que se vê de longe e à qual não pudemos resistir. Há também ali perto um restaurante com uma fachada de colunas. Dentro, reina a democracia da indumentária: do vestido longo à jaqueta surrada. Os candelabros do salão iluminam tapetes vermelhos, sobre os quais perambulam gatos famintos em busca de restos de comida. Depois, no escuro da noite, há um tête-à-tête na relva. Assim começou um *amour fou* que tem tudo para se tornar um impetuoso romance russo.

No dia seguinte, excursão até Neft Daşları. Além de Kóstia, está presente Marina Pavchinskaia, uma jovem intérprete que fala alemão muito bem. Ela já visitou a Alemanha uma vez. Para minha surpresa, ela diz: "Fiquei desapontada pela falta de individualidade em seu país".

Quando o barco atraca, a primeira coisa que vejo é uma barraca de zinco. Marina me traduz o que alguém escreveu na parede: "A doce vida". O lugar consiste em pilares e vigas, sobre os quais foram postas placas de cimento perfuradas. As fundações enferrujam lentamente. Sob as rodas dos nossos carros abertos, as placas matraqueiam. Tudo lembra 1919: o eco histórico também ressoa, como os carros elétricos que se deslocam por aqui transportando blocos de pedra.

A cidade sobre pranchas se ramifica por quilômetros. Ela é rodeada por um arquipélago de torres e plataformas petrolíferas. O mar Cáspio é imprevisível, em duas horas o vento pode se transformar num furacão. Rochas e destroços de navios submersos são o perigo. Manchas pardas na superfície da água, depósitos de alcatrão nos rochedos bizarramente ocos. As primeiras perfurações cobraram muitas vítimas, os acidentes se sucediam. Agora existem até mesmo casas de alvenaria, um restaurante e um cinema ao ar livre. A silhueta do conjunto paira no horizonte como algo sobrenatural. Uma Veneza preta e industrial, povoada por gatos e gaivotas. Tudo parece frágil, remendado, feito de restos. Nada da superioridade calculada e fria dos americanos, que enfrentam a natureza como senhores da técnica.

Os trabalhadores de rostos duros e agrestes parecem cheios de si — como se realmente pertencessem a uma "classe dominante", como afirmam os manuais. A violenta industrialização ainda carrega o páthos dos primórdios. A visão lembra a textura fuliginosa dos velhos filmes de Eisenstein. Os geradores e as perfuradoras não entraram na era eletrônica, na qual o próprio motor a gasolina começa a parecer arcaico. Impressão semelhante devem ter causado os primeiros assentamentos de mineração em Svalbard, como se fossem as primeiras colônias primitivas que os autores de ficção científica imaginam em outros planetas.

Em toda parte da União Soviética, o visitante é levado a exposições com máquinas e produtos industriais, "parques culturais", colcozes, "palácios do povo"; na República Socialista do Azerbaijão não é diferente. O turista estrangeiro, que já viu coisas melhores, fica deprimido com a monotonia dos grandes conjuntos de edifícios. Cabeças de Marx feitas de flores, estátuas de Lênin produzidas em série, a arte em gesso dos memoriais — tudo isso o comove e o enfastia.

Em Baku, surgiu mais um convite para estar com milionários russos como Roman Karmen, o documentarista que filmou *O tribunal dos povos*, sobre os julgamentos de Nuremberg de 1945-6; ou com Konstantin Símonov, um repórter e romancista mediano, que devido a seu hino a Stálin de 1953 caiu em desgraça com Khruschóv, mas pôde voltar a exercer sua profissão como jornalista. São velhos guerreiros melancólicos, pessoas viajadas que, como Hemingway, viram muitas guerras, na Espanha, no Extremo Oriente, em Cuba ou no Vietnã. Seus relatos são estudados nas escolas militares. Um certo cinismo maduro os distingue. Eles se resignaram tanto com seus privilégios quanto com suas derrotas.

Karmen conta sobre a capitulação do Japão e suas conversas com Mao. Quanto aos chineses, bastou a ele uma citação de Strindberg: "É uma pena por causa das pessoas". Por fim, Kóstia me leva à casa de um amigo que trabalha como engenheiro estrutural. Um homem gracioso como um urso. Ele se sente o construtor de Baku. A cidade está cheia de escolas e casas "dele". Sua mulher é da Ossétia. Perfil caucasiano, cabelos negros como breu, olhos negros, nariz longo e curvo. Não é bonita, mas altiva e amável.

O jantar é opulento, nunca comi tão bem nessa viagem. O anfitrião fala de maneira depreciativa sobre a polícia, que pouco pode fazer junto aos povos montanheses e suas centenas de línguas. O idioma é diferente em cada aldeia, nelas ninguém fala russo. O partido também fracassa perante os costumes arcaicos. Há mulheres e homens com mais de cem anos que nunca viram um peixe na vida, não há estrada para carros, somente picadas para mulas, não há tabaco, não há jornal, não há álcool, não há telefone. As mulheres, de acordo com o costume islâmico, são animais de trabalho e não participam da conversa. São ilhas, os últimos remanescentes de uma arca de Noé despedaçada. Ninguém, diz o anfitrião, pode converter essas pessoas ao comunismo, vencê-las é impossível, e convencê-las levaria um século.

Ele tem curiosidade pelo Ocidente, que não conhece, mas o nosso modo de vida não o hipnotiza nem ele o censura. Em vez disso, pergunta sobre salários e aluguéis. Preconceitos são descartados com risadas. Quando as artes de intérprete de Kóstia falham, ele se vale de pantomimas.

Depois do jantar, televisão. Por acaso está passando um recital. É justamente Ievtuchenko. Aqui ele não tem muito cartaz. O lado exibicionista é percebido com um dar de ombros. O poeta tem aqui um crítico como Brecht desejou para si, mas encontrou apenas poucas vezes. Esse espectador improvisa suas distinções, e é bastante implacável. Então ele passa à ordem do dia e serve brandy georgiano.

Na última noite em Baku, finalmente o congresso se esvaziou. Nós dois somos pura impaciência. Eu gostaria de me recolher com Masha em Peredelkino, onde sua mãe tem uma datcha na floresta, e deixar todas essas questões políticas para trás. Mas isso é impossível. A culpa é minha! Por que aceitei essa longa expedição até a Sibéria? Vamos escrever cartas um ao outro e esperar pelo dia em que nos encontraremos novamente em Moscou.

3 de setembro. Voo com Kóstia para Tashkent via Asgabate. Novamente estamos entre os privilegiados, podemos embarcar primeiro e somos acomodados num compartimento estofado. Como sempre, a cabine cheira a mofo, e a comida, servida pela aeromoça obesa, é bastante intragável. Troca de avião e uma breve estadia perto do aeroporto. Ali era o deserto, ali era a Ásia. Apenas se ouviam os grilos. No caminho arenoso, uma velha mulher oferece melões aos sedentos. Nunca essa fruta foi tão saborosa.

Como de hábito, em Tashkent somos apanhados por representantes da União dos Escritores. Nas ruas um formigueiro de povos e línguas. Trajes, maneiras e linguagem corporal são diferentes de uma esquina para a outra.

Há cinco meses o relógio da torre na Praça da Revolução, um marco da cidade, parou. O epicentro do terremoto estava exatamente embaixo da cidade, a oito quilômetros de profundidade. Surpreendentemente, na cidade de mais de 1 milhão de habitantes, morreram apenas quinze pessoas. Mais de 30 mil casas, a maioria delas de taipa, foram destruídas ou danificadas. Os edifícios de concreto e as casas de alvenaria resistiram ao terremoto. No centro, as ruínas já foram aplainadas. Trabalhadores e máquinas de todas as partes da União Soviética, *kombinats* inteiros do setor da construção foram mobilizados. Ainda podemos ver as tendas onde eles foram alojados.

Uma realização considerável, ao contrário do que acontece na Turquia, onde um terremoto igualmente forte cobrou 3 mil vítimas. Ali as pessoas desabrigadas dormem até hoje no chão nu.

Na Ásia Central, a *pax sovietica* imposta violentamente com os seus campos de prisioneiros garantiu que o estado multiétnico sobrevivesse até hoje sem guerra civil. A política de nacionalidades de Lênin cobrou muitas vítimas, mas também estancou conflitos sangrentos de séculos de duração. Eu me pergunto se o império soviético, do ponto de vista econômico, realmente foi rentável. Em algum lugar, entre camelos e campos de algodão, foi erigida uma universidade — o que na verdade os russos ganham com isso? Provavelmente já no império tsarista os gastos eram muito maiores do que os ganhos.

5 de setembro. Com Kóstia, a viagem segue para Bucara. A cidade parece cinzenta, sem vida, suja e mal-humorada, como se aqui o tempo tivesse passado ao largo. No bazar, nenhum resquício do esplendor da Rota da Seda. A maioria dos clientes anda descalça; só os russos usam sapatos. Os vendedores se sentam no chão diante de suas mercadorias. Em frente a um pequeno restaurante, os clientes comem ao ar livre, sentados em posição de lótus ou estendidos em colchões, como quem vai fazer uma sesta. Atrás de uma favela, os mesmos grandes blocos pré-fabricados, com as mesmas lojas e o mesmo grande magazine vazio. Aqui não há visitantes vindos em pacotes turísticos; no entanto, somos apresentados a tudo o que poderia ser considerado uma atração turística: mesquitas, madrassas, igrejas ortodoxas.

Pouca coisa lembra que a cidade já foi uma metrópole da ciência. Nem mesmo o filho mais famoso de Bucara, o erudito universalista Ibn Sina ou Avicena, foi homenageado com um monumento. Na residência de verão do emir, de quem se diz ter gerado quinhentos filhos, vê-se uma grande piscina cercada de pedras. Contam que ali, sentado em seu trono sobre os degraus de pedra, o governante escolhia as filhas de sua terra que lhe serviriam no banho. Dizem que ele jogava uma maçã dourada para a escolhida do dia. O clã não tinha objeções, pois o desejo do emir era considerado uma distinção, e no harém a jovem teria o seu sustento garantido.

6 de setembro. Seguimos viagem sem mais pausas. Nosso próximo destino é Samarcanda, no atual Uzbequistão. Temperaturas agradáveis. Babel de idiomas: russo, uzbeque, cazaque, farsi, turcomano, quirguiz... Até mesmo os pastós do Afeganistão não estão longe.

Com seu esplendor, a cidade lembra Isfahan. Embora em geral também esteja bastante desfigurada pelo culto dos planejadores ao concreto, o que ficou preservado — as mesquitas azuis, madrassas, palácios e "academias" — são maravilhas da antiquíssima civilização islâmica. Omar Khayyam, o famoso poeta persa do *Rubaiyat*, matemático e astrônomo, teria pesquisado e escrito aqui. Lembro-me vagamente do que ele desenvolveu com equações cúbicas e coeficientes binominais. Estou sempre atrapalhado com os eternos e estúpidos problemas de transcrição: é Hayyam ou Khaiiyam, Rubaijat ou Rubaiyyàt?

Um pouco fora da cidade, vemos as ruínas do Observatório de Ulugh Beg, que foi um príncipe da dinastia timúrida. Sua paixão era a astronomia. O observatório do século XV era uma rotunda de tijolos de três andares, que foi destruída após o assassinato do príncipe. Arqueólogos russos desenterraram suas ruínas antes da Primeira Guerra Mundial.

Junto com os cientistas que recrutou na Pérsia, Ulugh Beg determinou a obliquidade da eclíptica e a precessão dos equinócios e calculou a duração do ano sideral com precisão sem precedentes. Como ainda não existiam telescópios adequados naquela época, foi necessário construir um grande sextante.

A parte subterrânea desse instrumento, que tinha um diâmetro de 36 metros, pode ser vista ainda hoje.

Também chegaram até nós os cálculos e métodos desses estudiosos: tabelas das funções trigonométricas, esboços de efemérides, dados astrológicos e, sobretudo, um catálogo estelar abrangendo milhares de corpos celestes, com informações de surpreendente precisão sobre sua posição. Há algo de sublime nessas pesquisas islâmicas. Um guia, que nos contou tudo isso, citou um estudioso cujo nome esqueci: "Feliz daquele que deixa o mundo antes que o mundo não precise mais dele".

No dia seguinte, um passeio no interior. Um jovem uzbeque chamado Andrei persuadiu seu pai, um velho professor ortodoxo, a nos convidar. Somos recebidos à moda oriental. Um carneiro foi abatido. Vinho local nos é servido. A linguagem elevada dos brindes: "Considere esta casa como sua!". Tomates em conserva, uvas, melões, ameixas do próprio pomar. Há também ali uma grande cama, mais como um divã para a sesta da dona da casa, que é doente cardíaca. As filhas são vigiadas e protegidas para que sua virgindade não corra perigo. Andrei, que em vão anseia por um automóvel, não pode fumar na frente do pai; apenas a caminho de casa ele acende um Troika atrás do outro.

À noite, no rádio, uma notícia que não deixa ninguém triste: Hendrik Verwoerd, o arquiteto do apartheid, morreu na Cidade do Cabo com uma facada no ventre.

8 de setembro. Voo para Alma-Ata, a capital do Cazaquistão. A cidade fica muito bem posicionada. De qualquer ponto do centro, pode-se ver o pico Talgar, com seus mais de 5 mil metros de altura. O cenário natural, com as montanhas da cordilheira de Alatau cobertas de neve e suas geleiras, é espetacular. Alma-Ata não está longe da fronteira chinesa — aqui é preciso se acostumar com coordenadas geográficas completamente

diferentes. Mais ao norte, a estepe. Extensos parques e jardins. Damascos, melões, tabaco e vinho. O clima é ameno, só à noite esfria.

Como de costume, imediatamente perguntei a Kóstia sobre a estação de trem. Desde os anos 1930, Alma-Ata é uma importante estação da Ferrovia Turquistão-Sibéria. Ainda antes da guerra, Stálin mandou construir uma estação suntuosa. Os anfitriões, entre eles um tradutor de Goethe, um escritor de comédias e uma pacifista profissional, insistiram em nos mostrar a grande catedral ortodoxa. Ela é toda construída em madeira no rebuscado estilo tsarista e nunca pegou fogo.

Chama a atenção um interesse pela Europa que beira a nostalgia. Somos levados a uma livraria na esquina Sogolia/Seifulina, totalmente voltada à literatura alemã: Schiller, Goethe, Heine em íntima concórdia com títulos da RDA, Volker Braun, Insel Verlag de Leipzig, manuais de medicina e de flora. Explicam-me que um grande número de imigrantes alemães viveu na cidade depois de 1933. Isso seria um tema de pesquisa por si só (fugas, reassentamentos, expurgos, campos de prisioneiros, reabilitações etc.). Por que não ficam aqui por uma semana? Você não pode fazer algo para que se traduza mais do cazaque? É difícil ter que decepcionar tantas expectativas.

Absurdamente, jantamos num restaurante finlandês. Que ventos teriam trazido o dono até aqui? Nessas ocasiões, nunca falta um buquê de bandeirinhas de papel decorando a mesa, e há sempre uma americana entre elas. Talvez seja uma saudação à "coexistência pacífica" da qual Khruschóv gostava tanto de falar.

A toque de caixa, deixamos para trás Bucara, Samarcanda e Alma-Ata. Há algo insano nessa viagem. Impossível manter minhas anotações em dia. Isso também se deve ao cuidado, ao controle e aos rituais dos anfitriões locais, que se atêm às instruções que lhe foram passadas. À noite, depois das inevitáveis confraternizações, com muitos brindes e elevado consumo etílico, durante as quais consigo jogar discretamente grande parte da bebida embaixo da mesa, Kóstia e eu nos sentamos no quarto do hotel para inventar os relatórios que o meu amigo, que naturalmente precisa trabalhar para a KGB, deverá entregar sobre mim: elogios aos "avanços" e observações críticas na dose certa.

9 de setembro. Escala em Novosibirsk. Durante o voo, as montanhas de Altai surgem ao leste. Na Sibéria ocidental, podem ser vistos do alto pequenos bosques verdes no cinza da estepe. O nível das águas subterrâneas é alto, o terreno é muito pantanoso. Depois, a densa floresta conífera da taiga. Em seguida, o imponente rio Ob; raso e indolente, se ramifica num estuário com grandes ilhas verdes.

Estou contente por estar de volta ao norte. Kóstia se despede de mim aqui. Ele será substituído por Marina Pavchinskaia, que já estava conosco em Baku e que a partir de agora viajará comigo como intérprete e acompanhante. Ela é menos expansiva que meu amigo, mas muito atenta e inteligente. O aeroporto é descontraído, evidência da autoconfiança da cidade ali próxima, que tem mais de 1 milhão de habitantes. Em sua espontaneidade, ele lembra os padrões americanos.

Depois de duas horas, nova conexão. O vasto céu da Sibéria. As mudanças ecológicas e climáticas podem ser vistas a olho nu. Árvores afogadas por toda parte.

Durante a viagem, uma conversa com Marina sobre o "sistema". Ela vê a contradição entre os conselhos e o Partido, menciona a revolta dos marinheiros e trabalhadores de Kronstadt, em 1921, esmagada de forma sangrenta por Trótski. Acha problemático seu próprio papel de acompanhante. Sempre essas delegações em que ela tem que ficar de olho!

10 de setembro. Chegada a Irkutsk. Já desde a primeira inspiração se pode sentir o cheiro da taiga, misturado às exalações da indústria. Irkutsk, um povoamento de três séculos, é a maior cidade da região. Seu caráter é puramente russo, embora seja possível ver muitos rostos buriates ou mongóis. No núcleo urbano, palácios de estuque tsaristas, teatros que parecem versões reduzidas de modelos de Petersburgo, casas de troncos com telhado de tábuas cobertas de piche, belos rendilhados esculpidos nos portais coloridos das janelas.

A cidade se localiza às margens do rio Angara e da Ferrovia Transiberiana, que vai até Vladivostok e depois segue via Ulan Bator até Pequim. A conquista desses espaços lembra a era heroica dos Estados Unidos, o impulso que os barões da ferrovia deram à expansão do império americano, só que a direção daquele impulso foi o oeste, e não o leste. Os estrategistas militares e exploradores em busca de matérias-primas sempre souberam incluir em seus cálculos zonas desertas, que foram então conquistadas. Aqui mais uma vez nos encontramos numa outra geografia: China e Ásia Central, América e Japão estão mais próximos do que a Europa.

A rota da Transiberiana foi planejada de modo a passar pelas cidades próximas aos grandes rios, ou seria o contrário: essas cidades devem sua existência à ferrovia? Irkutsk, de qualquer forma, existia antes dela. Já no período tsarista, ela desempenhava um papel central, não apenas para consolidar o domínio sobre a Sibéria, mas também para aqueles que haviam sido banidos para lá, os condenados e os trabalhadores forçados trazidos para a construção da ferrovia.

Os mais célebres entre os deportados foram os dezembristas. Há dois museus em sua memória, abrigados nos antigos palácios dos príncipes Volkonski e Trubezkoi. Nessas construções de madeira cuidadosamente restauradas, muitas conspirações foram urdidas em outras épocas. Algemas e ferros para os pés, autos judiciais e cartas estão em exibição ali, mas também os bordados das mulheres e um cravo para os nobres senhores que estavam sob prisão domiciliar. Até mesmo Bakunin, que foi banido para a Sibéria pelo resto da vida, passou alguns anos aqui. Segundo nos explicam, ele tinha um parentesco com o governador e foi bem tratado aqui, até que conseguiu fugir para a Europa via Japão e Califórnia. Mais tarde, vieram os prisioneiros do gulag, os refugiados e os prisioneiros de guerra, que tiveram sorte pior do que os perseguidos da era tsarista. Há toda uma parede reservada para as fotos das "sepulturas dos nossos irmãos"; é assim que os russos chamam os campos nos quais muitas pessoas estão enterradas anonimamente.

Também nos mostram a sepultura de Grigori Shelikhov, que no século XVIII colonizou as Ilhas Aleutas para o império tsarista e explorou o Alasca. Ele é enaltecido como "o Colombo da Rússia, que encontrou terras desconhecidas". Tem-se a impressão de que a perda do Alasca, que o tsar Alexandre II vendeu para os Estados Unidos, ainda causa uma espécie de dor fantasma aos siberianos.

Algumas centenas de passos adiante, avançando largamente nas terras circundantes, a cidade moderna prolifera, com seus monótonos blocos habitacionais, faculdades, órgãos públicos e os *kombinats*, como são chamados em todo o Bloco Oriental grandes conglomerados industriais.

Apesar da enorme distância, o sentimento de que a Rússia pertence culturalmente à Europa não esmoreceu. Percebo isso não só nas conversas com escritores e professores, mas também com os jovens. Fui convidado para uma festa numa escola, onde, no ginásio de esportes, tive que cortar uma fita vermelha para a inauguração de um clube. Os professores me pareceram limitados, mas pessoas de boa vontade. Como em todas as escolas, ali também cheirava a falta de liberdade, mas as garotas eram animadas e incrivelmente ingênuas. Uma garota do Komsomol,* que sabia francês e suspirava por Paris, exclamou: "*J'aime les hommes*".

Embora nesta época do ano não se possa falar de frio siberiano — chega a fazer quinze graus ao meio-dia —, no nosso hotel, que se chama Sibéria, há à disposição do hóspede uma bolsa de água quente e uma garrafa térmica de baquelite para o chá. Uma expressão local diz: "Cem gramas não é vodca, cem rublos não é dinheiro, cem quilômetros não é longe, cem anos não é velhice". Sempre que possível, tento ligar para Masha na distante Moscou. Três horas de diferença, é por isso que não consigo encontrá-la ou ela preferiu ir para a datcha, onde o telefone costuma ficar mudo? Decido fazer confidências a Marina. Ela me aconselha a dominar minha impaciência e me proteger contra as armadilhas burocráticas que são de esperar nessa sociedade, mesmo em lugares onde um estrangeiro jamais imaginaria.

11 de setembro. Já no dia seguinte, seguimos para Bratsk. O campo de pouso parece provisório. Pequenos monomotores, monoplanos e biplanos. Sem esses aviões, a maioria das localidades ao Norte viveria ilhada. O prédio em que os passageiros se apinham não tem salas de espera. O velho, deteriorado e sujo galpão de teto baixo logo deverá ser demolido.

Por que Bratsk? Por que este lugar desolado foi incluído no roteiro da viagem? Por que ele é obrigatório para os visitantes estrangeiros?

A resposta está no trabalho hercúleo realizado aqui. Dele dá testemunho, na confluência do Angara com o Oka, um mar que não foi descoberto por alguém, como Magalhães ou Cook, mas sim represado. A taiga foi esfolada e transformada num enorme canteiro de obras. Em 1952, decidiu-se em Moscou

---

* Sigla em russo para Liga dos Jovens Comunistas.

que Bratsk, um pequeno povoado do século XVII, seria abandonado no vale para depois submergir sob as águas de uma represa: uma Vineta* da Revolução Industrial. Isso deve ser entendido literalmente, pois a construção da barragem e da usina hidrelétrica ocorreu de forma violenta. Na região, isso não era novidade. Já em 1947, havia aqui um campo com 50 mil prisioneiros, que foram forçados a trabalhar na construção do trecho ferroviário entre o lago Baikal e o rio Amur.

Somos levados para ver a grande represa de 5 mil quilômetros quadrados e a barragem gigantesca. Para essas construções, foi necessária uma usina de concreto própria, que funciona até hoje. Também nos mostram uma enorme fundição de alumínio. Tapo o nariz. Não é preciso nenhum aparelho medidor para constatar como essas instalações devastam o ambiente com poeira e emissões tóxicas.

Mas todo o orgulho das almas caridosas que nos acompanham desde o início — serão especialistas ou propagandistas? — consiste, é claro, no núcleo de todos esses esforços: a usina hidrelétrica de Bratsk. Dois terços dela já estão concluídos. Como num triunfo marcial, torres cintilantes levam os cabos de quinhentos quilovolts até consumidores próximos e distantes. A fase final deverá gerar, até 1966, uma capacidade de 4,5 gigawatts. Sob os nossos pés, o chão treme. Somos conduzidos através das desertas galerias de bombeamento construídas em concreto armado e sentimos como as turbinas trabalham em suas câmaras.

Quando, depois de duas horas, saímos da usina, vejo um trabalhador sentado em sua guarita na casa de máquinas. Ele já havia chamado minha atenção quando entramos, porque parecia sonolento e ausente. Pergunto a um engenheiro o que há

---

* Cidade lendária na costa do mar Báltico que teria desaparecido numa inundação como castigo pela degradação moral dos seus habitantes.

com ele. "Ah, ele! Já está assim há alguns meses." — "Ele está doente?" — "Não. Ele está com dor de cotovelo, desde que sua mulher o abandonou. Tentamos conversar com ele, mas o melhor a fazer é deixá-lo em paz." Brutal obediência a normas de produtividade e tolerância conivente, é difícil entender como podem andar juntas. Mesmo na central de controle, onde há apenas uma garota entediada diante dos monitores, o zelo pelo trabalho se mantém dentro de limites.

De volta à nova cidade, cuja população cresceu para 140 mil habitantes num período de dez anos. Ela consiste em blocos residenciais monótonos, uniformes e rigorosamente retangulares, que nos são mostrados com grande orgulho. Um quarto aquecido, uma cama e janelas herméticas, aqui isso é considerado uma conquista do comunismo. Pergunto a um dos nossos guardiões o que aconteceria se de repente alguém tivesse a ideia de construir uma casa por conta própria, afinal há espaço suficiente na taiga. Ele olha perplexo para mim e diz: "Mas por que o faria? O plano cuida de tudo".

Restaram algumas velhas casas de madeira da época da fundação da cidade, adaptadas à paisagem e ao clima. Como os antigos edifícios de Irkutsk, adornados com entalhes de madeira, elas exibem o gosto seguro dos carpinteiros. Como me conta o nosso guia, que se apresentou como escritor e provavelmente é um quadro do Partido, elas serão "liquidadas" o mais breve possível.

O arquiteto que projetou os grandes conjuntos de edifícios deveria ser jogado no Angara, se é que esse profissional existe. O mais provável é que tudo tenha sido projetado de forma centralizada, em algum ministério em Moscou, por algum burocrata atrás de uma escrivaninha que nunca havia visitado este lugar. Ou ele era um desses sujeitos de bochechas gordas e coradas, que veio com a sua tesoura para cortar a fita vermelha com a estrela soviética?

Mais tarde, espero que lidem com essas gaiolas humanas como trataram seus antecessores: então será a vez de elas serem liquidadas, isto é, explodidas nos ares, se já não tiverem desmoronado antes. Como as casas antigas, Marina e eu devemos estar entre os "resquícios do passado" para os tecnocratas do governo. Nós dois concordamos que seria bom infundir nos engenheiros de paisagens e de almas um mínimo de consciência histórica. Mas temo que tais mensagens esbarrariam em ouvidos moucos.

Na manhã seguinte, longa conversa com um dos construtores da usina. Um homem severo e tímido, um engenheiro de concreto, ele me parece um daqueles comunistas que, para os membros do politburo, estão perdidos. Ele fala devagar, com voz baixa e de forma metódica sobre o novo ser humano que pode ser encontrado na Sibéria. Ele vive como um nômade moderno, porque se muda com sua esposa de usina em usina. Ela é filha de um famoso construtor de Moscou que pertence à nomenklatura. Prometeram-lhe um grande apartamento na capital, uma carreira e os respectivos privilégios; ele recusou a oferta porque queria ficar na Sibéria.

Ele fala de um amigo que foi ao Vietnã do Norte para prestar "ajuda fraterna" na guerra. Quando a obra que ele construiu ficou pronta, ela foi bombardeada pelos americanos. Esse colega teve uma das pernas esmagada. Somente dias depois foi encontrado na selva e enviado de volta para casa via Hanói.

Um sorriso no rosto do narrador torna seu entusiasmo suportável, até mesmo simpático. "É difícil construir", ele diz, "e fácil destruir." A ideia de que o progresso tem seus percalços, seu preço e seus horrores parece estranha para ele. No entanto, ele escuta atentamente quando explico o que quero dizer, e diz que vai pensar.

À noite, no hotel, começo uma conversa com um técnico de rádio da RDA, porque me queixo do barulho do seu aparelho de ondas curtas. Ele me reconhece. Um tipo magro, de cabelo loiro-claro, que usa o tom saxônico de um quadro inseguro da Alemanha Oriental. "Cá entre nós." — "Não pense que eu quero fazer proselitismo." — "Não digo isso na minha qualidade de XYZ." Mesmo quando ele diz algo sensato, soa como insincero. Em vez de dar vazão ao meu preconceito, ofereço-lhe um charuto que o engenheiro me deu em segredo. Ele está perplexo e hesita em aceitar. O medo que está sentindo! Ele já me causa pena novamente. Sabe lá quantos filhos tem para sustentar!

Penso no trabalhador em seu refúgio na casa das máquinas, absorto em seus pensamentos e em sua dor de cotovelo, e na garota sonolenta diante dos painéis na central de controle. Presumo que também em Bratsk os tempos heroicos tenham acabado. Os "Heróis do Trabalho" já estão partindo para seus próximos projetos. Aqui em breve apenas burocratas terão poder de mando.

11 de setembro. Volta a Irkutsk de carro pela taiga. Magnífica mata virgem, luminosa, diáfana, límpida. Rica vegetação subártica: liquens, fungos, cardos e pequenas flores de estranha delicadeza. Bétulas, pinheiros, cedros. Os mais belos são os lariços com suas copas desgrenhadas pelo vento. Árvores caídas com troncos carbonizados atestam que a floresta mista se autorregula através dos raios.

Depois de duas horas, saímos da estrada principal e continuamos a pé até a margem do Angara e encontramos um rio fétido coberto de espuma despejada por uma fábrica de celulose. "O homem, este porco" (Gottfried Benn) — uma observação injusta sobre os nossos animais domesticados. A vegetação e as forças elementares da natureza enterrarão tudo o que nossa espécie construiu aqui. É só uma questão de tempo, o que não consola muito.

Na manhã seguinte, viagem de duas horas de Irkutsk até o Baikal. Dizem que é o lago mais profundo do mundo. Mais de 1600 metros, o que é considerado o recorde mundial. Esqueci qual é a sua extensão e também a enorme quantidade de água doce que ele armazena.

Nosso destino é a aldeia de Listvianka, à margem do Baikal, próxima ao ponto onde o rio Angara parte do lago em direção ao rio Ienissei, que só bem mais ao norte desemboca no oceano Ártico. O Baikal é uma maravilha da natureza. Suas águas são completamente límpidas e translúcidas, mas muito frias para nadar nelas. Aqui venta e é mais frio que rio abaixo. Agora ainda é possível, mas no inverno, com temperaturas de –20°C, ele fica congelado durante meses.

Somos esperados no Instituto de Limnologia da Academia de Ciências, que tem sua origem numa estação de pesquisa fundada em 1928. Aqui trabalham especialistas altamente qualificados de todas as disciplinas possíveis: hidrógrafos, geólogos, climatologistas, botânicos, zoólogos, geofísicos... Sua principal tarefa é observar mudanças no ambiente. Eles se queixam de tutela política e de falta de recursos técnicos. De qualquer forma, dispõe-se aqui de um fascinante arsenal de instrumentos. Não faço ideia de qual é a diferença entre um actinômetro e um albedômetro, para não citar o pluviógrafo e a batimetria. Há até mesmo um dispositivo para medir a geada.

Uma casa de madeira no estilo antigo serve como museu de ciências naturais. A fauna e a flora da região são únicas no mundo. Ratos-almiscarados e focas de espécies que só existem aqui, e peixes tão gordos que derretem e se dissolvem no calor do sol quando se aproximam demais da superfície. Fico tonto de pensar na variedade do que poderia ver aqui se houvesse um pouco mais de tempo.

Na margem oposta, montanhas cobertas de neve. No lado sul, a Ferrovia Transiberiana continua na direção leste até o

Pacífico. Na direção de Baikalsk, sobem colunas de fumaça. São as gigantescas fábricas de papel e celulose que, a longo prazo, tornarão o lago um deserto biológico com suas emissões. Um ecologista do instituto disse: "Quando crescer, minha filha de cinco anos não reconhecerá o Baikal". Ele está desesperado porque ninguém em Moscou dá ouvidos às alarmantes descobertas dos pesquisadores.

No dia seguinte, novamente em Irkutsk, conheci um homem sobre o qual ainda devo dizer algumas palavras. Ele se chamava Slavo. Só consigo me lembrar do seu primeiro nome. Não admira, com o ritmo dessa odisseia. O que não anoto imediatamente, depois de dois dias está esquecido. Slavo é um escritor, não do tipo comum, mas alguém absolutamente independente, que vive com a esposa, uma professora, num único e espartano cômodo. Um tipo difícil, mais fechado: cabeça de linhas retas, figura musculosa, olhos aguçados de caçador. Para sobreviver, tem que escrever para os jornais locais, que ele odeia. Ele não tem dinheiro, e provavelmente bebe demais.

No verão, ele suborna um piloto da Força Aérea com dinheiro emprestado, e com saco de dormir, fuzil e vodca na bagagem, voa algumas centenas de quilômetros para o norte até os samoiedos, que vivem de suas renas. Lá ainda existem xamãs. O Estado está longe. As mulheres só podem se casar depois de ter tido um filho. Não importa quem é o pai.

O caçador retorna à cidade com o seu butim: peles que vende no mercado negro. Quando eu voltar à Sibéria, ele diz que me levará à sua aldeia samoieda.

As perspectivas de publicação não parecem ser boas para ele. Um manuscrito acabado que ele me mostra leva o título *Vá para longe e volte*; a continuação em que está trabalhando agora: *Não se afaste de si mesmo*. Ele fala inglês, conhece Hamsun, Faulkner, Salinger e Böll. Conta como arranjou a única edição russa de James Joyce: uma brochura publicada pela *Inostrannaia Literatura* do ano de 1935. Fala com muita determinação sobre literatura. "É preciso escrever tão bem quanto os clássicos." Ele despreza Ievtuchenko, especialmente seu poema sobre as usinas de Bratsk. Eu também pouco a pouco estou perdendo a paciência com esse poeta. Não lhe desejo nada de ruim, mas não consigo afastar a sensação de que os prognósticos não lhe são favoráveis: um "foguete importante" que, como na história de Oscar Wilde, sobe com grande efeito, mas logo começará a descer.

Na despedida, nos abraçamos. Provavelmente nunca mais teremos notícias um do outro.

13 de setembro. Chegada a Novosibirsk. Uma cidade difícil à qual, à primeira vista, falta urbanidade. Marina pergunta pela estação central de trem a um rapaz compridão. Rosto corado, de traços bruscos, olhos castanhos, queixo firme. Ele manca porque caiu da motocicleta há dois meses. Grigori, esse é o seu nome, parece ao mesmo tempo rude e descontraído. Ele nos mostra a estação pintada de branco, tão orgulhoso como se ele próprio a tivesse construído. Apenas a comida no restaurante ele acha ruim; a ambientação stalinista não o impressiona.

Há cúpulas, galerias, saguões laterais, corredores e túneis. Multidão de camponesas, veteranos esfarrapados, comerciantes quirguizes, milicianos, oficiais encouraçados por grandes fivelas de condecorações, vendedoras de flores e sapateiros com toda a parafernália: retalhos de couro, saltos de borracha e ferramentas. Dia e noite, o movimento nunca cessa. Nas passagens subterrâneas, acampamentos completos, equipados com trouxas e cestas. Um violeiro se instalou ali. Aqui há menos proibições do que nas estações alemãs. Os relógios mostram a hora de Moscou.

Jamais um aeroporto alcançará essa intimidade na multidão. Esse formigueiro me lembra as cenas de rua de Poe e

Baudelaire. O avião não pode competir com a magia dos grandes trens verdes que deslizam até o rio Amur, junto com seus samovares e suas camas felpudas sob a estrela soviética.

Como em todas as grandes cidades russas, há também aqui um departamento de informações para suprir a falta de listas de endereços e telefones. Mas não apenas é preciso saber nome e sobrenome da pessoa procurada, mas também seu patronímico, ano e lugar de nascimento, senão, como diz Marina, usando as palavras de Kafka, você é "não aceito".

Grigori, o nosso guia, nasceu em Novosibirsk e nunca saiu da cidade. No almoço, ele conta que mora com os pais, cinco irmãos e sua namorada "na melhor área da cidade, o bairro de Kirov". Eles próprios construíram a casa de madeira, à noite e aos fins de semana, ele diz que de forma totalmente legal, com materiais comprados. Sozinho jamais teria embarcado nessa aventura, porque antes ele era técnico em construção de máquinas e, se continuasse, poderia conseguir um apartamento pela fábrica. Mas depois ele decidiu se matricular num curso de cenografia por correspondência. Desde então, ele se sustenta com cartazes de cinema e montagem de vitrines, às vezes ganha bem, às vezes muito pouco. Gasta tudo imediatamente, ele admite, não saberia dizer como nem onde. Então a metade da cidade quer ser amiga dele. Mas era melhor do que poupar. Sua namorada trabalha como timoneiro (!) num vapor do rio Ob. No inverno, quando a embarcação não navega, ela ganha metade do salário, mas tem que se comprometer a voltar na próxima temporada. Ele diz que ela não é tão imprudente quanto ele. Ele não deveria beber, nem fumar. Ontem mesmo eles tinham brigado, porque ela era muito rígida. Ela está esperando um filho. Ele gostaria que fosse um menino, é o seu maior desejo. Nenhuma menção a automóvel, viagens, televisão. Ele não me fez uma única pergunta sobre nosso padrão de vida. O que o fez se juntar a nós por algumas horas? Ele nos acompanhou até a entrada do nosso hotel, onde se despediu com um sorriso tímido.

À tarde, no centro, a cidade oferece uma cena quase meridional. Muitos jovens passeiam pelas ruas como num desfile. Só esfria à noitinha. Na bilheteria de um cinema, Marina e eu conversamos com duas garotas, elas não devem ter mais de 25 anos. Elas nunca haviam falado com um estrangeiro antes. Imediatamente perguntam de onde venho. Quando respondo que da Alemanha, uma delas pergunta "*Naschi?*". Uma referência à RDA, onde, segundo o uso linguístico soviético, vivem os "*nossos* alemães". Um visitante do lado oriental é claramente mais interessante. Nenhuma sombra de hostilidade contra o mundo do outro lado da Cortina de Ferro, mas orgulho da própria cidade.

Mara, a mais velha, trabalha numa fábrica de aviões, e a outra num instituto de eletrônica. Ambas querem ser engenheiras. Jornada das sete da manhã às quatro da tarde, depois escola noturna até as dez da noite. Embora nesta metrópole haja tudo o que faz parte de uma verdadeira grande cidade — ópera, orquestra filarmônica, conservatório e diversas universidades —, não há bares, nem mesmo uma simples taverna. Só pudemos convidar nossas novas conhecidas para um sorvete, pois na Sibéria há uma sorveteria em cada esquina.

Ala é o nome da mais jovem e mais inteligente. Quando perguntam a minha profissão e tenho que confessar que sou poeta, começa uma conversa sobre poesia. Eu já percebera que essa atividade na Rússia goza de um prestígio com o qual não nos permitimos nem sequer sonhar; mas Ala não pensa em idealizá-la. Quando pergunto o que ela espera de um poeta, responde: sinceridade.

As duas querem, sem nenhum coquetismo, continuar de qualquer forma a conversa, mas pouco a pouco está ficando frio nas ruas fustigadas pelo vento. O que fazer? Marina sabe o que dizer ao porteiro e nos introduz no saguão do nosso hotel, ali pelo menos está quente.

Agora sim o debate deslancha. Ala revela-se uma leitora apaixonada. Ela sabe de cor poemas de Púchkin, Iessiênin, Mandelstam. E quanto aos atuais?, Marina pergunta. Eu menciono Ievtuchenko. "Ah, ele", foi a resposta de Ala. "Ele diz que só vai continuar a escrever para os jornais e atuar na televisão, mas não acredito numa palavra dele." — "E Voznesenski?" — "Melhor, mas também não é autêntico. Prefiro uma mais jovem, da qual li algumas coisas numa revista. Eram muito boas. Ela se chama Akhmadulina. Já ouviu falar dela?"

E assim continuou por mais um bom tempo. Meu russo não bastava para seguir os argumentos das duas críticas, e Marina estava cansada de traduzir. A longo prazo, a energia dessas jovens mulheres valerá mais do que todas as matérias-primas da Sibéria.

Quando o porteiro em serviço fechou o hotel, Ala sugeriu que todos a acompanhássemos até sua casa. Andamos uns quinze minutos até chegarmos a um antigo prédio de apartamentos bastante deteriorado. Ala nos fez passar silenciosamente por uma mulher grisalha que roncava sentada numa guarita de vidro. Era a zeladora. No quarto andar, a nossa anfitriã abriu silenciosamente a porta do apartamento e andou na ponta dos pés por um corredor escuro que cheirava a repolho e a desinfetante. As paredes estavam ocultas atrás de pilhas de objetos. No escuro não era possível distinguir se eram malas, artigos domésticos ou outros pertences. O corredor também devia servir como área para secar roupas, porque ao passar roçávamos nas roupas molhadas que estavam estendidas. Somente no final do corredor é que chegamos ao pequeno quarto de Ala. Ela acendeu a luz. Pela primeira vez, eu conhecia uma *kommunalka*.

É significativo que eu nunca tenha me deparado com esse tipo de moradia em minhas viagens, embora ela seja o padrão para milhões de pessoas na União Soviética desde 1918. Fui recebido em cabanas e datchas, mas também nas cozinhas da intelligentsia, onde pude encontrar físicos e compositores, linguistas e pessoas do teatro. Nesses lugares reinava uma atmosfera característica de confiança e acolhimento. Muitas coisas eram óbvias e nem precisavam ser ditas. Os clichês ideológicos eram malvistos, o dinheiro importava muito pouco, notícias que não saíam em nenhum jornal rapidamente se espalhavam nas rodas.

Numa *kommunalka*, o clima era diferente. O quanto eu só soube no café da manhã do dia seguinte, quando Marina me explicou que um apartamento compartilhado desse tipo consiste em todo um andar que no passado abrigava apenas uma única família burguesa. Hoje, vivem ali dezenas de pessoas, não apenas de forma provisória, mas já há décadas. Muitas vezes, um casal tem que dividir o quarto com os filhos. Se necessário, divide-se o espaço com uma cortina. Os quartos são atribuídos oficialmente aos moradores sem levar em conta a idade, de onde eles vêm, o que estudaram e como ganham a vida. Há apenas um sanitário, diante do qual as pessoas fazem fila, e um quarto de banho, que está sempre ocupado. Onde guardar as malas, as botas de inverno, o saco de farinha, os potes de pepino? No corredor não cabe mais nada. Há um cheiro de água suja e vinagre. Gente brigando na cozinha. Meu barrete de pele sumiu, e quem roubou o coelhinho de pelúcia da pequena Aliona?

Humilhações, discussões inflamadas sobre as coisas mais corriqueiras, difamação e denúncias são inevitáveis nesses ambientes. Ninguém fez a conta de quantos milhões vivem nessas moradias, às quais, como Marina me disse, só há uma alternativa: o grande conjunto habitacional.

O quarto de Ala estava atulhado de móveis. Nos sentamos na cama, num estrado verde-oliva e no chão, que foi forrado com almofadas. Soubemos que ela precisava dividir o pequeno quarto com a mãe, que estava numa aldeia visitando uma irmã doente. As rosas de estuque no teto alto testemunhavam que o quarto, outrora muito mais espaçoso, havia sido cortado por uma fina parede para alojar novos moradores designados para aquele endereço.

Raiava o dia quando nos despedimos de Mara e Ala. Já na porta, a mais nova das duas ainda me perguntou se eu poderia morar aqui. Tenho me perguntado isso durante essa viagem e a resposta é: de preferência não!

Quando penso naquela noite, chego à conclusão de que a experiência de vida dos cidadãos soviéticos transcende qualquer análise de classe marxista. As pessoas deste país estão familiarizadas com as mais sutis nuances de status, hierarquia e padrão de vida, e isso absolutamente não está relacionado apenas à questão da habitação. Quem pode dispor de um telefone próprio? Para onde a pessoa viaja nas férias, caso viaje? Que documentos tem e quais estão faltando? Para onde vai quando está doente? Em que lojas faz compras? Para onde pode ir, para onde não pode? Como se veste? Onde estuda e o quê? Que sapatos calça? O que come? Tem uma datcha? E o que as mulheres têm que suportar? Elas vão para a fila quando corre o boato: "Eles soltaram sapatos", ou sabonete ou trajes de banho no inverno. O pronome "eles" representa alguma autoridade de planejamento. Quase sempre as prateleiras estão vazias, as vitrines são decoradas com pirâmides de velhas latas de conservas. É preciso passar por três filas: primeiro para pegar uma nota no balcão, depois para pagar no caixa, e finalmente para receber as mercadorias. Uma coisa que não existe neste país há décadas é absorvente íntimo; a economia planejada parece não ter consciência de que vivem mulheres nesta terra. Ninguém consegue me explicar isso.

Um visitante estrangeiro pode se fazer essas e muitas outras perguntas, mas não encontrará respostas. Outro grande enigma é o papel que o dinheiro desempenha na Rússia. Entre as pessoas que conheci, falou-se dele, quando muito, por acaso. Elas reprovavam o valor que lhe é atribuído na Europa Ocidental.

Outros, como Slavo, o caçador siberiano, ou Ala, que nos serviu chá direto da garrafa térmica, pensavam de modo diferente. Eles tinham que poupar. Mas de onde? Os preços no GUM, nas estações de trem, nas lojas das aldeias apresentavam flutuações inexplicáveis. Alguns livros gordos estavam absurdamente baratos. Nas grandes cidades, em qualquer esquina, encontrava-se um espumante da Crimeia bastante razoável a preço de refrigerante. Uma vez vi um microscópio que custava menos do que um par de pantufas. Qualquer professor de economia clássica entraria em estado de choque ao ler as placas com os preços. Não havia espaço para Adam Smith nesse sistema econômico. Minhas suposições iam no sentido de que havia outras moedas totalmente diferentes do rublo na União Soviética, que a autossuficiência e o escambo desempenhavam um papel importante, e que tudo de que se necessitava dependia de relacionamentos e de privilégios visíveis e invisíveis.

No hotel, depois do café da manhã tardio, um certo Iliá F. veio falar conosco, certamente porque supunha estar diante de colegas. Ele era, de alguma maneira, o oposto das duas garotas da fábrica da noite anterior. Ele se considerava um poeta e por isso, segundo o modelo de pintores em certos filmes sobre artistas, usava uma boina e uma longa barba. Um homem de boa vontade, mas obtuso, que conseguiu publicar seus livrinhos com uma tiragem de 3 mil exemplares. Ele esteve no México e no Vietnã, e nas prospecções de petróleo no delta do rio Ob, e sobre isso escreveu artigos e poemas de encomenda. Além de tais exercícios obrigatórios, nada mais parecia lhe ocorrer. Marina disse sobre ele: "Aqui também a nossa espécie de chatos prospera abundantemente". Não só os membros da intelligentsia, todas as pessoas na União Soviética usam o pronome possessivo da primeira pessoa do plural de uma forma especial. Eles falam do "nosso poeta", "nosso compositor", "nosso inventor", "nosso astronauta" etc., e isso mesmo quando se trata da apropriação póstuma de celebridades a quem a sociedade maltratou em vida.

14 de setembro. Excursão para Akademgorodok. É uma cidade nova, que foi fundada nos anos 1950. Ela está localizada junto a uma enorme represa ao sul de Novosibirsk. Ao longo de 150 quilômetros, o Ob foi transformado num mar interior. A localidade tem 60 mil cientistas e é uma espécie de *kombinat* de cérebros com um centro de computação, hotéis chiques e bangalôs nos quais os pesquisadores são hospedados. O anfitrião é a Academia das Ciências. Reina aqui uma atmosfera de campus, com um bandejão muito bom e bibliotecas confortáveis. Do alto de uma escada, começa uma longa trilha através de uma floresta de bétulas, que lembra as pinturas clássicas de Iliá Repin, e que leva à praia onde os cientistas descansam.

Contudo, os dispêndios feitos aqui não chegam a atingir proporções americanas. São exageradas as lendas segundo as quais os membros da Academia viveriam cercados de mordomias. De qualquer forma, aqui são permitidas coisas que não são toleradas em outros lugares. Nas paredes, podem ser vistas litogravuras de Matisse, Miró e dos surrealistas; o realismo socialista não tem vez aqui.

Os cientistas em geral falam um inglês com um forte sotaque, já viajaram para o Ocidente, Palo Alto, Princeton, Genebra... São físicos de partículas e de plasma, matemáticos, geneticistas, geólogos. Conversas muito abertas. O chefe é um gentil apparatchik com realizações pessoais modestas, provavelmente um espia que é visto com uma ironia silenciosa. Uma razão simples explica o fato de prevalecerem aqui outras relações de autoridade. O partido depende desses cérebros para se manter atualizado em armamentos e tecnologia. Os pesquisadores se queixam de que suas calculadoras estão desatualizadas, fora do padrão da concorrência ocidental: são lentas, com capacidade insuficiente de armazenamento. Os cibernéticos do centro de computação são descontraídos, sem qualquer interesse por ideologias. Sobre política, no máximo se fala em casa, à noite e mais "por diversão". Ninguém quer ser um "Herói do Trabalho".

Enquanto tomamos chá, um jovem geólogo me explica sua teoria sobre a formação do petróleo. Ele se ocupa com processos micromecânicos nas linhas costeiras de oceanos extintos. Com o atrito das marés nas linhas costeiras, hidrocarbonetos aromáticos teriam sido formados numa era geológica anterior. Se estiver correta, a hipótese dele é importante para a frenética busca por novas jazidas em curso na Sibéria.

O departamento que mais me impressionou foi o Instituto de Citologia e Genética. Ele é dirigido por Raissa Berg, uma bela mulher de uns cinquenta anos que não tem papas na língua. Provavelmente ela é de origem judaica.

Seu principal professor foi ninguém menos que Hermann Muller, um comunista americano que trabalhou por quatro anos na União Soviética, era um entusiasta da eugenia e posteriormente foi laureado com um Prêmio Nobel. Com ele, Raissa Berg estudou genética de populações e levou adiante seus experimentos com mutações. A drosófila era o objeto favorito desses experimentos. Mas então Lisénko, o favorito de Stálin, um engenheiro-agrônomo de mente estreita que denunciou a genética como "ciência burguesa", atravessou o caminho. As consequências foram devastadoras. Em 1946, foi lançada uma campanha de motivação ideológica que expulsou Raissa Berg de seu instituto em Moscou. Somente na época do "degelo" ela pôde retomar seus experimentos. Recentemente, foi chamada para Akademgorodok. Acredito que esteja determinada a trabalhar para que a ciência livre seja novamente possível na Rússia. Ninguém que a conheça pode duvidar de seu temperamento combativo. Uma espécie de oposição intelectual parece ter se formado em seu círculo.

Enquanto ela conta, penso em meus velhos planos de escrever reportagens e ensaios sobre a história das ciências naturais. Para um leigo como eu, isso abre um acesso privilegiado às contradições da pesquisa — exemplos: o drama de Brecht, *A vida de Galileu*, ou as investigações de Thomas Kuhn sobre o "surgimento dos novos paradigmas". Eu teria vontade de retomar esses temas, dos quais já tratei anteriormente no rádio.

Na última noite, o matemático Aleksandr Danilovich Aleksandrov nos recebe não no instituto, mas em sua residência particular. Ali acontece uma longa conversa. Tipo einsteiniano com um certo caráter alemão, uma enorme cabeleira branca, nariz largo. Mistura de seriedade, imaginação, charme e autoironia. Durante doze anos ele foi reitor da Universidade de Leningrado. Um Prêmio Stálin o salvou da repressão. Trabalhos sobre mecânica quântica, geometria diferencial, estruturas cristalinas. Ele conta que há 29 anos tem se ocupado do problema das superfícies convexas, mas que encontrou apenas soluções parciais. Então ele fala sobre o teorema de Hausdorff, do qual não entendo nada. Ele descreve como dividir uma esfera em quatro partes e criar duas novas esferas com elas.

A matemática como a "rainha das ciências"? Aleksandrov vê isso com ceticismo. Para ele, a afirmação de que seus benefícios sociais são enormes não passa de um clichê vazio. "Ela não tem verdades a oferecer." De qualquer forma, ela requer comprovações, e essa seria uma exigência inestimável em tempos em que os políticos acumulam cada vez mais poder.

Ele gosta tanto de debater que esquece o tempo. Eu fico indignado com o fato de que o currículo da escola secundária não contemple nada do que aconteceu na matemática depois do cálculo infinitesimal: nem combinatória ou topologia, nem números complexos ou teoria de grupos... Ele responde que isso é plenamente compreensível. Como a capacidade de abstração da maioria das pessoas é insuficiente para acompanhar esses temas, tal atraso cultural é normal e inevitável.

Mas não há um risco fatal em agir politicamente sem saber o que se faz, portanto, sem ciência? "Nossa consciência é moldada de forma pré-científica", ele diz, "e assim continuará a ser." Ele conta que Fermi se pronunciou a favor do lançamento da bomba atômica sobre o Japão, embora estivesse mais ciente do que os outros sobre o que isso significava. Menciono os pilotos de bombardeios estratégicos. Concordamos com a proposição de que o conhecimento e a imaginação moral são, na melhor das hipóteses, complementares.

À tardinha, viagem de volta pela estepe enfumaçada sob um céu baixo. Atrás de altas chaminés com gigantescas bandeiras negras, a metrópole em expansão.

À noite, de bonde, faço por conta própria uma excursão por ruas largas e bairros escuros. Os mesmos nomes em toda a Rússia: Marx Prospekt, praça Komsomol, Proletarskaia, rua Lênin. Um extenso *terrain vague* entre os bairros residenciais e as fábricas. No píer, movido pela curiosidade, me arrisquei a subir a bordo de um vapor do Ob, que estava ancorado. Apenas no último minuto, com o apito estridente antes de o navio zarpar, é que desembarquei. Do contrário, teria navegado por 24 horas pelo rio sem a possibilidade de retornar.

17-18 de setembro. De Novosibirsk rumo a Moscou pela Ferrovia Transiberiana. "A Moscou!" Até que enfim! A viagem é mais monótona do que o mito, que promete não sei bem que aventuras nesta rota. Depois de semanas em trânsito, as diferenças de fuso horário neste país também estão me cansando. Entre Irkutsk e Moscou são nada menos do que cinco horas de diferença. Com o frenético ritmo de voos neste enorme país, o jet lag está derrubando meu ânimo.

Mas pelo menos eu recebi um compartimento na *soft class*, com um pequeno abajur de tecido plissado cor-de-rosa. No corredor, encontro homens fumando e vestindo seus pijamas listrados, que eles usam também durante o dia. Um casal japonês está a caminho de Moscou e se esforça para documentar com a câmera o nada à frente da janela. De vez em quando, o trem para, sabe-se lá por que, em alguma estação solitária, que consiste num barracão mal iluminado com uma bomba de água ferroviária. Nem sinal de um povoado por perto, apenas um Lênin com a mão direita estendida, como se pedisse carona. A qualquer hora do dia ou da noite, no final do vagão, é possível pedir a uma babuchka um pouco de chá quente, que é servido num copo dentro de um suporte prateado. Junto com cubos de açúcar. Quem segue os costumes locais, coloca um deles na boca e bebe o chá para adoçá-lo. Há também um vagão-restaurante no qual duas recatadas senhoras tricotam, enquanto na mesa ao lado os trabalhadores com roupas acolchoadas tomam seu borsch. Finalmente cruzamos a ponte do Volga em Iaroslavl. Os passageiros começam a enfiar seus pijamas e provisões em trouxas e malas. Eles sabem que já não estamos longe de Moscou, pouco mais de trezentos quilômetros — um pulo.

18 de setembro. A bem-intencionada tutelagem que me vinha sendo dispensada não me fez falta na metrópole, tampouco

um programa oficial. Eu ainda tinha, como antes, um "bom visto" no passaporte, e o grande quarto no Hotel Pequim estava à minha disposição, mas eu não tinha a intenção de fazer uso dele. Em vez disso, segui para um outro endereço completamente diferente: Lavrushinski Pereulok, 19, ao sul do canal de Moscou, bem perto da Galeria Tretiakov. Munido com o mapa do metrô que eu arranjara, não foi difícil — três paradas até a estação Novokuznetskaia. Para mim, foi uma sensação especial descobrir esse meio de transporte, que é ao mesmo tempo suntuoso e barato. Bastam alguns copeques para estar lá dentro, deslizar em longas escadas rolantes até o nível subterrâneo e chegar a um recinto com abóbadas decoradas com afrescos, relevos e estátuas, num estilo que promove uma estranha aliança entre esplendor tsarista e iconografia comunista.

Apenas nos longos, sujos e ventosos corredores por onde se chega a visão é outra. Ali floresce um pequeno comércio não totalmente legal, mas tolerado, com flores, jornais, artesanato e produtos que presumo serem contrabandeados. Por que me ocorre justo agora o que li em Hannah Arendt há muitos anos? "A afirmação de que o metrô de Moscou é único é uma mentira apenas na medida em que os bolcheviques não têm o poder de destruir todos os outros metrôs. Somente o mundo completamente controlado sob o domínio do ditador totalitário pode desprezar todos os fatos, transformar todas as mentiras em realidade e concretizar todas as profecias."

Mas eu não estava interessado nesse tipo de reflexão. O edifício no qual toquei a campainha datava dos anos 1930: era um dos luxuosos edifícios construídos especialmente para membros da nomenklatura. Eu anunciara a Masha a minha chegada e era esperado no apartamento da família de Margarita Aliguer. Ele era espaçoso e confortável, mas longe da atmosfera cosmopolita que Ehrenburg exibira. Móveis antigos, lembranças de outras épocas, um velho relógio, uma cômoda finlandesa, uma antiga plaid. Ali nada remetia a privilégios ostentativos, mas sim a trabalho e modéstia, como uma cápsula do tempo que continha muitas coisas das quais eu não sabia nada.

Mas, acima de tudo, Masha estava lá; e agora nós dois queríamos fazer planos, e não apenas para os próximos sete dias. Por mais gentilmente que sua mãe tenha me recebido, ela conhecia a filha. Portanto, ela não estava apenas preocupada, estava aflita. No que iria dar aquela *liaison* com um visitante do Ocidente? Acaso Masha pretendia se mudar com ele para o exterior?

Foi Marina Pavchinskaia quem veio em nosso auxílio. Como Kóstia e Lev, ela também havia sido um golpe de sorte inestimável. Ela conhecia Margarita, sabia lidar com situações delicadas e tirou do bolso a chave de um apartamento onde podíamos nos encontrar sem sermos incomodados.

Quanto a um passeio até Peredelkino, a mãe de Masha não tinha objeções, e assim finalmente conheci esse lugar lendário. Toma-se o *elektritchka** por uns quinze minutos na direção sudoeste. A estação parece uma simples cabana de madeira. Aqui também a igualdade permaneceu uma promessa vazia; residências imponentes ao lado de casebres que o vento entortou. Somente as antenas de televisão não faltam nem mesmo nas choças mais pobres. Com um pouco de sorte, o recém-chegado consegue uma carruagem que o leva por uma alameda de abetos, passando pelo cemitério da aldeia e por mansões, até a datcha de Margarita na beira da floresta.

É como se o lugar tivesse saído de uma novela de Tchékhov. Ali eu conheci a verdadeira senhora da casa de verão. A fiel Niania foi a ama de leite de Masha e de sua irmã Tania, depois a babá delas, e agora, com mais de setenta anos, aquece

---

* Trem elétrico suburbano.

as estufas, mantém a casa em ordem, cuida das cabras, alimenta os cães, dá a Liova, o gato ancião, o leite e apronta o samovar para as visitas.

Essa velha mulher sempre esteve presente, passou por tempos de fome e pelos expurgos, pelo stalinismo, pela Segunda Guerra Mundial. Ela presenciou os casamentos e amores fracassados de Margarita e testemunhou as mortes, os momentos de felicidade e os suicídios na família. Também cuidou de Masha quando Margarita estava em Leningrado ou no front durante a ocupação ou, mais tarde, sentada à sua escrivaninha ou viajando para o Chile, Paris ou Alma-Ata.

Na datcha havia também um grande e velho cão são-bernardo, que se chamava Egri. Como Niania o alimentou e cuidou para que sobrevivesse nos tempos difíceis eu não sei. Na União Soviética, onde a carne é cara e difícil de encontrar, algo assim é um luxo que apenas poucos podem se permitir. Nunca fui um amante de cães, mas esse Egri tinha uma dignidade que me agradou. Ele não latiu para mim, não fedia, não lambia ninguém, era um gentleman de sua espécie. Fomos passear com ele pela floresta, procuramos cogumelos e frutas silvestres e tivemos nosso sossego.

Somente depois procurei saber mais sobre os meandros secretos de Peredelkino. Nos anos 1930, Maksim Górki agiu para que toda a área da aldeia fosse entregue ao Litfond, o órgão administrador dos imóveis da todo-poderosa União dos Escritores. Esta então construiu aqui uma colônia para seus autores, com mais de cinquenta casas de veraneio. Assim, numa área de alguns quilômetros quadrados, muitos escritores renomados encontraram um refúgio só seu diante dos portões de Moscou. Eles formaram uma estranha comunidade, como só é concebível na Rússia. Era mais tranquilo ou mais perigoso aqui? Era possível trabalhar melhor ou vigiar melhor onde Símonovs, Fedins e Tchaikóvskis conviviam praticamente parede com parede com os desviacionistas? Vizinha à casa onde o pai de Masha, o fatal Fadeiev, suicidou-se, Pasternak viveu e trabalhou até sua morte, há seis anos, numa datcha que, assim como seu túmulo, converteu-se em destino das peregrinações de seus admiradores. Eles chegam e ficam diante da cerca do jardim, como se estivessem num lugar sagrado, fazem silêncio e depois seguem seu caminho. "Peredelkino", um ciclo de poemas de 1941, testemunha o vínculo de Pasternak com este lugar.

Impossível reter sequer os nomes daqueles que passam pela memória: os que caíram em suspeita e os que se salvaram, famosos e esquecidos… Ilf e Petrov viveram aqui? Babel, Olesha, Pilniak, Kaverin, Platonov? Não sei. Só posso pôr a mão no fogo por Konstantin Paustóvski e Lídia Chukovskaia, que eram amigos próximos da mãe de Masha, pois tive a sorte de conhecê-los.

Depois tomamos novamente o trem suburbano e voltamos ao apartamento de Margarita. Para mim, nunca foi difícil me comunicar com ela, e não apenas porque a mãe de Masha fala francês, inglês e até um pouco de alemão. Tampouco só por causa de sua amabilidade; nosso entendimento se deve também à atitude que ela manteve ao atravessar as graves calamidades em seu país. Ela até mesmo conservou um resto de ingenuidade. Às vezes, me parece uma figura bíblica, então a menininha dentro dela surge novamente. Após um longo período, ela deixou de partilhar do autoengano de seus colegas e concidadãos. O massacre de suas ilusões políticas foi um processo gradual. Difícil dizer onde as feridas levam à resignação e onde começa a sabedoria. Coragem nunca lhe faltou. Não há hinos para Stálin de sua autoria. Nos anos do "degelo", ela conseguiu publicar poemas de Akhmátova, Pasternak e Tsvetaeva.

Ela não enfrenta a opressão com protestos ruidosos, mas com um gesto da Torá, voltando os olhos para o céu e encolhendo ligeiramente os ombros. Quando os primeiros dissidentes foram presos na Praça Vermelha, ela descobriu que a justiça estava do lado deles, mas as suas manifestações lhe pareceram teatrais demais. Todo cinismo lhe é alheio. Desde o primeiro dia, eu admirei e reverenciei Margarita Aliguer.

Vai saber se não há alguém observando nossas idas e vindas! Será que nos escritórios da União dos Escritores eles fecharam os olhos para o meu quarto abandonado no Hotel Pequim? A mãe de Masha está preocupada com nossas andanças. Até a fiel Marina nos adverte: "Você não se registrou corretamente em lugar algum!". Mas onde eu deveria estar?, retruco. Mais uma vez eu era o desavisado, o ingênuo. O que poderia acontecer conosco?

A tudo isso se somava o itinerário que estava previsto no meu plano de viagem e que não conhecia clemência: uma breve viagem à Geórgia. Era o que me faltava. Eu já estava saturado de discursos de banquete e discussões sobre a paz mundial, sobre o realismo socialista ou qualquer outro realismo. Já bastava de visitas, brindes e aeroportos!

Por que simplesmente não dispensar solenemente as bem-intencionadas intenções da União, bancar o ocidental presunçoso e cancelar tudo? O começo do meu romance russo não passava de uma escapadela? Masha, que sempre foi mais determinada do que eu, não disse nada, mas me censurou silenciosamente por minha hesitação. De qualquer maneira, para ela as objeções de sua mãe e de seus amigos entravam por um ouvido e saíam pelo outro. Tampouco a preocupava o fato de nós dois sermos casados. Ela estava determinada a se divorciar do marido, que havia muito tempo já seguira o caminho dele. "Isso não passa de um pedaço de papel", dizia. Muito mais importante para ela, disse Masha, era ter um passaporte em ordem no bolso o mais rápido possível. Era do que ela cuidaria durante os poucos dias que, por bem ou por mal, eu tinha que passar na Geórgia.

Em 25 de setembro, cheguei a Tiflis, que oficialmente se chama Tbilisi. O filme da minha estadia lá está cheio de partes veladas. Eu estava cansado demais para fazer mais do que algumas anotações furtivas. Fui despachado para a Geórgia, para a qual também há um nome soviético, que é Grusinien, embora minha capacidade de absorção já estivesse esgotada. Com certeza não viajei sozinho, mas não consigo lembrar quem me acompanhou. Foi Marina ou Kóstia?

A ocasião oficial era um jubileu. Shota Rustaveli é o poeta nacional desse país. Acho que se comemoravam os oitocentos anos de seu nascimento ou de sua morte. Não faço ideia. Nunca li um só verso de sua epopeia. Ela se chama *O cavaleiro na pele de tigre* e parece que é muito longa. Na minha mala, encontro uma medalha comemorativa que deve pesar um quilo, foi um presente e secretamente vou deixá-la em algum lugar.

Eu estava de tal forma farto de cerimônias oficiais que sempre que podia fugia delas e aproveitava o tempo para dar um passeio pela cidade velha, dormir num banco de parque ou comprar uvas, ameixas e damascos no mercado. Quem vem de Moscou se espanta com a abundância que existe aqui. Os georgianos não são apenas corruptos, eles são ricos. Um curioso império no qual a metrópole é mais pobre que a província!

No dia seguinte, fui arrastado até Gori pelos anfitriões. Mais de duas horas de carro na direção oeste. O passeio era obrigatório, porque esse lugarejo é onde nasceu Iosif Vissarionovič Džugašvili (copiei essa transliteração correta de uma enciclopédia). Stálin ainda é reverenciado na Geórgia. Quem possui um automóvel cola o retrato dele no para-brisa. Uma versão sua com cerca de vinte metros de altura pode ser encontrada em frente à prefeitura da pequena cidade, que provavelmente vive do turismo. Os visitantes são levados para um museu monstruoso. A casa onde ele teria nascido parece uma falsificação. Um enorme edifício abriga os cachimbos, os uniformes e as máscaras mortuárias do ditador. Mas o melhor é uma vasta coleção de presentes de todo o mundo, trazidos por camaradas agradecidos. Não é apenas o kitsch oficial de praxe. Os mais interessantes são as maquetes, feitas à mão, de minas nas montanhas, foguetes, mosaicos de flores, retratos bordados em muitas cores... Tudo está etiquetado com o nome dos doadores, local e data.

Mas, como se já não bastasse, ainda continuamos até uma estação de águas famosa por suas fontes curativas. Ela se chama Borjomi. Antigas vilas e palácios da era tsarista. A água mineral é uma poção morna, salgada e malcheirosa, à qual poderes milagrosos são atribuídos. Também Tolstói teria bebido dela.

Do jantar na capital Tiflis, só lembro que os conhecimentos de alemão dos cultos anfitriões eram impressionantes e os pratos georgianos, requintados. Tarde da noite, embriagado pelo famoso destilado de vinho local, que não precisa temer a comparação com o conhaque, caí morto de exaustão na cama do meu hotel.

Em 30 de setembro, finalmente eu estava de volta a Moscou. Me despedi de Masha, Margarita, Kóstia e Marina sem saber quando os veria novamente.

Dois dias depois, voei para Oslo e reencontrei minha família. Na bagagem, carregava um tomo de trinta por setenta centímetros, que pesava cerca de quatro quilos e que eu havia trocado pelas minhas últimas cédulas de rublos: o magnífico *Atlas mundial físico-geográfico*, publicado pela Academia de Ciências e pelo Departamento Central de Geodesia e Cartografia da União Soviética, Moscou, 1964. Na capa de tecido preto, destaca-se um globo adornado com a foice e o martelo e com espigas de milho ao redor, coroado por uma estrela e envolto por uma fita na qual se pode ler em quinze línguas: "Proletários de todo o mundo, uni-vos". São 249 tabelas a oferecer uma visão de mundo que um amante do nosso planeta não poderia desejar mais colorida e detalhada: temperatura tectônica, do ar e da água, vegetação, fauna, demografia, radiação solar, precipitação, glaciologia, recursos minerais... Nenhuma pergunta permanece sem resposta nessa magnífica obra que ainda não tem par nos Estados Unidos e na Europa. E tudo por irrisórios quarenta rublos!

Havia muitos anos que eu vivia com a minha esposa norueguesa, Dagrun, e nossa filha Tanaquil em Tjøme, uma ilha junto aos fiordes de Tønsberg e de Oslo. Tínhamos comprado uma casinha branca de capitão com um grande jardim. Aqui está uma descrição da atmosfera em que vivíamos:

> Quietas eram as noites boreais em junho,/ despreocupado o relógio de latão batia na ilha,/ esquecida estava a casa de madeira, a casa/ pacificada, onde não escurecia,/ quieto, quieto estava o barco no píer/ como se fosse a felicidade, quietos/ estavam os livros, os rochedos,/ no peitoril estava o claro brandy.

Contudo, fazia algum tempo que eu tinha a sensação de que algo estava para acontecer na Alemanha. As vigas da República estalavam. O Estado autoritário tradicional, com seus resquícios guilherminos e a indigesta herança da ditadura, não era mais capaz de sobreviver. Na esperança de que mais cedo ou mais tarde o país recobrasse habitabilidade, eu havia comprado, com a ajuda de Uwe Johnson, que morava na vizinhança, uma casa em Friedenau. Nosso plano era passar os verões na Noruega e os invernos em Berlim.

Mas então uma enxurrada de cartas de amor e telegramas chegou de Moscou. Não podia mais esconder meu romance russo. Uma separação era inevitável. Eu me senti como um ladrão que quebra tudo rapidamente e sem hesitação. Sem energia destrutiva não é possível burlar as próprias regras.

Juntava-se a tudo isso o fato de que eu havia fundado uma revista que dificilmente poderia ser gerida à distância. Isso teria sido impensável sem o sábio editor Karl Markus Michel, que era tão inteligente a ponto de nunca ter se sujeitado a um exame acadêmico. Ele se manteve fiel à *Kursbuch* durante todas as adversidades que surgiriam.

A situação política na Alemanha, com a formação de uma Grande Coalizão, agravara-se a tal ponto que a República não tinha oposição efetiva. A União Democrática Cristã (CDU) e o Partido Social-Democrata (SPD) se uniram e forjaram as chamadas leis de emergência, uma sujeira das grossas que nós não estávamos dispostos a aceitar. "Nós" significava uma minoria extraparlamentar, que não era formada apenas por alguns milhares de estudantes, velhos comunistas fiéis a Moscou e alguns hippies. Havia também um resto de liberais, mas sobretudo uma ala poderosa dos sindicatos, que opusera resistência. Em outubro de 1966, havia sido convocada uma manifestação em frente ao Römerberg* sob o slogan "Estado de Emergência da Democracia". Acho que ali falaram Ernst Bloch, Helmut Ridder e Georg Benz do IG Metall.** Um monte de gente de peso!

---

* Edifício histórico e central de Frankfurt.   ** O Sindicato dos Metalúrgicos.

Eu estava com tanta raiva que insanamente me deixei dissuadir a discursar para 25 mil pessoas. Foi terrível. No meio do meu discurso, notei que seria capaz de continuar a incitar mais e mais a multidão furiosa. Estava tão enojado que me referi ao país como uma república de bananas e bradei: "Todos os que estão no bunker parlamentar estão tremendo!". Sobre o que disse não penso em retirar uma palavra.

Mas os alto-falantes devolviam um eco por todos os lados, e de repente me sobreveio uma lembrança. De onde eu conhecia aquela atmosfera inflamada? A voz de um fanático incitador no Sportpalast* de Berlim não soara de forma semelhante 25 anos antes? Eu estava a caminho de me tornar um demagogo. Foi um sentimento repugnante, não importava se os meus argumentos estavam certos ou errados. Encerrei o melhor que pude e jurei a mim mesmo nunca mais pisar numa tribuna. E cumpri isso. Estava vacinado contra manifestações grandiloquentes.

O dia 10 de dezembro de 1966 foi um sábado. Alguns estudantes de Berlim, entre os quais também estava o meu irmão Ulrich, encenaram na Kurfürstendamm** uma farsa que teve muitas consequências. Eles protestaram contra a guerra no Vietnã atirando confetes e cantando canções natalinas. "Estamos nos manifestando em prol da polícia", eles anunciaram. "Reivindicamos equipamentos modernos para ela: em vez do cassetete, um pote branco com doces para as crianças que estão chorando e anticoncepcionais para os adolescentes que querem se amar." A polícia não pensou em nada melhor do que fazer uso dos cassetetes. Exatamente uma

---

* Ginásio de esportes em Berlim, considerado a "grande tribuna do Terceiro Reich", que foi palco de importantes discursos de Hitler e Goebbels.
** Importante avenida comercial de Berlim Ocidental.

semana depois, esse pequeno grupo repetiu a sua pacífica ação de guerrilha misturando-se aos passantes na avenida. Dessa vez, policiais estressados e ensandecidos distribuíram indiscriminadamente pancadas sobre manifestantes, turistas e aposentadas. Mais de oitenta transeuntes, entre eles crianças e donas de casa, foram presos.

Essa provocação não rendeu apenas prisões aos instigadores, mas também seu primeiro grande sucesso midiático. Estava inaugurado o teatro de rua de 1967. Eu não estava presente. Mais uma vez, eu estava em outro lugar.

Postscripta

(2014)

Um dicionário de bolso azul que levei comigo para a Rússia acabou se revelando bastante inútil. Tive que me valer, tanto quanto foi possível, de terceiras línguas, especialmente inglês, francês e espanhol. De resto, eu dependia completamente da ajuda dos meus amigos.

O volume de poesia que Lev Ginzburg traduziu chegou a ser impresso, mas nunca foi lançado. A edição foi destruída.

Após o meu regresso, nasceu em Berlim o seguinte poema, que pode ser entendido como uma espécie de retrospectiva da viagem:

Congresso pela paz

Um avião pousa com cem mentirosos a bordo.
A cidade os recebe com um punhado de flores,
com um cheiro de nafta e suor,
com um vento das planícies da Ásia.

Sob os holofotes, os mentirosos dizem
em cinquenta línguas: somos contra a guerra.
Em silêncio, dou razão aos mentirosos.
Os mentirosos dizem a verdade, mas
por que precisam de cinquenta horas
para uma única frase?

Quando eles partem, as flores estão cinza.
Os cinzeiros transbordam
de bitucas solidárias,
inabaláveis pontas de charutos
e baganas invencíveis.
A paz flutua nas escarradeiras.

Na Casa Branca, sob os holofotes,
na mesma hora, os sinceros proclamam
uma outra verdade: a guerra está crescendo.
Apenas os mentirosos não se deixam abalar.

Na Casa Branca, as flores estão frescas,
as escarradeiras desinfetadas
e os cinzeiros limpos como bombas.

Uma rajada de vento fustiga a cidade,
um vento das planícies da Ásia. Assim silva
uma mulher estrangulada que luta por sua vida.

Na *Kursbuch*, n. 9, de junho de 1967, foi publicado um dossiê sob o título "Kronstadt 1921 ou a Terceira Revolução". A compilação e os comentários eu próprio fizera, sem dedicar um pensamento a meus leitores da União dos Escritores em Moscou. Mas eles foram aplicados e passaram a descoberta adiante. A consequência foi a perda imediata do meu status de "escritor burguês progressista". Não sei exatamente em que categoria fui então enquadrado. Mas, ao que tudo indica, não fui parar no inferno das "forças antissoviéticas"; senão provavelmente nunca mais teriam me concedido um visto.

Em 1976, recebi de Moscou a notícia da morte do meu amigo Kóstia. Ele foi morto a pancadas no corredor em frente à sua porta. Esse assassinato nunca foi esclarecido. Ninguém parece saber se foram criminosos comuns que queriam saquear a casa dele ou se foi um crime político.

Raissa Berg foi uma das signatárias da "Carta dos 46", de 1967, que protestava contra as violações dos direitos humanos pelo governo. Inconformista como era, no final do chamado período de "degelo" ela perdeu a sua posição em Akademgorodok. Em 1974, decidiu emigrar para os Estados Unidos, onde continuou suas pesquisas nas universidades de Wisconsin e St. Louis. Em 1988, publicou suas memórias: *Acquired Traits: Memoirs of a Geneticist from the Soviet Union* [Traços adquiridos: Memórias de uma geneticista da União Soviética]. Também em âmbito político, ela não deu sossego e se posicionou a favor dos dissidentes. Ela morreu em Paris, em 2006.

Andrei Siniavski conseguiu deixar a União Soviética em 1973. Ele morreu perto de Paris em 1997. Joseph Brodsky foi expatriado em 1972 e chegou a Viena sem seus manuscritos, "com uma mala e cinquenta dólares", como se dizia então. Ele morreu em 1996, em Nova York. Em suas *Erinnerungen an Leningrad* [Memórias de Leningrado], ele fez um relato minucioso sobre a *kommunalka*, do qual se depreende que os membros mais pobres da intelligentsia também eram atingidos por aquela forma de vida. Até onde sei, o único historiador que a investiga é Karl Schlögel.

Premissas

(2015)

Tenho cerca de 85 anos. Como as coisas eram antigamente é uma pergunta que surge às vezes, vinda de alguém como minha jovem esposa Katharina, minhas filhas, ou um jornalista, ou um estudante que precisa de abreviaturas como Dr. ou M.A.* antes ou depois do nome e, portanto, tem um trabalho acadêmico para entregar.

As chances desse tipo de informação não são muito boas comigo. Minha memória é como uma peneira na qual pouca coisa é retida. Não é por causa da minha idade. Até agora, fui poupado da famosa doença que fez a carreira de Alois Alzheimer.

Contudo, meu interesse por uma autobiografia deixa muito a desejar. Não quero absolutamente me lembrar de tudo a meu respeito. Folheio a contragosto as memórias de meus contemporâneos. Não confio nem um pouco neles. Não é preciso ser um criminologista ou um epistemólogo para saber que não se pode confiar em testemunhos de alguém sobre si próprio. Entre mentiras deliberadas e correções tácitas, entre o simples equívoco e a sofisticada autoencenação, parece haver uma nebulosa zona de transição. Vejam as famosas *Confissões* de Rousseau, um dos pais desse gênero. Já outras memórias soam como se tivessem sido escritas por um ghost-writer.

---

* *Doctor* e *Master of Arts*, títulos acadêmicos.

De um tal exercício, eu disse a mim mesmo, é melhor você manter suas mãos afastadas. E eu teria me mantido fiel a meus metódicos escrúpulos se não tivesse um dia encontrado em meu porão algo que me surpreendeu. Entre a prateleira de vinho e a caixa de ferramentas, repousavam algumas caixas de papelão. Eu as abri em busca de algum contrato antigo e me deparei com cartas, cadernos, fotografias, recortes de jornais, manuscritos abandonados. O acaso reinava sobre essa papelada. Mas pelo menos no meio dessa bagunça não havia nada que tivesse sido inventado a posteriori, após um grande intervalo de tempo.

Lancei-me, portanto, à leitura de cadernos de rascunhos e pastas dos anos 1960 e 1970. Era possível fazer alguma coisa com aquele material bruto? Tal propósito não seria coerente; mas a coerência nunca foi o meu forte. Era questão de experimentar.

Os vestígios que encontrei eram cheios de lacunas e muitas vezes difíceis de decifrar. O mais fácil de lidar foi o material de 1963. Encontrei anotações que precisavam apenas de uma revisão estilística mínima para compensar alguns lapsos. Mais problemáticas foram as "Anotações rabiscadas", de 1966. Esses textos nada têm a ver com uma reprodução diplomaticamente exata. Fragmentos de frases foram completados, trechos indecifráveis eliminados, grafias incorretas corrigidas. Deixei ficar algumas bobagens, suprimi intimidades. As notas estão datadas de acordo com o roteiro da viagem, não com o momento em que foram escritas. Costumava escrevê-las com uma distância de alguns dias, no hotel ou em trânsito, sempre que dispunha de quinze minutos. Ainda costurei aqui e ali esse patchwork com diversos adendos que escrevi a partir de cartas, páginas de calendário, citações da imprensa de 1966.

Já as "Lembranças de um tumulto" se atêm menos ainda aos padrões da documentação ou mesmo da filologia. Entre 1967 e 1970 faltou-me vontade, tempo e interesse em manter um diário contínuo. De resto, ninguém pode mostrar tudo o que acontece numa proporção 1:1. Aqui entra em jogo o conhecido paradoxo cartográfico. Um mapa de um local que fosse tão exato quanto o que ele representa duplicaria a realidade e seria supérfluo. (Nesse ponto, diga-se de passagem, fracassam todas as fantasias de poder que sonham com a vigilância total.) Portanto: *caveat lector*!

A pessoa com quem me deparei nos papéis que encontrei em meu porão também me era estranha. Aquele "eu" era diferente. Só vi uma maneira de me aproximar dele: o diálogo com um duplo, que me parecia um irmão mais novo em quem havia muito eu não pensava. Eu queria lhe fazer muitas perguntas. Mas não estava interessado num interrogatório ou numa confissão. Se aquele homem em torno dos quarenta anos se debatia com sentimentos de culpa ou estava constrangido, se estava certo ou errado não me importava. Isso era assunto dele. Ele tinha que lidar com isso por conta própria. A única coisa que me interessava eram suas respostas à pergunta: meu caro, o que você pensou enquanto tudo isso acontecia?

Nos "Postscripta" é apresentado apenas o que não era conhecido do autor no momento em que fazia suas anotações. (É fácil falar retrospectivamente. Talvez então se saiba mais, mas há o perigo de se achar mais sabido.) Quem viveu os velhos tempos tratados aqui pode pular esses detalhes complementares.

Lembranças de um tumulto

(1967-1970)

Nenhum de nós se reconhece no outro. Para que esta conversa? Isso é um truque para arrancar alguma informação? Você quer me entrevistar?

Mas você não é jornalista!

Ah, é mais fácil do que você pensa.

Vamos acabar brigando, incorrendo em contradições.

Não importa. Tenho só uma pergunta. Você pode me explicar com o que estava envolvido naquela época?

Não. Esqueci quase tudo e as coisas mais importantes eu não entendi.

Me conte tudo. Gostaria que começasse do começo e contasse essa velha história até o fim.

As memórias que você me pede só podem tomar uma forma: a da colagem. Mas como posso diferenciar o tumulto objetivo do subjetivo? Minha memória, tal como um diretor de cinema caótico e delirante, me fornece um filme absurdo, cujas sequências não se encaixam. O som não está sincronizado. Cenas inteiras estão subexpostas. Às vezes a tela só exibe um filme preto. Muito foi filmado com uma câmera de mão trêmula. Não reconheço a maioria dos atores.

É bom que seja assim.

É um grande emaranhado, um *wirrwarr*.

Uma palavra que nenhuma outra língua consegue imitar do alemão. Em duas sílabas, ela rima tudo o que não rima. Sintetiza a falta de saída melhor do que o pálido muddle, *o inofensivo* pêle-mêle *e o caprichoso* guazzabuglio.

Não me venha com as suas palavras estrangeiras!

Não consigo compreender como puderam acontecer tantas coisas em mil dias.

É como se o tempo todo o diretor tivesse sido arrastado por um movimento oscilatório. As imagens dão saltos entre o tempo e o espaço. Mas mesmo assim, dos remendos desse filme, deve ter surgido alguma coisa, negociações, intrigas, invenções, poemas, resoluções, crimes... Há pessoas que engarrafam tudo ordenadamente e então escrevem suas memórias. Para mim, esse procedimento é um mistério.

O melhor será começar com o seu romance russo. Como continuaram as coisas entre você e Masha?

Assunto privado. Por que você pergunta tão empenhado sobre minhas histórias de amor, que dificilmente interessariam a alguém, quando estamos tratando de coisas completamente diferentes?

Porque, sem a sua russa, ninguém entende para onde você foi física e politicamente. Eu também não.

É realmente necessário? *Mon coeur mis à nu* — mas ele não é uma atração turística! Mas bem, se você insiste. Foi o seguinte: eu não pude resistir a Maria Aleksandrovna. E ela estava disposta a desistir de tudo a que estava acostumada por minha causa; romper o casamento, que de qualquer forma fazia tempo já naufragara; sair da casa da mãe; e ir comigo, um homem a quem só conhecia havia alguns meses, para um país sobre o qual ela quase nada sabia e cuja língua lhe era estranha.

Como todos os russos, ela amava a região em que crescera; mas dentro de cada indivíduo de sua geração, não importa como pensasse politicamente, também havia um soviético. Masha queria se livrar disso, porque não podia mais suportar o regime ao qual estava submetida. A incondicionalidade com a qual ela perseguia seus objetivos me encantava e me assustava.

Ela queria começar "uma nova vida" comigo. Embora não soubéssemos o que isso significava, as chicanas que ela teria que enfrentar por causa disso não a intimidavam. Elas lhe deram mais energia.

Para deixar o país, Masha precisava primeiro da permissão das autoridades soviéticas. Apenas o OWIR poderia autorizar.

OWIR? *Nunca ouvi falar.*

Então não se lembra mais de como foi? Era o famigerado Departamento de Vistos e Passaportes, subordinado ao Ministério do Interior, o que naturalmente significa a KGB. Somente ali Masha poderia conseguir um passaporte e um visto de saída. Na verdade, eu deveria ter sabido disso, pois todo estrangeiro era obrigado a se registrar junto às autoridades até o terceiro dia de sua estadia, no máximo. Sem esse carimbo no passaporte, podia-se ter todo tipo de inconvenientes. Eu nunca cumpri essa regra, não sabia de nada disso. Vai saber quem se responsabilizava por mim. Sem me dar conta, sempre me movimentei numa zona de sombra em Moscou.

Claro, todas essas dificuldades aumentaram ainda mais o nosso desejo febril. Alguém da minha idade nunca estará disposto a obedecer a um poder que quer proibi-lo de viver com a mulher que ama. Sempre foi assim e assim sempre continuará a ser.

Logo ficou claro que não haveria possibilidade de Masha partir enquanto não nos casássemos. Para isso, era necessário o consentimento de sua mãe, que não estava muito entusiasmada com os planos — Margarita não queria perder a filha para um estrangeiro a quem não conhecia direito. Mas eu me entendia bem com ela e consegui convencê-la. Ela cedeu e estava disposta a usar seus contatos; não apenas conhecia pessoas influentes na poderosa União dos Escritores, mas também seus conhecimentos se estendiam até o Comitê Central do partido no poder. Eu não entendia muito desses bastidores. Mas o embaixador alemão em Moscou sabia como agir também em tais casos delicados e prometeu nos ajudar informalmente caso houvesse uma emergência.

Você fala como se tivessem sido não sei qual órgão público, burocratas sem alma, normas incompreensíveis os culpados pelo seu dilema. Quando você próprio era casado.

Claro. Com a Dagrun.

Uma aura de bigamia, não é mesmo?

O que é isso? Um confessionário?

Não, meu caro! Você não precisa esperar absolvição da minha parte. Nem censuras. Estou observando a uma distância segura como você se comportou.

Sobretudo por causa de Tanaquil, nossa filha, pensar num divórcio não era fácil. Isso até mesmo um pedante como você consegue entender.

Comecei então um frenético vaivém entre Berlim, Noruega e Moscou. Durante meses, tínhamos que confiar no correio e no telefone. Quase todos os dias, Masha me escrevia cartas ardentes de saudades ou me enviava telegramas.

Você ainda tem essas cartas? Então deixe Masha falar por si própria.

Não penso em atirar as cartas de Masha para serem devoradas por você ou por qualquer outra pessoa. Mas estou notando algo a tempo, deixe-me dizer antes que seja tarde. Masha teve dificuldades consideráveis com seus estudos e não conseguiu terminar seu trabalho de conclusão de curso. Antes de cada prova, ela entrava numa espécie de pânico. Nesse ponto, a força de vontade que tanto me impressionou a abandonava. Ébrio com a determinação de Masha, perturbado com os sentimentos de culpa por causa da minha família norueguesa e distraído com o redemoinho político no qual eu fora lançado, não levei a sério as oscilações de humor de Masha.

Também ignorei um outro indício. Uma vez ela me pediu para lhe trazer uma série de medicamentos que não havia para comprar em Moscou. Isso não era incomum; qualquer pessoa que vinha do exterior ou tinha permissão de viajar para fora do país era incumbida desse tipo de tarefa. Presumi, portanto, que os comprimidos desejados — psicofármacos como Librium e Triptizol em grandes quantidades — fossem destinados a parentes ou amigos, talvez à sua irmã mais velha, Tania, que era talentosa e bonita, mas imprudente e instável.

Isso mostra apenas o quanto eu estava cego. Só mais tarde, quando vi esses remédios em sua mesa de cabeceira, compreendi que ela própria dependia dessas drogas. Nesses casos, os médicos falam de transtornos bipolares e ataques de pânico porque conceitos antigos como medo, euforia e tristeza não lhes parecem científicos. Tenho que me recriminar por nunca ter entendido quanto minha amada estava em perigo. Se tivesse prestado atenção em sua caligrafia, não apenas nas suas palavras, teria percebido como ela se sentia. De repente, suas linhas eram febris e confusas; depois novamente cheias de ousadia, segurança e autoconfiança.

Ela chorava?

Como se você não soubesse! Foi muito ruim. Ambos estávamos sentados entre duas cadeiras, cada um na sua sala de espera, ela em Moscou e eu em Berlim Ocidental.

Aqui o ano de 1967 começou com uma pequena, porém notável invenção. No dia 1º de janeiro, sem registro oficial, foi fundada a Kommune 1. Acho que o nome foi dado por Rudi Dutschke, que, no entanto, nunca se mudou para lá. O nome soava pretensioso aos meus ouvidos porque se referia à Comuna de Paris, de 1871, e pretendia desbancar o Partido Comunista. Os fundadores também gostavam de pregar no peito broches dourados de Mao propagandeando a Revolução Cultural na China. Eles se instalaram na minha casa em Friedenau, que estava vazia.

Você estava de novo em alguma viagem.

Sim. Em Roma, em Catânia, em Siracusa.

Por quê?

Não me lembro mais. Encontrei a casa ocupada por pessoas como Kunzelmann, Langhans e Fritz Teufel. Eles me disseram com toda a seriedade: "Junte-se a nós. A Kommune é a solução". Nada poderia estar mais longe de mim. Para mim, aquilo era o pesadelo absoluto. Expulsei todo o bando imediatamente.

Para onde a Kommune 1 iria então? Era sabido em Berlim que Uwe Johnson morava em Nova York havia algum tempo. Um dos membros teve a ideia de fazer a mudança para a casa de Johnson. Meu irmão mais novo, Ulrich, que também fazia parte do grupo, chegou a assinar com ele um contrato formal de aluguel.

Ele havia se unido a Dagrun, minha mulher. Algumas pessoas confundem nossas vozes ao telefone, mas isso é ilusório. Ele sempre foi muito diferente de mim. Mais jovem e menos enquadrado. Ele foi carinhoso com ela, ele a acolheu e a consolou.

Mas imaginar a pacífica Dagrun como integrante da comuna berlinense era muito difícil. Mas como eu poderia fazer objeções às suas decisões? Eu não tinha esse direito. Ela nunca foi vingativa. Mas quanto a Tanaquil, nossa filha, que tinha dez anos à época, fui firme. "Você pode visitá-la e ela pode te visitar quantas vezes vocês quiserem, mas ela vai ficar primeiro comigo, vamos fazer compras, cozinhar, arrumar a casa. Não se preocupe." No dia 2 de fevereiro, nos divorciamos amistosamente, sem sequer nos sentarmos no banco do tribunal; fomos representados por Horst Mahler, que certamente impressionou o juiz com seus modos de bom camarada e seu tom de conversa de cantina. A guarda de Tanaquil foi concedida a mim.

Um processo regular em meio ao tumulto.

Que obviamente não afetou em nada a Kommune 1.

Realmente temos que voltar a essa associação imbecil? Acho que já existe mais de meio metro de livros sobre ela na prateleira, que com razão são chamados de literatura secundária.

Um momento! Você está subestimando o potencial dessas pessoas.

Alguns desmiolados, que podem ser contados nos dedos da mão. Tudo o que eles tinham para oferecer era de segunda ou terceira mão. Um pouco de Proudhon, Wilhelm Reich e Henry Miller, uma pitada de Dada e algumas citações do acervo dos situacionistas. De qualquer forma, mais para Max e Moritz do que para Marx. Se quer saber o que acho, um bando de artistas fracassados. Você os menciona só porque por acaso estava por perto, porque sua esposa norueguesa e seu irmão Ulrich estavam nisso e porque eles arruinaram a sua frágil amizade com Uwe Johnson.

Você nunca entendeu do que se tratava.

Então me explique!

Vamos começar com o sucesso fenomenal dessas pessoas. Num abrir e fechar de olhos, conseguiram pôr o mundo inteiro contra eles. Antes de mais nada, a sociedade civil, porque zombaram da propriedade, da família, da justiça e da religião. Mas a esquerda também ficou indignada. A SDS,* que representava os estudantes de esquerda, não hesitou em expulsá-los, a Alemanha Oriental baixou a cancela da fronteira e os inúmeros grupos de extrema esquerda os acusaram de contrarrevolucionários. Com suas ideias carnavalescas, eles se desconectaram de todos os teóricos. Até mesmo os terroristas ficaram ofendidos, porque os três ou quatro integrantes da Kommune I agiam sem nenhum derramamento de sangue, com maquiagem em vez de coquetéis molotov. Eles sabiam como escandalizar a sociedade e irritá-la até o limite, mas não queriam matar ninguém. Os futuros terroristas acharam isso pouco sério. Um dia um simpatizante secundário entrou no tribunal não para atirar nos juízes, mas para, literalmente, atirar merda no tribunal.

---

* *Sozialistischer Deutscher Studentenbund* (União Socialista Alemã de Estudantes).

Só os meios de comunicação estavam entusiasmados. Durante anos, a Kommune 1 entregou manchetes e tiragens cada vez maiores à imprensa. Para a televisão ela também forneceu imagens magníficas. Por um lado, os integrantes da pequena trupe recebiam ameaças de morte; por outro, os meios de comunicação os convertiam em ícones pop. A direção de cena do grupo foi totalmente profissional. Ela explorou todas as chamadas perversões e atendeu às inclinações sádicas e exibicionistas do público.

De resto, a relação entre a Kommune e a imprensa sensacionalista foi desde o início um negócio baseado na reciprocidade. Os organizadores penduraram uma placa na porta da frente, na qual estava escrito algo do tipo: "Fiado só amanhã!". Qualquer entrevista ou filmagem custava dinheiro. Assim, os jornalistas pagavam o aluguel e enchiam a geladeira.

Langhans, Kunzelmann, Teufel & Cia. foram pioneiros em outros aspectos. Eles foram os primeiros a levar a sério a abolição da esfera privada. É provável que não soubessem o que estavam causando. Toda uma indústria os seguiu nesse caminho. A televisão privada, que se recusa a tolerar o direito à privacidade, copiou a receita e faturou com os formatos correspondentes. Desde então, nenhum voyeur, nenhuma exibicionista precisa mais sair em busca de um prédio velho e deteriorado de Berlim para se realizar. Basta pressionar um botão.

Bastante dúbia a sua página de glórias para os membros da Kommune.

Como você sabe, eu tinha outras preocupações. Em Moscou, Masha estava ocupada com a conclusão do curso na Faculdade de Filologia e se desesperava por causa da tese, que ela não conseguia terminar. O tempo urgia, ela estava uma pilha de nervos. Em 21 de janeiro, ela finalmente passou no exame.

Você esperou.

Sim. Eu estava impaciente. E havia me acostumado a resolver meus problemas com a ajuda da geografia.

Como assim?

Nada abrevia mais o tempo que uma mudança de lugar. Um dia eu estava no aeroporto de Nova Délhi. Não sabia nada sobre a Índia. Na capital, havia recepções vitorianas para o *high tea*, sempre às cinco da tarde, pontualmente. Em Varanasi, contemplei as águas revigorantes do turvo rio Ganges e vi os corpos queimando nos *ghats*. Procurei evitar outras atrações que quiseram me mostrar.

A única pessoa que eu conhecia na Índia era um sociólogo alemão loiro e meio desengonçado, que não aguentara ficar em casa. Ele havia sido enviado para Uttar Pradesh por alguma ONG como pesquisador e auxiliar comunitário; ele pretendia fazer uma pesquisa sociológica numa aldeia. "Por que não vem me visitar quando estiver na Índia?", ele me dissera em Berlim e me dera um número de telefone em Nova Délhi. Quando cheguei, encontrei um bilhete no hotel. Ele prometia me buscar no dia seguinte.

Não havia uma estrada pavimentada, só um caminho de terra poeirento. Depois de duas ou três horas aos trancos em sua motocicleta, passando por burros de carga e por mulheres muito carregadas, chegamos à aldeia. Ali ele havia se instalado no *ashram*, um templo vazio, no qual um quartinho desocupado com uma cama de campanha fora reservado para mim. Não havia eletricidade nem água corrente. Meu anfitrião aprendera híndi. Ele me explicou a intricada estrutura de sua aldeia, as castas, as guildas, o que uns comiam e outros não, quem podia casar com quem, as relações de arrendamento, os costumes, os tabus e os conflitos. Por coincidência, estavam acontecendo eleições parlamentares. Uma tenda vigiada por soldados armados servia como local de votação. Como quase ninguém sabia ler e escrever, os partidos se limitavam a cartazes com seus símbolos: uma mão aberta, um guarda-chuva, uma bicicleta. Eleitores faziam fila diante da tenda. Jovens bigodudos conversavam com eles e disputavam seus votos. Quem já tinha votado recebia um carimbo na mão. Ninguém soube me explicar como eram elaboradas as listas de eleitores, mas havia um clima festivo e não violento.

No *ashram*, uma aldeã viúva cuidava do solitário pesquisador no fim do mundo. Era difícil adivinhar sua idade. Num fogareiro a álcool, ela preparava pratos vegetarianos, que servia numa dúzia de pequenos recipientes. Poucas vezes comi algo mais gostoso.

Meu anfitrião abandonara não apenas suas teorias, mas também os jeans e as camisetas de sua origem e estava deitado em sua cama, envolto num quimono. À noite, ele só conseguia adormecer quando a maternal guardiã, sob uma luz de velas bruxuleante, contava-lhe histórias antigas, que recitava numa espécie de cantoria. A mim pareceu que ele era uma pessoa feliz.

E você?

Em março eu estava de volta a Moscou e fui com Masha para Peredelkino. Imagine um dia de verão no campo. Você está entre os seus, vocês se conhecem há anos. Ninguém pensa que há um informante sentado à mesa.

Primeiro os *zakuski*: pepinos em conserva, blinis com creme azedo, salada *stolitschniy* de frango, ovo cozido, ervilhas, batatas em cubos, picles e maionese. Vodca com tudo. Uma atmosfera que está completamente ausente em Berlim ou Nova York.

A maioria dos presentes passou por muita coisa. Talvez ainda frequente essa roda o velho Kornei Tchukóvski, cujos poemas "O telefone", "O elefante" e "O crocodilo" qualquer criança russa conhece. Ele deve ter quase noventa anos. E quanto à Lídia, sua filha? Eu não li o livro dela. Não admira, porque nunca foi publicado nos tempos soviéticos. Mas só preciso perguntar a Margarita, que sabe sobre a amizade de Lídia com Anna Akhmátova e sobre o que ela fez para salvar os poemas da amiga.

Nesta cozinha, todos se lembram dos que foram assassinados e dos sobreviventes. Apenas o hóspede de um outro mundo não consegue entender por que alguns morreram e outros se salvaram como que por milagre. Como Konstantin Paustóvski, cujo livro *História de uma vida* foi finalmente publicado em todos os seus seis volumes. Este é o homem que afirmou ser capaz de ler o curso da história mundial nas pedras de uma calçada em Odessa ou Leningrado. Ele não se senta mais à mesa da cozinha porque morreu em 1968 em Moscou, aos 76 anos.

Essas reuniões em volta da mesa já não existem mais. Não se entregue à nostalgia.

Após meses de luta com a burocracia, estava tudo resolvido em Moscou. Teve até mesmo um arranjo com tulipas e cravos. Numa empresa estatal de aluguel de fantasias, os noivos conseguiram alugar um vestido de noiva branco e um terno preto por uma módica quantia. Eles esperaram na antessala com as suas famílias até que chegasse sua vez. A juíza era corpulenta. Os buquês que decoravam a sala eram tão opulentos quanto ela. Com uma voz mecânica, sob a bandeira soviética, ela nos advertiu sobre os deveres que o socialismo exigia de nós. Então ela leu a certidão:

O cidadão da República Federal da Alemanha Johannes Magnus Enzensberger, nascido em 1929, e a cidadã da União Soviética Maria Makarova, filha de Aleksandr, nascida em 1943, contraíram matrimônio em 20 de junho de 1967, devidamente registrado sob o número 5663 nos arquivos do cartório civil em 20 de junho de 1967. Local do registro — Palácio de Matrimônios do departamento de Registro Civil da cidade de Moscou.

Pouco tempo depois, numa terça-feira de manhã, em junho de 1967, pudemos nos abraçar, depois de dois divórcios e um casamento, na estação de trem Zoo, em Berlim Ocidental. Masha viera de Moscou num vagão-dormitório. Fomos para a minha casa na Fregestraße.

Esse primeiro dia se converteu numa catástrofe que levou muito tempo para superarmos. Não sei como a minha amada imaginou nossa vida juntos. De qualquer forma, ela não estava preparada para a normalidade de uma existência moldada pelo meu trabalho, pelas relações íntimas, pelas múltiplas amizades e pelos hábitos. Isso pareceu surpreendê-la e confundi-la. Por que eu não podia fazer como ela — deixar tudo e começar do zero a seu lado? Tudo o que ela via lhe era estranho, para não dizer hostil. Em Moscou, ela se propusera a aprender alemão, mas nunca foi além de algumas frases simples. (Algo semelhante se passava com meus conhecimentos de russo; toda vez que eu arriscava uma frase na língua dela, Masha ria dos meus ridículos balbucios.)

Em Berlim, Masha nunca disse uma frase em alemão. Naturalmente as pessoas que entravam e saíam da minha casa não deixaram de falar como estavam acostumadas; era impossível traduzir tudo o que diziam para o inglês. E os assuntos de que se ocupavam não interessavam a Masha.

O ciúme dela não era de natureza erótica. Mas era despertado por tudo: meu trabalho, minha língua, minha casa, que para ela era habitada por fantasmas assustadores. Em vez de começar a nova vida pela qual esperara, ela encalhara em alguma praia desconhecida. Ela não estava preparada. Assim que ficávamos sozinhos, não podia existir mais nada além dela. Fui forçado a perceber que sua fúria amorosa não estava longe da tirania.

Isso se mostrou com clareza estarrecedora quando Dagrun telefonou e anunciou que nos visitaria. Ela morava ali perto, com meu irmão Ulrich, na Kommune 1. Recusei-me a deixar Tanaquil, nossa filha, no manicômio ideológico que era a Kommune. Ela tinha o próprio quarto na minha casa e Dagrun cuidava dela quando eu estava fora.

Masha ficou estupefata quando as duas apareceram. Tomamos chá. A criança de dez anos de idade se comportou de maneira irrepreensível. Ela conversava e tentava mediar, como uma diplomata. Mas seu esforço foi em vão. Assim que terminamos o chá e Dagrun e Tanaquil partiram, Masha fez uma cena que caberia perfeitamente numa peça de Strindberg.

Acaso eu queria continuar recebendo a minha primeira mulher em casa, como se nada tivesse acontecido? Masha não conhecia a palavra em alemão para designar infidelidade conjugal, mas era o que queria dizer. A presença de Tanaquil, embora a contragosto, ela estava disposta a aceitar, porém Masha não toleraria que Dagrun me visitasse. O que para mim era inconcebível. "Quanto a isso", eu gritei, "pode tirar seu cavalo da chuva!" Masha pegou sua mala e quis ir embora, não importava para onde. Não consegui impedi-la e arranjei um quarto para ela numa pensão próxima. Esse foi o fim temporário do nosso tão esperado reencontro.

Por mais absurda que essa cena parecesse para mim, quando penso nisso hoje tenho que reconhecer que Masha pressentia alguma coisa. Como se evidenciaria, era eu, e não ela, o polo instável; pois ela, a ameaçada, a insegura, a mais frágil, estava disposta a tudo. Eu não. Aquela tarde foi apenas o começo de uma luta desigual. Masha procurou desesperadamente uma saída. Falou com a mãe, Margarita, e com os amigos da mãe em Paris e Londres, que vieram em seu socorro. No terceiro dia, ela viajou. E ainda assim nós dois estávamos longe de desistir.

Presumo que você estava melhor do que ela, ocupado com outras coisas, seguindo o velho lema: "Uma mulher tem o seu amor, um homem tem o que fazer".

Eu não diria isso. Mas numa coisa você está certo. Eu não era exatamente alguém solitário. Conhecia centenas de pessoas em Berlim. Via meu amigo Gaston Salvatore, que viera de Santiago em 1965, todos os dias. Além disso, havia minhas rotinas de trabalho, a revista me dava muito o que fazer. Escrevia até mesmo um poema de vez em quando. Mas de resto eu ficava sozinho em casa. Dagrun não aguentou mais morar na Kommune 1 e Tanaquil já não gostava da vida em Berlim. Ela estava firmemente decidida a permanecer norueguesa. E assim logo as duas voltaram para a Noruega, para a ilha com a casinha branca do capitão, que de bom grado deixei para elas.

Vai querer me dizer que ficou longe de sua casa no Norte?

Não. Eu ia a Oslo pelo menos a cada seis meses.

Mas o que se passava na sua cabeça? Você se separou de fato, se divorciou, mas continuou se hospedando na casa que dividira com sua ex-mulher? Isso demonstra uma audácia e tanto, hein?!

Eu não era o pai ruim que você quer me fazer acreditar que fui. Sempre me preocupei com minha filha. Se quiser, posso lhe mostrar cartas de Tanaquil para provar isso. Nem mesmo o meu romance russo nos distanciou.

Isso soa como um pretexto.

Não adianta chorar sobre o leite derramado.

O que estava acontecendo em Berlim já não era de seu interesse?

Pelo contrário. O Senado* de Berlim estava esperando uma visita oficial dos Estados Unidos. O vice-presidente de Dakota do Sul, chamado Hubert Horatio Humphrey, um nome que lembra o herói do romance *Lolita*, de Nabokov. Também a Kommune 1 queria lhe oferecer uma recepção. Os suspeitos de sempre, junto com mais meia dúzia de outros, discutiram no apartamento de Uwe Johnson como o convidado deveria ser recebido. Kunzelmann, que sempre gostou do papel de ditador bêbado, sugeriu um atentado com bombas de fumaça. Os outros acharam muito arriscado; apenas Langhans estava de acordo. Também o habitual espião da polícia estava lá.

---

* Órgão executivo da cidade-Estado de Berlim.

No dia 4 de abril, a Polícia Política prendeu onze estudantes, entre eles Fritz Teufel e Ulrich Enzensberger. A imprensa de Berlim, servil e histérica como era, carregou nas tintas: "Atentado de estudantes a Humphrey frustrado pela Polícia Criminal — Estudantes da Universidade Livre fazem bombas com explosivos de Pequim" (*Morgenpost*); "Coquetel Mao feito com sacolas plásticas e produtos químicos altamente explosivos" (*Bild*); "Filho de Enzensberger está entre os conspiradores contra Humphrey" (*Telegraf*). As manchetes foram o auge do sensacionalismo. Nos sacos apreendidos, encontrou-se, além de farinha e tinta, somente um pó para a preparação de pudim, que virou lenda.

Na manhã seguinte, a Otto-Suhr-Allee foi bloqueada. Apesar disso, centenas de manifestantes conseguiram chegar ao Palácio Charlottenburg, entoando o popular grito de guerra "Uh--ess-ah-Ess-ah-Ess-ess".* Eu não queria perder isso. Mas não fui preso, apenas detido provisoriamente e levado para uma cela individual com calefação num distrito policial ali perto. Após ser fotografado e ter minhas impressões digitais carimbadas, adormeci sossegadamente. Fui solto na manhã seguinte. Os membros da Kommune também foram libertos e deram sua primeira entrevista coletiva na sequência.

Até mesmo o *New York Times* deu a seguinte manchete, no dia 6 de abril: "11 são presos em Berlim após denúncia de conspiração para matar Humphrey". Uwe Johnson ficou alarmado e pediu a Günter Grass que tirasse de seu apartamento "meus hóspedes anteriores, Ulrich Enzensberger e Dagrun Enzensberger, bem como todos os outros que estão alojados ali". O que de fato aconteceu, e os integrantes da Kommune 1 se mudaram para um apartamento num prédio antigo na Stuttgarter Platz, em plena zona de prostituição.

---

* USA, SA, SS — Associação feita pelos manifestantes entre os Estados Unidos e as milícias nazistas.

Quanto a mim, nenhum dos muitos países nos quais estive viu razões para me prender, nem mesmo aquele ao qual meu passaporte diz que pertenço. Assim, não tenho a exibir mais do que uma noite atrás das grades. Dificilmente se encontrará prova mais clara da minha inocuidade.

Você acha isso estranho?

Sim, mas posso entender e prefiro assim. Também era sintomático que nunca um serviço de Inteligência tivesse tentado me recrutar. Nunca nenhum BND, nenhuma Stasi,* nenhuma KGB me pediu um pequeno favor, como era habitual na Guerra Fria, embora eu viajasse com tanta frequência a Moscou e a outros lugares. Talvez eles soubessem que eu estava familiarizado com a "desconspiração"** e contaria a Deus e ao mundo sobre uma abordagem. Ou eles simplesmente achavam que eu não era uma boa fonte.

Então você não foi nem espião nem bom camarada. A que isso se deve?

Eu faltava demais, assim como na escola, na universidade e no escritório. Durante a visita do xá a Berlim, a partir da qual tanta coisa começou, eu estava sentado numa cozinha de Moscou. Eu nunca podia ir ou chegava tarde às batalhas de rua. Também não estava na batalha de rua no Tegeler Weg. Gaston me contou sobre o gás lacrimogêneo, sobre as bolas de vidro e as bolinhas de gude tilintando nos bolsos e depois rolando em direção aos policiais montados para assustar seus cavalos.

Uma vez, em Kreuzberg, que na época ainda era um bairro de trabalhadores, parei na beira da calçada e fiquei olhando para duas mulheres gordas no terceiro andar, junto à janela aberta,

---

* BND, Bundesnachrichtendienst, o Serviço Federal de Informações da Alemanha Ocidental, e Stasi, forma curta para Staatssicherheit, a agência de Inteligência da Alemanha Oriental. ** Na linguagem dos serviços secretos, descoberta e divulgação indesejada de ações e manobras secretas de seus governos à opinião pública.

apoiadas em almofadas, admiradas com os manifestantes, que faziam fileiras de braços dados e que, a apenas algumas centenas de metros do muro, entoavam em altos brados: "Ho! Ho! Ho Chi Minh!" ou "Por uma Berlim Ocidental Vermelha!".

Isso não foi muito sensato.

Quem era sensato naquela época! Eu não posso reivindicar essa característica para mim. Mas, é claro, as mulheres de Kreuzberg que assistiam à demonstração estavam perfeitamente certas. O Exército Vermelho estava a alguns quilômetros de distância, pronto para pôr um ponto-final na existência de Berlim Ocidental como uma ilha no mar do socialismo e introduzir um sistema que não daria ouvidos a arruaceiros.

E o que Masha disse sobre tudo isso?

She was not amused. Depois de algumas semanas, recebi outra carta. Ela contava que pretendia passar o verão na Rússia: "Venha me visitar assim que puder. Você será sempre bem-vindo na casa da minha mãe".

Você não se fez de rogado.

Não. Fazia pouco tempo, Margarita reencontrara um amigo da época da guerra. Acho que esse Igor era originalmente um engenheiro. Os dois haviam sido evacuados de Moscou e passaram alguns anos além dos Urais. Eles eram jovens e gostavam um do outro. Então eles se disseram adeus, e parecia que essa história havia sido esquecida. Vinte e cinco anos depois, eles se encontraram novamente em Moscou, por acaso. O homem imediatamente a reconheceu, falou com ela e a convidou para sair. Nesse meio-tempo, Igor fizera carreira no Partido e trabalhava no Comitê Central. O encontro trouxe para ambos uma felicidade tardia. Mas os romances russos geralmente não têm final feliz. Quando Igor foi morar com Margarita, a esposa dele se suicidou, e Masha ficou fora de si quando soube que a mãe havia se casado de novo.

Isso eu não entendo.

O ciúme de Masha não tinha nenhuma semelhança com o que atormenta outras pessoas. Muitas vezes passávamos meses separados. Mas ela nunca perguntou se alguma vez eu dormira com outra mulher. Nem uma palavra, nem a menor desconfiança. Mas, quando estava com ela, bastava eu sair para comprar um jornal, falar em alemão com algum visitante vindo da Alemanha, querer ter um pouco de sossego para escrever — para ela, era como se eu a esfaqueasse pelas costas. E ela se comportou exatamente assim em relação à mãe. Toda vez que ia para Moscou, tomava posse da casa, da datcha e de Margarita. E de repente havia um homem estranho! Como a mãe pudera fazer isso com ela? Era uma afronta imperdoável. Ela não pisou mais no apartamento da rua Lavrushinski. Só depois de algum tempo se sentiu pronta para encontrar Margarita num café. Com o novo marido da mãe, Masha nunca falou uma palavra.

Apesar de tudo, voltei a Moscou porque queria vê-la. Normalmente eu tomava um avião da Aeroflot, porque era mais barato. Pouco a pouco meu dinheiro ia chegando ao fim. O constante vaivém de avião custava caro, também os aluguéis, os hotéis, as contas de telefone pesavam no bolso. Mas a intelligentsia russa sempre desprezou o dinheiro. Já nos tempos de Aleksandr Herzen o dinheiro era considerado uma invenção pequeno-burguesa, perante a qual as pessoas se sentiam superiores. Talvez isso não fosse tão errado.

Uma nova linha de metrô estava sendo construída sob o edifício de Margarita em Moscou. A cada quatro minutos, os copos tremiam na cristaleira. A mãe de Masha aceitou os caprichos da filha com paciência budista, mas percebi que ela não se sentia confortável com a situação. Marina, que sempre sabia das coisas, me disse que agora quem conseguisse 3 mil rublos em dinheiro vivo poderia escapar da *kommunalka*.

Apenas era preciso encontrar um pequeno apartamento num dos grandes blocos residenciais na periferia da cidade; depois o resto tinha que ser amortizado em vinte anos.

Uma primeira andorinha do capitalismo, antes que os falcões surgissem no horizonte?

Pode ser. Mas Marina também sabia que nesses subúrbios era preciso contar com longas distâncias em trilhas enlameadas até a loja ou a estação de metrô mais próximas. Por isso, ela preferia permanecer em seu quartinho na Kalinin Prospekt.

Mas para nós, Masha e eu, ela arranjou um refúgio num desses conjuntos habitacionais. O edifício ainda estava inacabado. Era preciso atravessar um charco profundo para chegar à entrada. Como um idiota, eu propus uma iniciativa extraoficial: falar com os vizinhos, arranjar um carrinho de mão para encher de terra e roubar uma tábua em alguma obra, e assim poder chegar em casa com os pés secos. Masha, furiosa, mandou eu me calar; primeiro porque vivíamos naquele bloco de concreto de forma ilegal, isto é, sem documentos oficiais, de modo que o vigia do bloco* poderia nos denunciar a qualquer momento e, depois, porque qualquer benfeitoria não autorizada implicava riscos incalculáveis. Só mesmo um estrangeiro como eu, ela disse, para fazer uma proposta ridícula como aquela.

À parte isso, Moscou não era uma solução, de qualquer forma, nem para mim nem para Masha. Para ela, o melhor ainda era morar em Londres. Ela gostava da cidade. Seu inglês era excelente. Estava familiarizada com a literatura. Tinha amigos por lá. Foi possível encontrar um pequeno apartamento para ela em Battersea. Então ela se mudou para Londres, e eu a visitava sempre que podia. Tornei-me um cliente cativo da British European

---

* O autor cita aqui o termo "blockwart", do período nazista, usado popularmente para designar o membro do partido nacional-socialista responsável pela vigilância ideológica de uma determinada área.

Airways. Nosso romance russo continuou. Saudades e brigas, banalidade e amor se alternavam de uma maneira que todo leitor de Tchékhov conhece. Não era uma questão de meia hora ou de duas horas. Nossas cenas costumavam se prolongar até a exaustão. Sempre me orgulhei do fato de abominar a violência. Apesar disso, me espanto de não ter estrangulado Masha ao raiar do dia. Estive perto de fazê-lo mais de uma vez.

Que tipo de futuro profissional ela imaginava para si mesma?

Além de algumas aulas de russo para estudantes ingleses, Masha não via perspectivas na Inglaterra, e Moscou também não parecia uma boa opção.

Do modo como fala, até parece que você continuou a seguir calmamente com as suas atividades em Berlim. Um pouco de edição, uma pequena escapada sabe Deus para onde... Mas há um episódio que você prefere não mencionar.

Do que você está falando?

Não houve nessa época uma cena em frente à prefeitura de Schöneberg?*

Ah, sim, agora me lembro! Eu estava passando para ver o meu irmão e encontrei todos os moradores da Kommune 1 muito empolgados. Eles estavam se vestindo e se maquiando para a próxima cena do seu show político. Dessa vez, pretendiam sabotar um ato oficial: o funeral de um antigo presidente do Reichstag** que falecera havia pouco.

Alguém montara um caixão preto de papelão onde estava escrito *Senat*, no qual o patriarca da K1, vestido com uma camisola, seria levado para a frente da prefeitura. Então um de seus apoiadores levantaria a tampa do caixão diante das câmeras de televisão ali reunidas. Kunzelmann deveria sair da tumba e jogar panfletos para a multidão. Foi exatamente o que aconteceu.

---

* Distrito de Berlim.   ** O Parlamento alemão até 1942.

E você apoiou essa cena?

Eu não fazia ideia de quem fora Paul Löbe, que seria o homenageado: um social-democrata que em 1933 votou contra as leis que transferiam poder a Hitler, e que os nazistas enviaram duas vezes para o campo de concentração.

E você participou desse teatro? Agora você deve estar arrependido.

Antes fosse só isso! Mas no panfleto que os integrantes da Kommune 1 distribuíram ao público havia algo muito pior. Até hoje ainda não sei quem foi o responsável.

Está satisfeito? Você fica aí confortavelmente sentado se deleitando com o meu maior fiasco. Isso não é só desleal. É um fenômeno típico da velhice. Você não é mais capaz de fazer grandes besteiras.

Vamos realmente falar sobre as vantagens da juventude e da velhice? Você não pode estar falando sério. Voltemos ao seu pequeno romance russo.

Incrível como você gosta de bater nessa tecla, mas tudo bem. Um belo dia chegou uma carta registrada com uma mensagem que me surpreendeu completamente. Ela vinha de uma universidade da Nova Inglaterra: Wesleyan, em Connecticut. Era assinada pelo reitor, um senhor chamado Victor L. Butterfield. Esse homem com muitos méritos dirigia a universidade desde 1943. Ele era ambicioso e decidira fundar um Instituto de Estudos Avançados. E queria me engajar nisso. Como ele teve essa ideia, nunca vim a saber. Ele me ofereceu uma estadia por um ano acadêmico inteiro, um salário considerável e total liberdade perante as obrigações habituais para os membros de uma universidade.

Da carta caiu uma brochura onde se podiam ver fotos de um idílio outonal. O campus consistia essencialmente em edifícios como os que se encontram em toda a Nova Inglaterra: neogóticos, neotudors, neoclássicos, com torrezinhas e colunas dóricas rodeadas por parques. A pacata cidadezinha onde o Liberal

Arts College se estabeleceu em meados do século XIX chamava-se Middletown, um nome que lhe servia como uma luva.

"Pense na minha proposta, o ideal seria que visitasse Wesleyan assim que tiver tempo. Tomo a liberdade de juntar uma passagem de avião, que o senhor pode resgatar a qualquer momento."

Se bem o conheço, você voou para lá enquanto em Berlim as coisas ferviam.

Sim.

Mais uma das suas tentativas de fuga.

Pode chamar como quiser. Mas em Nova York e na Califórnia o movimento de protesto também estava nas ruas. Só em Middletown que não. A cidade era um oásis de quietude. Ali, sob os bordos, era tudo muito civilizado. Pensei no romance mais delicado de Nabokov, *Pnin*, que se passa num ambiente como esse. Mas pelo menos Wesleyan podia evocar gente como Emerson, Martin Luther King e John Cage.

Mas o seu verdadeiro motivo não tinha nada a ver com isso. Você queria apenas continuar seu romance.

Sim, liguei imediatamente para Masha e contei a ela sobre a possibilidade de começar um novo capítulo — nem em Moscou nem em Londres, em Berlim nem pensar, mas num terceiro lugar neutro. Nenhum fantasma do passado esperava por mim ou por ela na Nova Inglaterra. Ela topou imediatamente.

Quando expliquei minha situação pessoal a Mr. Butterfield, ele sorriu. "Sua esposa não terá o menor problema aqui, nosso departamento de russo vai se alegrar e uma casa confortável estará à sua disposição, assim como uma secretária particular."

E tudo isso no auge da guerra no Vietnã.

"Dissidência e protesto", continuou o reitor, "não são incomuns para nós. Fazem parte da nossa tradição."

Você naturalmente aceitou.

Não imediatamente. Havia uma outra coisa antes. No outono de 1967, foi realizado um festival de poesia em Londres, num imenso prédio recém-construído que parecia um bunker, na margem sul do Tâmisa. Como os cavalheiros que eram, W. H. Auden e William Empson mantiveram-se distintamente reservados. A estrela da noite foi Pablo Neruda. Eu conhecia quase tudo o que ele escrevera, e havia gostado tanto de seus primeiros poemas, como "Las furias y las penas" e aqueles em *Residência na terra*, que em algum momento, com a ajuda de amigos chilenos, eu os traduzi para o alemão. O poeta conhecia as próprias obras de cor e as recitava com paixão e grandiloquência, lenta e solenemente, com uma voz quase sufocada pelas lágrimas, ou seja, exatamente como os rapsodos russos tradicionais.

Depois de nossa apresentação no Queen Elizabeth Hall, todos os participantes foram convidados para uma festa num barco no Tâmisa. Os autores finlandeses e servo-croatas também estavam lá, saboreando o seu *irish stew* e bebendo como o diabo gosta.

Não sei quando Neruda nasceu. Ele afirmou que aquele dia era o seu aniversário. Mas já fizera isso em outras datas; ele não tinha nada contra ser o centro das atenções.

Depois de algum tempo, alguém perguntou onde havia se enfiado o convidado de honra. Somente após uma longa busca ele foi encontrado num canto escuro na popa, o ouvido colado num rádio. Neruda esperava o pronunciamento de Estocolmo. A notícia chegara, mas não se destinava a ele, e sim a Miguel Asturias, um romancista não só latino-americano, mas ainda por cima guatemalteco. Tratava-se de uma ofensa a todos os chilenos. Mas muito pior era que com isso os membros da Academia Sueca haviam esgotado por um bom tempo sua cota ibero-americana. Todos tentaram consolar o poeta, mas no final um médico teve que ser chamado para tratar do homem inconsciente. A animada atmosfera da festa esvaneceu. Todos pegaram seus casacos e foram para casa.

Qual o sentido dessa história? Ela não tem nada a ver com você, com Masha e com os planos de vocês.

Pode ser. Você gostaria de ter tudo arrumadinho, como um contador. Só que não foi assim. Mas vamos lá, se você insiste. Em outubro de 1967, chegamos a Connecticut. Isso eu tenho preto no branco. Ela partiu de Moscou, eu de Berlim. Em Bremen, embarcamos num vapor transatlântico. À noite, havia um baile na primeira classe, a banda de bordo tocava velhos standards de Glenn Miller e um dançarino profissional ficava à disposição das viúvas dos donos de cervejaria de Minneapolis. No segundo dia da travessia, recebemos pelo rádio a notícia da morte de Che Guevara na Bolívia.

Mal havíamos chegado a Connecticut e os primeiros manifestantes em Washington se dirigiam para o Pentágono. Ainda não eram, como mais tarde, centenas de milhares, mas em algumas universidades a inquietação aumentava. Em Middletown, nenhum sinal disso. Com exceção da rua principal, onde havia lojas de bebidas alcoólicas e caixas eletrônicos, uma lanchonete e uma imobiliária, a cidade ficava deserta à noite. Nosso endereço era: Home Avenue. O casarão tinha catorze quartos, três banheiros e três garagens, um jardim e uma varanda na frente. Nosso antecessor fora um cientista político que escrevia discursos para o presidente dos Estados Unidos. Fui autorizado a usar seu escritório, que era designado por uma palavra que significa toca da raposa e ficava numa espécie de mezanino. Podíamos comer à la carte no Clube dos Professores quantas vezes quiséssemos, e havia convites simpáticos para visitar as casas dos docentes.

Aguentamos quatro meses em Middletown. Vindo de Berlim, eu não estava acostumado à calmaria total no auge da guerra. O que tinha ido buscar naquele idílio? Era bom demais para ser verdade. E Masha também não estava feliz em Middletown. Ela não avançava no trabalho.

Que trabalho?

Ela queria escrever algo sobre a vanguarda russa dos anos 1920. Foi tudo o que ela me contou.

Havia algum lugar ao qual ela pertencesse? Nem Moscou nem Berlim eram opções para ela.

Masha era uma *displaced person*. Mas que vivia num paraíso acolchoado. Ela também não gostou dos Estados Unidos e entramos em mais uma rodada de altercações. No turbulento janeiro de 1968, chegou uma carta oficial com um selo cubano à Home Avenue. O remetente era um ministério em Havana.

De novo uma dessas mensagens fantásticas! Primeiro foi o misterioso signor Vigorelli que o levou a Leningrado; depois, segundo você afirma, chegou um convite para Moscou e Baku, que lhe rendeu um romance russo, e agora está contando dessa carta inexplicável de Cuba.

Pura coincidência, acredite ou não.

O que dizia essa carta fabulosa?

Tratava-se de um convite para um congresso cultural. O título era tão banal que imediatamente o esqueci. Eu já sabia por experiência própria que, como convidado de um festival ou como membro de uma delegação, você não entende nada. Mas eu estava curioso e Masha queria ir junto de qualquer maneira.

E você obviamente aceitou.

Por que esse sorrisinho? Chegar até lá era complicado. Não havia aviões de Nova York para Cuba; o governo dos Estados Unidos havia imposto um embargo comercial à ilha. Era preciso obter um visto no México. De lá, havia um único voo para a ilha em um antigo avião Iluchin, da Cubana de Aviación.

E o que vocês procuravam em Cuba? Uma última utopia esquerdista?

Na Villa San Cristóbal de La Habana — nome dado à cidade em sua fundação, em 1519 — reinava um clima de tranquilidade e euforia, uma pressão atmosférica diferente da de Moscou, Berlim

Oriental ou Varsóvia. Havia muito charme. Afinal, a revolução cubana não havia sido importada com a ajuda de tanques soviéticos. Ela havia triunfado independentemente dos russos. Tive a impressão de que a maioria das pessoas nas ruas da cidade não estava apenas aguentando: as pessoas estavam contentes.

Castro convidara nada menos do que quinhentos autores, cientistas e artistas. Alguns tiveram os passaportes ou vistos de saída negados por seus governos. Sartre havia se desculpado, por motivos de saúde, mas, de resto, no Habana Libre, outrora chamado Hilton, os velhos conhecidos da esquerda europeia se reencontraram: Eric Hobsbawm, Michel Leiris, Luigi Nono, Julio Cortázar, os editores Giulio Einaudi e Giangiacomo Feltrinelli. Não que os debates tenham trazido muitas novidades. Do Bloco Oriental, os fiéis à linha oficial cumpriam seus exercícios obrigatórios, e os chineses nem sequer apareceram. Contudo, um toque de controvérsia não era apenas permitido, mas até mesmo desejável.

Os franceses imediatamente encenaram um pequeno escândalo quando o pintor mexicano David Siqueiros apareceu num vernissage. Em 1940, esse velho stalinista atacara a casa de Liev Trótski no México com metralhadoras. Ele pretendia matá-lo, mas Trótski sobreviveu. Embora Siqueiros mais tarde tenha se arrependido do atentado, no Quartier Latin o espírito era de vingança. Uma poeta surrealista deu um chute no traseiro dele e gritou: "Saudações de André Breton!".

Em Havana, as pessoas se ocupavam de outras coisas. Dançavam rumba na Rampa ou assistiam a partidas de beisebol. Castro jogava xadrez simultaneamente em dez tabuleiros e ficava nervoso quando era derrotado. Todos celebravam um carnaval político.

Veja só o que tenho aqui.

Algumas revistas velhas.

São três grandes números especiais da *Bohemia*, que um vendedor ambulante me ofereceu logo no segundo dia: papel velho dos anos 1958-9. Aceitei a oferta imediatamente. A *Bohemia*, sabe lá de onde tiraram esse título, é uma revista com muitas tradições, fundada, creio eu, em 1908, e que existe até hoje. Os cadernos antigos eram uma leitura fascinante; falavam da primeira fase da revolução, após a vitória, quando o mito dos *barbudos* ainda não tinha conteúdo político real.

Naquela época, deve ter reinado uma grande euforia de alívio, como na primavera de 1945, quando a guerra acabou na Alemanha e os americanos decidiram não se vingar. (O governo do ditador fugitivo Batista costuma ser comparado ao regime nazista por jornalistas apressados.)

Não só Fidel Castro aparecia em um retrato na revista, ainda com o título de doutor e usando óculos, ao lado de um jovem Che Guevara. Também posavam ali os políticos da oposição burguesa que haviam retornado do exílio.

Entusiastas das estatísticas dizem que, antes de 1959, Cuba era um dos países mais ricos da América Latina; que o padrão de vida era tão alto quanto na Espanha ou no Chile; e que 80% dos cubanos sabiam ler e escrever. Mas quem acredita nesses números! Sempre há pessoas que não entram nos cômputos oficiais.

Mais adiante, a *Bohemia* mostra fotos de corpos torturados e perfurados. Na página seguinte, quase com um deleite sádico, uma reportagem relata novas execuções. As piores imagens, porém, piores do que as dos cadáveres mutilados, mostravam a Mazorra, um manicômio cubano: crianças nuas e famélicas em catres enferrujados, doentes acocorados, encurralados no pátio interno, que era chamado de canil, e uma velha mulher, meio bruxa, meio profetisa, nua, com olhos enormes e boca aberta. Se é verdade que os loucos são a verdade oculta de uma sociedade...

Outra reportagem, pendendo para o otimismo, tratava da destruição dos cassinos e das casas de apostas: os caça-níqueis eram arrastados para a rua pela multidão, mesas de jogo derrubadas e incendiadas, como antigamente fizeram os anarquistas espanhóis.

Era um ato simbólico. Como o dos membros da Comuna de Paris, que disparavam contra os relógios das torres para ganhar tempo.

Em 1959, enquanto tudo isso acontecia, a publicidade continuava imperturbável com suas campanhas para Pan Am, Esso, Lucky Strike e Alcoa, e outros anúncios que enalteciam as qualidades de moldadores de busto, charlatães, escolas ruins. Um cardeal concedia a bênção apostólica a uma marca de sabonete e se deixava fotografar ao fazê-lo.

O editorial de 11 de janeiro, com o título "Contra o comunismo", cita um discurso de Fidel Castro: "O governo revogará todos os tratados com Estados de regimes ditatoriais, isso se aplica em primeiro lugar à União Soviética. Ela suprimiu a liberdade em dezenas de países europeus e atirou com metralhadoras contra o indefeso povo húngaro. Não há no mundo maior exemplo de despotismo".

Esses jornais antigos mostram um instantâneo. A revolução está no limbo. É seu momento mais perigoso. A mistura de rebelião e publicidade — Guevara, à esquerda, e brilhantina, à direita —, que então era normal, hoje tem um efeito desconcertante.

De resto, as páginas da *Bohemia* estão cheias de rostos de desaparecidos: de renegados, expulsos e mortos. Delas se depreende claramente que, sem a estupidez e a ganância dos americanos, essa revolução teria naufragado completamente, como uma dezena de outras na América Latina, sobrepujada pela encantadora garota da Coca-Cola convidando todos que sonham com a revolução para uma "pausa que refresca".

Certo. Infelizmente só não ficou claro o que essa papelada velha tinha a ver com vocês.

Nada.

O que vocês pretendiam fazer?

Os cubanos disseram que pessoas como nós eram necessárias ali com urgência, como *tecnicos extranjeros*. Um dos comandantes verde-oliva me perguntou se não queríamos ficar em Cuba por um tempo mais longo. De que técnicas se tratava no nosso caso ele não soube dizer.

De qualquer forma, vi nesse convite uma chance para nós dois, talvez até mesmo a última. Nenhum de nós conhecia a ilha. Era um terreno novo. Ali não havia passado perturbador, ou uma língua que só um falava e o outro não compreendia, nem complicações familiares. Além disso, ambos falávamos espanhol razoavelmente bem. Não valia a pena fazer uma tentativa?

Bastante apolíticas essas razões! Vocês simplesmente queriam fugir de Middletown, você e sua russa. De forma sensacionalista.

Não havia outra maneira. Contra a boa vontade e a hospitalidade não havia outro remédio senão a grande política.

Vocês não haviam sido bem tratados na Nova Inglaterra? Eles ofereceram a vocês um refúgio por um ano inteiro, uma comunidade, um monte de dinheiro, uma casa enorme e um escritório com ar- -condicionado e uma secretária que não tinha nada para fazer. Outros teriam exultado de felicidade! Mas vocês foram ingratos. Uma gaiola dourada, vocês resmungaram, reclamaram da guerra do outro lado do globo, ofenderam seus benfeitores e armaram um escândalo público que foi parar na primeira página do New York Times.

Originalmente, não era uma carta aberta. Como o bom Mr. Butterfield havia se aposentado, tive que me dirigir ao sucessor dele, Edwin Etherington, para me despedir. Aliás, para complicar, Etherington era também o presidente da Bolsa de Valores de Nova York. Quer que eu leia a carta para você?

Não precisa. Sei o que ela diz. "Por que saí dos Estados Unidos", você alardeou aos quatro ventos.

Pensei que Mr. Etherington tomaria um conhecimento silencioso do que eu lhe escrevera e nos deixaria ir. Mas então um professor um tanto precipitado, que se presumia que estivesse do meu lado, repassou o texto para a imprensa.

Isso não foi propriamente elegante! Uma gafe atrás da outra! Uwe Johnson esfregou isso na sua cara com todas as letras em seu

Jahrestagen [Aniversários]. *Como sinal de desaprovação, ele o chama de "sr. Enzensberger" no livro. Ele também não gostou nem um pouco de vocês terem ido para Cuba.*

Johnson era maledicente, mas não estava errado em todos os pontos, tenho que admitir. O que lhe escapou foi a comicidade involuntária da nossa aventura cubana.

De qualquer forma, eu tinha uma ideia de como poderia ser útil em Cuba. Os jovens diplomatas que Castro enviava para Londres, Berlim ou Estocolmo estavam desesperadoramente sobrecarregados. Eu sabia disso. Eles não tinham noção de como funcionavam as coisas no capitalismo. As velhas raposas do serviço diplomático, que eram mais traquejadas, bateram em retirada a tempo para Miami. O que eu tinha em mente era um pequeno seminário, com duração de seis meses, para ensinar o bê-a-bá aos jovens mulatos da Sierra Maestra. Um pouco de história, conhecimentos básicos da Constituição ou Lei Fundamental, dos partidos, dos sindicatos, dos parlamentos e tribunais. Vocês precisam saber com quem estão lidando, eu queria que eles se conscientizassem disso: com ministros e meios de comunicação, lobistas e servidores públicos, das instâncias regionais até Bruxelas. Mal não poderia fazer lhes ensinar algo a respeito disso, eu pensei.

Maravilha, disseram em Havana. Combinado! Voltem no outono! Até lá, providenciaremos tudo para você e sua esposa.

Para Masha, isso significava esperar em Londres ou Moscou e, para mim, voltar para as turbulências de Berlim, para as lutas de trincheiras e para a desordem. Eu me sentia como uma bola de bilhar que é jogada para lá e para cá em cima da mesa. Mas nessa partida ainda havia um terceiro jogador, que encontrei por acaso no saguão do hotel.

Ali fui apresentado ao príncipe Sihanouk, que havia viajado do Camboja até Havana para negociações, e ao filho dele, que tinha um jeito de estudante secundarista bem-educado. O rapaz usava uma elegante túnica Mao azul-acinzentada feita sob medida e, quando estávamos sentados no saguão, o embaixador que o acompanhava disse de repente: "Ficaríamos felizes se nos visitasse em Phnom Penh. Terei prazer em cuidar da passagem e do visto, e enviarei uma limusine para esperá-lo no aeroporto".

Um momento! Vamos seguir a ordem. Uma coisa de cada vez.

Bem que você queria, mas não é assim que funciona. Pode esquecer a cronologia. Você mesmo gosta de afirmar que, na termodinâmica, a turbulência não pode ser descrita por equações lineares. Ou, se preferir, pense pelo menos no movimento molecular browniano. Como num gás aquecido, em que cada partícula está à mercê de impulsos acidentais e incontroláveis, o mesmo se dá com as turbulências políticas, eróticas, climáticas e, diabos!, também com as morais, das quais estamos tratando aqui.

Imagine que você está sentado por horas na sua escura sala de edição de imagens, examinando o material que a sua memória fornece: uma cena aqui, uma tomada ou uma sequência inteira ali, e entre uma e outra o filme está todo preto. Isso não é nada para um curioso como você! Impossível ordenar esses fragmentos. Eles jamais formarão um documentário.

Além disso, meu querido, você parece ter se esquecido de como o tumulto era ruidoso. Para começar, nem sequer da música dava para escapar! Um arrebatador deleite para os ouvidos: rumba em La Rampa, jazz em Nova York e, no Parque das Conquistas, em Moscou, uma banda militar tocando "Olhos negros", uma velha canção russa. O novo disco dos Stones tocava no fone de ouvido e batia direto na hipófise: *Let It Bleed*. Música ambiente nos banheiros do hotel: "Guantanamera", "Mack the Knife". No Eletric Circus, cacofonia ensurdecedora; britadeiras e alarmes sibilantes na Semana de Música Nova. Só os hits alemães como sempre continuavam capazes de levar calma ao ouvinte através do seu sentimentalismo.

A "Canção da frente única" no vinil, e em Palo Alto cantada por uma metálica voz sintética: *"Daisy, Daisy, give me your answer, do!/ I'm half crazy, all for the love of you!/ It won't be a stylish marriage./ I can't afford a carriage,/ But you'll look sweet/ Upon the seat/ Of a bicycle made for two"*. Copyright: IBM. Confesso de bom grado que não pensei na condessa de Warwick, mas em Masha.

Mesmo assim, você consentiu em tudo o que o pequeno príncipe lhe propôs por capricho num salão de hotel em Havana.

Sim. Gostei da ideia de desaparecer sem endereço. Sempre em trânsito, como um caloteiro perseguido por credores e oficiais de justiça.

Acho que sua viagem ao redor do mundo não passou de uma fuga. Embora a Interpol nunca tenha se interessado por você e nunca tenha sido emitida uma ordem de prisão em seu nome.

Isso é verdade.

Talvez você estivesse fugindo da sua mulher.

Você sempre tem que ter razão? Aproveitei a oportunidade para pensar em alguma outra coisa que não fosse o caos em Berlim, meu romance russo, a Revolução Cubana, meu magnânimo editor Siegfried Unseld, e a casa na Noruega, que não era mais minha casa.

Embarquei num voo cego que se estendeu por vários meses. No bolso do casaco eu levava formulários com papel-carbono vermelho preenchidos à mão, que podiam se desdobrar numa longa guirlanda. Eram minhas passagens de avião.

Agora já estamos de novo em outro filme.

Que nada! Não havia um roteiro. A próxima parada era San Francisco. Columbia Avenue, esquina da Broadway, entre Chinatown e North Beach. Eu conhecia os poetas da City Lights Books. Simplesmente entrei na casa com janelas de clerestório no andar de cima. Lawrence Ferlinghetti me cumprimentou fraternalmente e me ofereceu um ginger ale. Ali também estava Gregory Corso — eu conhecia algumas linhas de seu panfleto BOMB:

[...]
O Bomb I love you
I want to kiss your clank   eat your boom
You are a paean   an acme of scream
a lyric hat of Mister Thunder
O resound thy tanky knees
BOOM   BOOM   BOOM   BOOM   BOOM
[...]
Yes Yes   into our midst a bomb will fall [...]

E eu já havia traduzido algo dele:

Der letzte Gangster

Ich warte am Fenster
Die toten Schnapsschlepper von Chicago um meine
                        [Knöchel versammelt
Ich bin der letzte Gangster, endlich in Sicherheit
Ich warte am kugelsicheren Fenster.
Ich schaue auf die Straße hinunter und erkenne
Meine zwei Henker aus St. Louis wieder
Wie alt sie geworden sind...
Verrostet in ihren gichtigen Fingern sind die Pistolen.*

---

* "O último gângster": Espero na janela/ Os traficantes de bebidas de Chicago mortos aos meus pés/ Sou o último gângster, finalmente em segurança/ Espero na janela à prova de balas./ Olho para a rua lá embaixo e reconheço/ Meus dois carrascos de St. Louis/ Como eles envelheceram.../ As pistolas estão enferrujadas em seus dedos artríticos.

Naquela época ele tinha 38 anos, mas, com a testa de troglodita e os olhos ardentes, parecia muito mais velho, como o último gângster de seu poema.

E qual era a próxima sequência em seu cinema privado?

San Diego.

Me explique o que você queria lá.

Essa metrópole dos grandes magnatas da indústria armamentista, dos surfistas e dos marines não é muito inspiradora, mas foi justamente aqui, na Universidade da Califórnia, que Herbert Marcuse, um veterano do Instituto de Pesquisa Social em Nova York e do serviço secreto OSS* durante a Segunda Guerra Mundial, se estabeleceu como professor de ciência política em 1964. Naturalmente nos conhecíamos de Berlim, onde ele também lecionava e onde suas aparições eram uma grande sensação. Também Reinhard Lettau, um amigo antigo, mas não íntimo, havia aceitado uma cátedra em San Diego, numa matéria que ele dominava: a literatura alemã.

Sentados à beira da piscina, tomamos um drinque ao pôr do sol e discutimos o "homem unidimensional" inventado pelo filósofo. (Presumo que ele se referia a um homem achatado, mas este seria bidimensional. A geometria nunca havia sido o forte dele.)

Ambos estavam fortemente engajados no movimento de protestos contra a guerra no Vietnã. Os deveres de Lettau como professor praticamente não foram prejudicados com isso. Ele me disse que já fazia anos ensinava a seus alunos somente duas obras da literatura alemã. Eles tinham que ler não apenas traduções, como também os originais: *Heinrich von Ofterdingen*, romance de Novalis, e os contos de Kafka. Como eu apreciava as contradições entre esses dois, sua seriedade e seus devaneios.

---

* Office of Strategic Services, Escritório de Serviços Estratégicos do Departamento de Guerra dos Estados Unidos.

O próximo destino foi Papeete, a capital da Polinésia Francesa. Sobre a residência oficial do governador tremulava a bandeira tricolor. O Taiti era o posto avançado da França no Pacífico. No aeroporto, eram despejados grupos de turistas do Japão e dos Estados Unidos. Como eu não queria embarcar num dos ônibus que estavam à espera, tive que negociar com um taxista ilegal para escapar da multidão. O chofer, um polinésio atarracado que falava apenas um francês truncado, deu muitas voltas para me levar até uma velha e deteriorada casa colonial de madeira, que ficava no final de uma alameda de palmeiras. Sobre o telhado de palha, caía um aguaceiro.

Na minha memória, a câmera avança em direção a uma varanda. Ouve-se o tamborilar da chuva no telhado. Oito índios musculosos, sentados em cadeiras bambas, fumam em silêncio e parecem devanear. Eles não sabem ler nem escrever e não entendem como foram parar no Taiti. Um homem bem-vestido, que tem uma expressão melancólica no rosto e me cumprimenta gentilmente, me explica que eles estão à espera de dinheiro, documentos, garantias e um avião que os levará a Paris. Eu me apresento ao cavalheiro e ele me entrega seu cartão de visitas. O nome dele é Salvador Allende, e ele é um senador. Fora do Chile quase ninguém ouviu falar dele. Seus protegidos são os últimos sobreviventes da expedição boliviana de Che Guevara. Na manhã seguinte, ele me leva de volta para a capital, onde precisa telefonar, e eu continuo o meu voo cego para o oeste.

Do outro lado do mundo, havia mais um de seus abundantes festivais de literatura.

Você se refere à Writers' Week, em Adelaide, na Austrália Meridional? Na verdade, eu não tinha nada a ver com o festival, apenas estava por perto no momento. Suponho que também aqui, como em Moscou ou em Londres, tenha havido discursos de boas-vindas dos quais me esqueci. Poetas subiam ao palco, recitavam versos em idiomas difíceis de entender e, depois de uma sessão de autógrafos, participavam de uma alegre festa regada a álcool.

Não foi isso o que me ficou marcado daqueles dias, mas uma fazenda de ovelhas no interior, longe da metrópole, acessível apenas por estradas poeirentas. Ainda me lembro do nome: Anlaby, em Bagot Well. O dono se chamava Geoffrey Dutton, um gentleman, poeta, cavaleiro e piloto de guerra. Dele estão preservadas algumas sequências no filme.

O que vejo em sua escrivaninha? Uma fotografia assinada da rainha Vitória. No celeiro, ele me mostra um esplêndido automóvel dos anos 1930, com o qual percorreu todo o continente até o mar de Timor através dos campos, pois naquela época não havia estradas.

Depois disso, a mina de opalas em Coober Pedy, que obviamente não tem nada a ver com o notável Mr. Dutton e suas belas filhas. Dizem que o nome desse deserto significa "homem branco no buraco" na língua nativa. De fato, em poços de vinte metros de profundidade, que eles mesmos cavaram ali, uma centena de homens barbudos, com pás, picaretas e lanternas de mineiros, revolvem a terra vermelha em busca de algumas pedras, que os agentes de Sydney comprarão deles por um sanduíche e uma garrafa de uísque. Quem ou o que me trouxe a esse lugar árido, quatrocentas milhas ao norte de Anlaby? Por que esse longo caminho? Quando mexo na minha última gaveta, encontro algumas opalas esquecidas, um arlequim, um cabochão leitoso e três tripletos com brilho vermelho-escuro e uma esmeralda que não podem ter custado mais que uns poucos dólares. Desde a Antiguidade, a opala é considerada o talismã dos ladrões e dos espiões.

A partir dali somente era possível seguir adiante com o *milk run*, um aviãozinho monomotor que servia para levar o correio e cargas às distantes localidades do *outback* australiano. Cada viagem para cruzar o continente custava ao piloto viajar por três dias seguidos.

Como convenceu o piloto a levá-lo? Você era o único passageiro. O que os fazendeiros lhe contaram? Eles o receberam cordialmente? Por que o alimentaram? O que você tinha para lhes oferecer? O teco-teco nunca falhou? Onde era reabastecido? Em Alice Springs? Você nunca falou com um aborígene?

Tudo de que me lembro é que o piloto, um galês baixo e atarracado com quem peguei carona até a costa norte, me deixou em Port Darwin num dia de calor escaldante. O que eu vim fazer aqui? Sempre essa pergunta, para a qual eu não tinha uma resposta verdadeira. No barracão onde ingleses sonolentos esperavam por seus aviões, bebi algumas garrafas de James Squires Nine Tails com um vagabundo, a quem paguei uma rodada.

Em Cingapura, até pouco antes de o chefe de Estado enviar escavadeiras para pôr abaixo as antigas vielas do centro da cidade, havia boa comida por pouco dinheiro em fumegantes barracas de rua. Um último resquício do império britânico, bastante degradado, era o injustamente famoso Raffles, onde os turistas viravam seus copos de *singapore sling*. Em Bangkok, os soldados norte-americanos abriam mão de visitar os templos e usavam suas curtas licenças para se recuperar das fadigas da guerra em bordéis especializados. *Wee speek Inglish!*

Estive demais em aeroportos de nenhures. Passei por longas e reluzentes ruas de pedestres com lojas supérfluas, espeluncas mal vedadas, ônibus superlotados, filas intermináveis. Conhecedores do subdesenvolvimento conseguem estimar seu grau a partir do tempo entre se apresentar no guichê e a decolagem. Isso pode levar até três horas. Alto-falantes cacarejam anunciando atrasos no dialeto local. Para passar o tempo, fiscais alfandegários rabugentos estão dispostos a revirar malas e trouxas e confiscar triunfantes a salsicha proibida de uma velhinha indefesa ou a garrafa de uísque de um infiel. Quanto maior o número de grandalhões uniformizados empunhando uma submetralhadora e circulando à vontade pelo saguão, mais forte o bafio da ditadura militar.

Mas as passagens de avião não foram pagas por você.

Não. Pelo príncipe Sihanouk, ou pelo filho dele, o estudante secundarista com a túnica de Mao. Em Phnom Penh, fui apanhado por um chofer de libré e levado a um apartamento descomunal, todo *neo-Louis Seize*, bem ao gosto francês. À noite, uma festa no jardim com lampiões coloridos, rodeadas por nuvens de mariposas. Não foi uma audiência, seria dizer muito, mas o monarca dedicou alguns minutos de seu tempo para mim. Ele me explicou tudo, a Trilha Ho Chi Minh, as dificuldades com vietnamitas, americanos e chineses, e por que era importante preservar a neutralidade do Camboja a qualquer preço.

Conversamos sobre Henry Kissinger, seu adversário, que eu conhecera por acaso. Havia encontrado Kissinger na casa do meu editor. Na época, ele insistia em falar um inglês americano com um sotaque incrível, que me pareceu familiar. Perguntei-lhe se vinha de Fürth, uma cidade perto de Nuremberg. "Como o senhor sabe disso?" — "Deduzi pela sua pronúncia." Ele não gostou. Na época da guerra da Indochina, ele era uma das nossas bêtes noires. "Talvez o senhor também me tome por um criminoso de guerra?", ele me perguntou. Nisso ele acertou na mosca, pois era, sem dúvida, o responsável pela extensão da guerra ao Camboja.

Sihanouk era completamente diferente de seu adversário. Era de baixa estatura, revelava excelentes modos franceses e uma certa melancolia. "Bem", ele me disse, "sou um chefe de Estado, mas o que isso significa? Estou aqui para salvar um país que não tem amigos." Na verdade, não havia perspectivas; ele estava num posto perdido. Um exílio em seu próprio país: esse foi o subtexto do que ele me disse. Mais tarde, apareceu uma das dançarinas do templo, que também eram moradoras do palácio — um presente, como colocar flores no quarto de hóspedes. Um gesto de cortesia, só isso, ninguém insistiu para que o bárbaro do Ocidente fizesse uso da oferta.

Também me lembro de as pessoas caminharem pacificamente aos domingos nas ruínas de Angkor Wat. Elas faziam piqueniques no meio dessa cidade-templo na selva, que parece uma floresta de pedras, e contemplavam centenas de complicados abraços eróticos do século XIV, embora a vegetação tropical há muito tivesse envolvido e sufocado os amantes.

Antes de deixar Phnom Penh, passei por uma feira de rua muito pobre. Na entrada de um bordel, estava sentada uma velha mendiga, com a qual deixei algumas notas de dólar que encontrei no bolso.

Você não estava mais interessado no que acontecia em Berlim?

Estava sim. Em fevereiro de 1968, 3 mil pessoas se reuniram no principal auditório da Universidade Técnica para um congresso internacional sobre o Vietnã, no qual falaram Rudi Dutschke, Gaston Salvatore, Peter Weiss e Erich Fried. Mais uma vez eu estava em outro lugar, acho que na Universidade de Berkeley, na Califórnia. Lá também estava acontecendo muita coisa. Um ano depois, Nixon veio a Berlim. Não sei o que aconteceu nessa visita.

Às vezes você não se perguntava se o "movimento" estava apenas começando ou se já não tinha acabado? Se ele na verdade não existiria somente como seu próprio fantasma, assim como toda moda engendra um look retrô?

Assim como você, eu também não podia evitar de me perguntar isso secretamente. Eu era o mau camarada que nunca chegou a ser um membro, quer se tratasse da SDS, de uma república, de uma comunidade, da união dos escritores ou de um dos numerosos partidos comunistas. Tampouco apareço nas famosas fotos de manifestações e batalhas de rua. Preferia ficar nos bastidores.

Sim, meu grande escritório servia aos líderes das diversas facções para, sob o grande mapa-múndi do Comando de Bombardeiros Estratégicos que eu havia pregado na parede, negociar fundos e alianças táticas. Rudi Dutschke estava lá, e a seu lado o meu amigo Gaston Salvatore, e pessoas como Bernd Rabehl, Christian Semler e Tilman Fichter, membros da SDS, mas também personagens que inspiravam menos confiança, como Kunzelmann e Mahler.

Rudi não era apenas um fenômeno muito alemão, mas um tipo inimaginável no lado ocidental do país. Ele foi o único líder político que a oposição ao sistema produziu. Dedicado e imperturbável, faltava-lhe o cinismo sem o qual nem Trótski nem Lênin teriam chegado perto de seus objetivos. Esse era seu ponto mais vulnerável, o seu calcanhar de aquiles, que estava na mira não apenas de seus oponentes, como também de outros aspirantes que ambicionavam posições de liderança, exatamente como os deputados menos visíveis no Bundestag.* Dutschke estava acima disso, porque a ideia de uma carreira lhe era completamente estranha. Isso o tornava inatacável e lhe conferira uma autoridade singular. Ele não tinha jeito para o sectarismo, embora combinasse política e moral com um fundo religioso que outros não conheciam.

Para mim, as dificuldades estavam relacionadas com a linguagem peculiar que ele costumava empregar. Ele havia cunhado um marxismo particular, que pouco tinha em comum com o marxismo coletivo dos outros, de seminários. Às vezes, eu absolutamente não entendia aonde ele queria chegar.

Era difícil imaginar um contraste maior do que o existente entre ele e Gaston Salvatore, que era seu assessor. Gaston

* O Parlamento alemão.

sempre deixou um rastro de lendas atrás de si — dele se dizia que era um conquistador imparável, narcômano, manipulador, ou então era aclamado como colaborador de Antonioni em Roma ou como futuro embaixador do Chile em Pequim. Ele estava familiarizado de berço com os hábitos da oligarquia latino-americana, mas era comum não ter um centavo no bolso; era cheio de grandes projetos, inimigo visceral da coação, caprichoso, vaidoso, generoso e solidário. Seus projetos dramáticos eram de grande audácia. Para muitos na Alemanha, uma existência como a dele tinha o efeito de uma provocação; ele era simultaneamente invejado e espezinhado no país.

Também estava sempre por lá Bahman Nirumand, um persa que desde 1965 voltara a morar na Alemanha e com quem eu era ligado por uma velha amizade. Eu o conheci na época do governo do xá em Teerã, no Instituto Goethe, que oferecia uma plataforma às cabeças oposicionistas. Naquela época, esse homem esguio com óculos de aros dourados, que parecia um jovem professor, veio até mim e falou comigo num alemão impecável e altamente articulado. Devo a ele tudo o que sei sobre o Irã. Anos mais tarde, o livro de Bahman, *Persien, Modell eines Entwicklungslandes oder Die Diktatur der Freien Welt* [Pérsia, modelo de um país em desenvolvimento ou A ditadura do mundo livre], desempenhou um papel fundamental, e não apenas para a visita do xá Pahlevi a Berlim e seus desdobramentos.

Uma vez Peter Schneider também esteve lá. Dutschke fez uma tentativa tão intensiva para convencê-lo que ele concordou em organizar uma campanha contra a grande editora Springer. Schneider não me pareceu entusiasmado com essa ousadia, mas aceitou a missão. O plano era, seguindo o modelo do Tribunal Russell de Londres, apresentar uma acusação pública contra os tabloides berlinenses. Tudo devia transcorrer de acordo com todas as regras do processo civil. Promotores e defensores, peritos e testemunhas tinham que ser angariados.

Peter Schneider fez um esforço honesto para fazer o projeto andar. Mas isso não agradou a muitos camaradas, que tinham em mente ações muito diferentes e sonhavam com sabotagem e coquetéis molotov, enquanto outros ainda buscavam obter fundos de jornais concorrentes ou ajuda de Berlim Oriental. Como era de esperar, depois das costumeiras picuinhas, o projeto não deu em nada.

Embora gostasse de abrir a minha casa como ponto de encontro, eu evitava intervir nas lutas entre os diversos grupos. Os franceses chamam a atitude ambígua que eu assumia de *mauvaise foi*. Etnólogos preferem chamar de "observação participativa" quando comem, dançam ou vão para a cama com os nativos. Isso raramente dá certo; pois eles não têm em vista uma solução clara de sua aporia. Ou se domesticam perante o outro — no jargão dos pesquisadores isso se chama *going native* —, ou inventam, como à época de Margaret Mead, uma lenda que lhes é mais conveniente do que a realidade.

Por que diabos você embarcou nessa vida dupla?
Não consigo explicar nem para mim, nem para você. Acho que pensei que seria um erro deixar passar uma oportunidade que é bastante rara na sociedade alemã. Não era muito frequente que, como ocorreu em 1848 ou 1919, uma minoria se mobilizasse para alterar o estado das coisas. Mesmo que, como nesse caso, a coisa não passasse de um último reflexo de lutas do passado, uma espécie de teatro de rua — de qualquer forma, era melhor que nada.

Naturalmente, os líderes mais inteligentes entre as mentes políticas faziam ideia de que um escritor, mesmo com a boca cheia de slogans políticos, não poderia ser digno de confiança. No meu caso, isso se confirmava diante da assiduidade com que continuei a escrever privadamente muitas coisas que só vieram à luz anos mais tarde, ou mesmo nunca.

Você trapaceou, portanto.

Mas é claro. Agora você quer bancar o autêntico, o correto, o verdadeiro? Isso não combina com você. É fácil falar depois que tudo já aconteceu. Só que então você já se esqueceu de como eram as coisas antes.

É verdade.

Uma vez, Bahman encenou um golpe surpresa em Munique. Aliado a 65 apoiadores, que usavam capuzes negros, ele ocupou o Consulado Geral da Pérsia. Iniciaram uma greve de fome, confiscaram os arquivos do serviço secreto, tudo com o máximo de publicidade: a televisão e a imprensa estavam presentes no local da ação, mas não a polícia. Quando o chefe da polícia ligou para falar com o cônsul, foi Nirumand quem atendeu. Ele recusou polida e enfaticamente a ajuda oficial oferecida.

Enquanto isso, os grupos de esquerda de Munique — havia oito deles — também despertaram. Eles pretendiam convocar, através de um panfleto, uma manifestação para demonstrar solidariedade. Após dez horas de negociações, os "porta-vozes" declararam que, infelizmente, "diferenças ideológicas insuperáveis" haviam surgido. Nirumand disse: "Então eu mesmo escreverei o panfleto". Ele precisou apenas de quinze minutos. Os oito porta-vozes foram ao consulado, um de cada vez, e acharam o texto excelente; a manifestação pôde enfim acontecer. Sem a intervenção de Bahman, eles teriam continuado a brigar eternamente, "para levar ainda mais adiante o necessário processo de fracionamento".

Um outro nó não era tão fácil de desatar. Contra o que aconteceu em Teerã após a expulsão do xá, Nirumand não pôde fazer nada. Ele próprio teve que fugir do regime dos mulás. Toda ação política gera consequências imprevisíveis. Às vezes, ela leva ao oposto do que se pretendia e o sucesso se transforma em desastre. Mesmo um homem lúcido como o meu amigo não podia mudar isso.

Você está se desviando do assunto novamente. Ou você estava lá?
Não.

Então isso não tem absolutamente nada a ver com você. É melhor continuar a sua história. Em algum momento você e Masha chegaram a Cuba. Vocês queriam ser úteis como tecnicos extranjeros, não é? O que foi feito das boas intenções de vocês?

Nada. Toda vez que eu telefonava para o ministro oficialmente responsável pela Educação, um certo Llanusa, ele se manifestava de forma breve. Sempre dizia *mañana* e pelo jeito nem em sonhos pensava em manter sua promessa.

Embaraçoso para você.

Não só para mim. Também os que nos convidaram ficaram constrangidos. Mas podíamos viver com isso.

Poderia ser mais preciso?

Para me tranquilizar, o ministro nos sugeriu uma viagem pelo país. A viagem, ele disse, tornaria mais fácil para Masha e para mim entender a situação, e para isso não bastava conhecer só a capital. A oferta me pareceu familiar; me fez lembrar de como, a partir de Moscou, eu havia sido enviado para os rincões mais distantes da União Soviética.

Nós agradecemos, mas dissemos que não estávamos interessados em excursões turísticas e que não gostaríamos de entrar num desses ônibus que conduzem as delegações estrangeiras. Preferíamos viajar com um motorista. Ele cuidaria disso, assegurou a raposa velha, e dessa vez Llanusa cumpriu sua promessa. De fato, um motorista nos foi concedido. Ele se chamava Toni e era tanto um vigilante quanto um comerciante do mercado negro — uma mistura subtropical não rara em Cuba. Ele tinha um Chevrolet caindo aos pedaços, com o qual nos levava aonde quiséssemos.

Claro que não estávamos lidando com acompanhantes como Kóstia e Marina. Nosso Toni era preguiçoso e corruptível demais para escrever relatórios sobre Masha e sobre mim, que de qualquer maneira ninguém leria. Tampouco senti vontade de manter um diário como na Rússia. Por isso, dessa jornada de três semanas ficaram na minha memória apenas algumas sequências esparsas, coladas apressadamente.

Primeiro fomos a Pinar del Río, cidade do noroeste da ilha cercada por florestas de pinheiros. Havia uma atmosfera de sonolência no ar, mas conhecedores do mundo inteiro sabem apreciar o que é cultivado e processado nessa verde província: o melhor tabaco de Cuba. Não passa de lenda que na famosa fábrica os charutos seriam enrolados pelas trabalhadoras sobre suas coxas nuas. Em vez disso, elas trabalham recatadamente numa longa mesa e só são pagas pelo que produzem, enquanto no púlpito é lido em voz alta um dos edificantes discursos do revolucionário José Martí. Ainda brilham nas fitas e nos rótulos os nomes de patronos já há muito falecidos: Henry Clay, Hermann Upmann e Winston Churchill.

No outro extremo da ilha, chegamos a um lugar esquecido por Deus nas montanhas, não longe de Baracoa, onde à noite os aldeões se juntavam ao redor de um pano branco suspenso entre dois troncos de árvores. Num caminhão ficava um projetor. Aquelas pessoas viam um filme pela primeira vez. Como na época dos irmãos Lumière, estavam enfeitiçadas e gritavam quando uma locomotiva corria em sua direção. Quem teria equipado tal expedição país adentro? Deve ter sido Alfredo Guevara, o fundador do famoso instituto de cinema de Havana.

Felizmente, nosso motorista não estava interessado no culto às relíquias exercido pelo governo, de modo que fomos poupados de visitas a alguns memoriais. Em Santiago de Cuba, decidimos não visitar o quartel de Moncada, que foi convertido em museu da revolução. Preferimos ver a cerca de Guantánamo, atrás da qual a odiada Marinha dos Estados Unidos havia se aquartelado; uma terrível mina de níquel; a arquitetura de confeitaria de Cienfuegos; ou as cavernas e samambaias da

Sierra del Escambray — muitas coisas ao mesmo tempo, muito rápido até para anotar tudo o que havia para ver.

Só depois que voltamos, no farto tempo livre em nosso hotel, encontrei tempo para escrever algo sobre a nossa última parada:

Trinidad, entre o mar e Escambray, uma das mais antigas cidades de Cuba, 30 mil habitantes, sem porto, sem indústria, é apenas um cenário de filme. Os palácios das famílias aristocráticas que têm nomes espanhóis antigos e são arrogantes demais para exibir seus brasões se deterioram em ruas onde a grama cresce sobre os paralelepípedos. Atrás de janelas embaçadas podem ser distinguidas magníficas peças de mobília. À noite, Trinidad quase não é iluminada. Uma criança mulata empinando um cavalo baio atravessa a galope a praça deserta.

Somente quando um dos antigos integrantes da nobreza morre é que são instaladas divisórias no palácio, e roupas são penduradas no varal, um rádio transistorizado uiva, crianças correm pelo portal com a tinta descascando. Muitos cantos do lugar são de uma beleza mumificada.

Durante anos, a Sierra del Escambray foi o centro de um levante armado contra o governo revolucionário. A aristocracia, cujo orgulho delirante a proibia de qualquer ação política, nunca participou dele.

O palácio do historiador e juiz da cidade, ele próprio descendente de um conde, agora exibe uma placa que diz que ali é a sede do "Comitê de Defesa da Revolução". Seus pares o boicotam. Rindo, ele conta a seguinte história sobre um filho de uma família pequeno-burguesa da vizinhança:

Alguns anos após a revolução, P., que é homossexual, começa a sonhar com a Inglaterra. Ele admira Churchill e sempre envia um longo telegrama a Londres por ocasião do aniversário da rainha. Funda um "clube inglês" onde são servidos somente bolos e chás britânicos. No Natal, envia convites em papel artesanal para um jantar no qual serve o *pudding* inglês e o traje é a rigor.

Quando atrai jovens de um meio semelhante em Camagüey e Havana, ele é preso tomando chá com outras cinco pessoas e é enviado por seis meses para trabalhos agrícolas numa fazenda; os outros se salvaram apenas com prisão domiciliar. No julgamento, ele é obrigado a declarar publicamente que não é de origem nobre. É seu maior castigo, porque a população local se acostumara a chamá-lo de El Conde. Seu banimento foi a única época em que trabalhou durante toda a vida. Quando é libertado, ele se envolve em negócios do mercado negro, planeja comprar um título de nobreza na Europa, faz uma tentativa fracassada de fuga com um barco e é preso novamente. Como a cidade da qual se origina, esse pobre-diabo carrega todos os estigmas do subdesenvolvimento.

Sempre com as suas digressões! Prefiro que me conte como vocês se sentiram como beneficiários desempregados da revolução.

Como sempre, você está sendo injusto, meu velho! Fiz o que pude. Claro, eu estava fulo da vida porque o trabalho que haviam me prometido não existia. "Por que me trouxeram para cá realmente?", eu exclamei. "Fico aqui sentado neste hotel enquanto sou alimentado por vocês, qual o sentido disso?" — "Oh", disseram os oficiais, "o projeto não foi adiante porque o Ministério das Relações Exteriores tem certas reservas, mas encontraremos algo para vocês."

Então comecei a me virar como consultor da editora de livros, como tradutor e mediador, fiz o melhor que pude. O único problema é que não havia moradias vagas em Havana, exatamente como em Moscou. Por isso, eles eram obrigados a nos alojar no hotel. Como se lê nos guias de turismo, o Hotel Nacional fora o primeiro edifício da praça. Antigamente, a máfia costumava reservar alas inteiras. Os gângsteres, Lucky Luciano ou Meyer Lansky, dizem, também se hospedavam ali, bem como senadores com dançarinas de striptease no colo e estrelas de Hollywood. Errol Flynn e Marlene Dietrich eram hóspedes cativos, como também o inevitável Hemingway. No terraço do jardim, com vista para o Malecón, ministros e senadores de Machado e de Batista faziam negócios enquanto bebiam seus mojitos e daiquiris. Esse idílio teve um fim repentino em 1959.

Ali nos sentávamos à mesa com um guerrilheiro fracassado e com um velho trotskista parisiense que, agradavelmente subversivo, lançava bolinhas de pão e citações de Engels e Freud ao seu redor. Além deles, havia um americano vestido com o uniforme da Nova Esquerda, que parecia um pequeno Allen Ginsberg. Lembro-me também de um comerciante de armas iugoslavo, de um pescador com a esposa em viagem de lua de mel e de um técnico nuclear soviético. Havia um *cocktail bar*, água quente, eletricidade e calefação. Tínhamos um grande quarto com banheiro. Para o padrão normal dos cubanos, levávamos uma vida de bilionários.

Os antigos garçons ainda estavam lá. Eles haviam sido proibidos de aceitar gorjetas. Mas serviam as mesas em fraques, como se nada tivesse acontecido, e o pianista cansado continuava a tocar velhos sucessos americanos que ele sabia de cor; "You Are my Sunshine" ou "Smoke Gets in Your Eyes". O cardápio era extenso:

Año del Guerrillero Heróico

Cóctel de langostinos
Consomé Tapioca
Lomo a la parrilla
Ensalada de berro
Helados

Um dia, não tinha mais manteiga, só limões.

À noite, bateu na porta um homem que também morava no hotel e que só falava por insinuações. Ele olhava para o teto, fazia sinais, supunha haver microfones por toda parte. Só que ele não tinha nada relevante para dizer, reclamou de lâminas de barbear ruins e já de saída me explicou com uma risada que era somente paranoia sua.

Vocês podiam ter deixado a ilha quando ficou claro que ninguém precisava de vocês.

Mas agora é que queríamos mesmo ficar. Eu queria saber o que estava acontecendo atrás da fachada. Começamos a fazer contatos: na zona portuária, no mundo clandestino, artistas verdadeiros e falsos, dignitários destituídos — não nos importava que opiniões defendiam.

Os outros que estavam encalhados no Hotel Nacional também eram uma boa fonte. Todos tinham algo para contar: o homem do Texas que sequestrou um avião, a sobrinha de um presidente deposto, ou Roque Dalton, um poeta e guerrilheiro de El Salvador, que fugira de seus camaradas porque eles queriam acabar com sua vida. Havia também um alemão, um homem inchado que não queria prestar o serviço militar e pedira asilo político ao embaixador cubano em Viena, um diplomata da velha escola. Prezo muito os desertores, especialmente quando, como este M., entendem de literatura. Ele estava em seu quarto de hotel e não tinha nada para fazer. Então começou a traduzir poemas de Heberto Padilla. Ele nos apresentou a esse poeta, de quem ficamos amigos.

De tempos em tempos, os supervisores vinham nos buscar com o Cadillac. Nunca anunciavam a visita, simplesmente apareciam. Uma surpresa. Estavam sempre brincando, mas nunca queriam nos dizer para onde íamos.

Entramos no automóvel. Eles conversam um pouco conosco: não se preocupem, tudo vai se resolver. Em suma: somos seus convidados, portanto, seus brinquedos. O carro passa pelo centro da cidade, onde há uma multidão à espera. No final, percebemos que estão nos levando ao balé. *Pas de trois*, *valse noble*, aplausos frenéticos, uma das melhores companhias do mundo. Por que nos sentimos aliviados? Por que ficamos confusos quando tarde da noite o porteiro abre a porta do automóvel e entramos mais uma vez naquela caixa de pedra com suas torres e muralhas? Arquitetura em estilo stalinista avant la lettre, pois em 1930 as Sete Irmãs do padrão soviético ainda não enfeitavam o *skyline* de Moscou. O castelo dos gângsteres está aberto — como uma armadilha. Mas eu não sou K., e quanto à revolução, ela não acontece aqui.

Mas parece que vocês gostaram da cidade.

Havana é decadente no pior sentido da palavra, arruinada, podre, carcomida. Com seus solares, o centro antigo lembra um formigueiro gigante. O labirinto de passagens e buracos por onde correm ratos lembra os bairros espanhóis de Nápoles. Nos pátios, junto a palmeiras tristes, há barracas com banheiros e tanques compartilhados por cem famílias. Em palácios decadentes ganha vida uma versão caribenha da *kommunalka* soviética. As escadas são íngremes e sujas, o reboco desmorona, lojas e bares estão vazios.

A capital é grande demais para esse país, possui um monstruoso aparato burocrático e sofre com falta de água, porque Havana não tem rio. Na maioria dos bairros, a torneira seca de três a seis horas por dia.

O subdesenvolvimento, o êxodo rural e a superpopulação empobreceram a metrópole. Nem mesmo as áreas mais ricas saíram incólumes. Antigamente os cabarés, country clubs, casas de striptease e de jogos e boates atestavam o domínio da indústria de entretenimento americana. O governo revolucionário fechou esses locais ou deu a eles outros usos. O Yatch Club passou a abrigar a Assistência Social, e o Exército ocupou um campo de golfe para treinar recrutas. Mas a rua principal de Miramar ainda se chama Fifth Avenue, e a lendária Tropicana, fundada em 1939, até hoje arrecada divisas bem-vindas, ainda que o "paraíso sob estrelas" se mostre mais comportado do que em tempos de maior desinibição. Essa atração está localizada em Marianao e dispõe de um salão de baile com lugar para mil dançarinos.

A uma hora e meia de automóvel na direção leste fica Varadero. O lugar já foi outrora a estância de verão favorita da burguesia abastada. Ele se encontra num longo cordão litorâneo, num solo arenoso e cheio de pinheiros. Há lindos casarões antigos, cuja pintura descascou. Suas grandes varandas sobre pilares de madeira lembram como eram as casas no mar Báltico nos anos 1910 ou 1920.

Mais tarde, vieram os americanos e construíram o primeiro hotel internacional, um luxuoso purgatório. No restaurante, sobre as mesas, pequenos abajures cor-de-rosa iluminam a escuridão polarmente climatizada através da qual se ouve uma big band ruim. Agora, respeitáveis trabalhadores do açúcar e mecânicos se sentam ali de mãos dadas com suas garotas. Entre eles muitos negros. Apenas em sua viagem de lua de mel lhes é permitido pernoitar ali.

Muito longe, no alto das dunas, fica a Casa Du Pont, uma imitação de um castelo espanhol. Dentro dela, colunas torneadas, balaustradas de carvalho negro e uma loggia com azulejos mouriscos. Na biblioteca, a televisão sem uso fica em cima de uma arca medieval. O piano de cauda Blüthner está enfeitado com flores de plástico. O órgão da casa, produzido pela American Aeol Pipe Company, é automático. Seu armário conserva rolos gravados com os pot-pourris do século XIX. Nos consoles, há porta-retratos com fotos amareladas. O bondoso dono da casa brinca com seus cachorros. Sua esposa, uma beldade histérica, poderia ter fugido de um romance de Scott Fitzgerald.

Só para lembrar: Irénée du Pont foi o fundador de um dos maiores conglomerados químicos do mundo. A empresa tornou-se conhecida por produzir poliéster, náilon e teflon. Também teve um papel na construção e operação de instalações para a produção de plutônio durante a Segunda Guerra Mundial. Pequenas placas pedem aos visitantes do museu para não tocar nas peças expostas. Assim, a revolução protege sua herança cultural.

Os curadores lidam com semelhante cautela com o legado de Hemingway, outra atração turística. O grande escritor tinha um gosto melhor que os Du Pont, mas menos dinamismo. Sua casa em Havana, seu parque, seus jardins, seus sapatos e livros, suas espingardas e varas de pescar atestam que, tal qual o químico industrial, ele também tendia à acumulação, só que ele não se interessava por ações de capital, e sim por outros butins: cada pele de leão um *peau de chagrin*, cada grande presa um prelúdio de seu suicídio.

Ou seja, vocês passaram férias na ilha.

Continuavam a nos cozinhar. Faltava um "órgão" que se ocupasse dos dois estrangeiros desempregados. Mas não pense que faltassem organizações em Cuba! Muito pelo contrário. Quando se chega ao aeroporto a primeira coisa que perguntam é: *Que es su organismo?* Para descobrir, o desavisado pode se valer de uma obra de referência. Em Havana, diferentemente de Moscou, há uma lista telefônica. A primeira parte, uma seção em papel azul, da grossura de meio dedo, traz uma lista interminável de siglas. Uma selva de abreviaturas, do MINSAP ao ICAIC, do ANAP ao OFICODA, dá a entender para qualquer um que todos os âmbitos da vida social estão cobertos, sem lacunas. A quem não tem uma resposta contundente para a questão do *organismo* é dado a entender que se trata de uma espécie de corpo estranho, que não tem nada para procurar ali; pois quem não é capaz de se remeter a uma abreviação não está, por assim dizer, em pleno uso de suas faculdades mentais.

Muito convincente a forma como você descreve as falhas da burocracia. Mas e você? Estou enganado ou sua relação com as instituições é sempre problemática, não importa do que elas se ocupem? Você nunca aguentou muito tempo nessas organizações.

E daí? No nosso caso, não fomos entregues aos cuidados da escrofulosa União dos Escritores, que nunca atingiu a plenitude de poder e a riqueza de seu modelo soviético, mas à sofisticada Casa de las Américas, na Calle G, em Vedado. Lá eram recebidos os autores estrangeiros, entre os quais muitos exilados e refugiados da América Latina.

A fundadora e diretora da casa era Haydée Santamaría. Ela era considerada uma heroína, para não dizer uma santa da Revolução, porque havia participado já em 1953 do lendário e disparatado ataque ao quartel de Moncada, em Santiago de Cuba, que terminou numa catástrofe. Ela foi presa e torturada de maneira sofisticada; os homens de Batista castraram e mataram Abel, o irmão de Haydée, diante de seus olhos. Mas ela manteve o silêncio e não traiu nenhum de seus companheiros.

Ela era, não é possível dizer de outra forma, uma testemunha de sangue* da revolução. As pessoas ainda gostavam de falar sobre isso mesmo depois de anos. O gosto pelo sangue e pela morte pertence à retórica política em Cuba. *Patria o muerte!* Esse slogan não pode faltar em nenhum discurso de Castro. Mas também era citado em muitas recepções, enquanto passavam as bandejas de petits-fours. Achei isso bastante macabro. Por conta de seus feitos heroicos, Haydée podia se permitir algumas liberdades, como por exemplo ser editora de uma revista trimestral estilisticamente avançada, que se tornou um veículo de proa da política cultural cubana. A energia dessa mulher de 45 anos resistira a todas as vicissitudes políticas mais do que sua beleza. Ela não era uma intelectual; de um modo geral, era mais modesta do que a maioria dos comandantes.

Pude notar nela apenas uma única e comovente fraqueza. Em sua casa tudo parecia caro, ao gosto de certos parisienses: tudo laqueado de branco, com algumas fotos privadas e souvenirs. Seu banheiro particular, onde fui parar acidentalmente,

---

* *Blutzeuge/in*. Com esse termo, eram cultuados na linguagem nazista os partidários de Hitler que morreram ou ficaram feridos na tentativa de tomada do poder em 1923.

abrigava um arsenal de requintados perfumes franceses. Jamais passaria pela cabeça de alguém censurá-la por isso. O puritanismo vai contra a natureza dos cubanos.

Aos seus olhos, a heroína não era antes uma criatura digna de pena? Ao que parece, ela não tinha muito a dizer. E o próprio Castro você provavelmente só viu na tribuna falando para o povo. Discursos que se prolongavam por horas diante de uma multidão exaltada na Praça da Revolução?

Não só. No início da nossa estadia em Cuba, quando ainda éramos bem-vindos, fomos convidados para um ato oficial bastante peculiar, que ocorreu à noite, num estádio coberto. Quando chegamos de automóvel, guardas com armas apontadas vieram abrir a porta. Eles nos anunciaram por um walkie-talkie e nos levaram até um escritório com ar-condicionado, poltronas de couro e uma estante de livros envidraçada que cobria toda a parede. Dois vice-ministros, o reitor da universidade e uma dezena de homens em fardas de combate verde-oliva já estavam à espera. Foi servido café. Então os seletos convidados foram autorizados a se sentar nas tribunas vazias da arena.

Sussurros carregados de expectativa. De repente, o gramado está cheio de homens de camisa vermelha. Os dois ministros também estão entre eles. Sobre suas cabeças, projeta-se um homem corpulento e barbudo. É o chefe. Todos pulam, saltitam, lançam gritos roucos e uma bola de basquete de couro um para o outro. Eles dançam para lá e para cá até que é dado o apito inicial. O oponente é um time de estudantes da província. Embora eles pareçam bem treinados, depois de onze minutos o jogo está 104 a 72 para o time do governo.

No intervalo, o chefe convida alguns espectadores para uma audiência, talvez uma delegação comercial búlgara ou um especialista em criação de touros vindo do Canadá. Ele se mostra sereno e evita tudo o que possa lembrar uma recepção oficial cerimoniosa. O espetáculo é exótico: competição ritual, cultura tribal, o rei como centroavante, após a vitória, o discurso. Há também um componente de banditismo: Fidel como chefe dos salteadores, os membros do bando como cortesãos. Robin Hood joga basquete. Ele vence, mas sempre pelos pobres e marginalizados, naturalmente. As armas são mostradas na entrada só por questões de segurança.

E também me lembro de um comício gigantesco na Praça da Revolução. Nessas aparições, Castro sempre acaricia os muitos microfones instalados à sua frente, enquanto informa o povo de seu extenso conhecimento a respeito de métodos para eliminar insetos, psiquiatria e os benefícios da energia atômica. Só pode haver um especialista na ilha, isto é, ele.

Mas, naquela tarde, ele estava provando ser um especialista em genética e criação de gado leiteiro. A melhor de todas as vacas, disse ele, é a F-I, uma raça que em breve fornecerá leite para os bebês no país. Esse tipo de detalhe a Revolução ainda não havia resolvido. Como de costume, o discurso se estendeu por muitas horas.

Alguns dias depois recebi um convite surpreendente. O *Comandante* em pessoa me convidava para sua fazenda-modelo privada. Ali num estábulo climatizado e assepticamente limpo, havia alguns exemplares da mencionada raça leiteira. Ele os mandara vir de avião da Europa, comprara as melhores centrífugas e máquinas de ordenha e contratara uma competente equipe de especialistas suíços: peritos em produção de leite, geneticistas e veterinários. Um projeto altamente ambicioso!

Depois de alguns dias, dois homens fardados bateram na porta do nosso quarto e me entregaram um pacote que continha a prova da qualidade das vacas: um camembert redondo, cuidadosamente embalado, que, no entanto, após 24 horas a 35°C quase não era mais comestível. A produção dessa iguaria deve ter custado tanto quanto um trator novo. Ele também a apresentou a um simpatizante francês, o engenheiro-agrônomo René Dumont, que o havia assessorado, e perguntou se seu queijo não era páreo para o da Normandia. Dumont não conseguiu concordar. A consequência foi a imediata expulsão do perito agrícola.

Por outro lado, a graça imerecida que nos foi concedida rapidamente se espalhou por Havana e, da noite para o dia, recebemos ainda outros benefícios totalmente diferentes: não apenas a lâmpada, que antes não conseguíamos encontrar, para a mesa de cabeceira, mas até mesmo um apartamento.

A vida do hotel não era boa o suficiente para vocês?

Nós nos mudamos para a Calle 10, em Miramar. Apenas o número da casa minha fraca memória, que fica mais à vontade para esquecer do que deveria, não fornece mais. Tudo bem, vamos deixar para lá! Masha conseguiu arranjar para nós esse apartamento onde os ricos antes moravam, no bairro de vilas mais confortável de Havana. Com suas fachadas de estuque e palmeiras, lembra um pouco Miami.

Ao contrário de mim, Masha havia entendido desde o primeiro momento quais eram as regras do jogo na ilha. Ela se sentia bem. Zombava das ilusões dos visitantes ocidentais que viam em Castro e em seus comandantes uma última chance para o socialismo. Mas ela foi surpreendentemente paciente comigo. Era uma boa professora, porque embora achasse que precisava me ajudar, sabia que tentar me convencer era inútil; eu descobriria por mim mesmo o que estava acontecendo ali.

Naturalmente, ela entendeu de imediato o que significava a chegada dos assessores soviéticos no aeroporto. Uma legião de camaradas do Comitê de Segurança do Estado, conhecido pela sigla KGB, estava disposta a doar ajuda fraternal aos colegas cubanos. Eles vinham em roupas civis, mas eram facilmente reconhecíveis por seus ternos disformes.

É verdade que já desde 1960 Castro dispunha de um sistema de vigilância que cobria todo o território, os chamados Comitês de Defesa da Revolução. Embora esses pequenos vigias de bloco residenciais fossem bons para uma ou outra denúncia, eles não poderiam substituir um aparelho com especialistas experientes. O *comandante en jefe* nunca hesitou em se livrar de seus colegas combatentes dos primeiros anos do regime assim que eles começaram a incomodar, e ele dispõe de prisões e campos de internação suficientes para dar lições a qualquer um que o contradiga. Se necessário, um pelotão de fuzilamento também estava a postos. A longo prazo, porém, tais decisões ad hoc não atendiam às exigências do socialismo em uma ilha. Mais cedo ou mais tarde, a improvisação teria que dar lugar a um sistema organizado; e isso faltava ali.

Nem mesmo uma russa experiente como Masha poderia saber disso. Ela achava que no socialismo devia existir um partido todo-poderoso, e que isso significava aprender com a União Soviética, ou então fracassar.

A mim, por outro lado, pouco a pouco ficava claro que nada disso existia em Cuba. Um politburo existia apenas no papel; o Comitê Central nunca se reunia; e a férrea disciplina partidária que Lênin incutira nos russos não existia em Cuba. O lugar do poder soviético fora ocupado por uma única pessoa chamada Fidel Alejandro Castro Ruz.

Mesmo com tudo isso, não tenho a sensação de que a estadia cubana tenha levado vocês a uma depressão.

Estávamos muito longe disso. Nunca nos entendêramos tão bem. Masha estava feliz. Pela primeira vez partilhávamos um teto com tudo o que faz parte do cotidiano: fazer compras, cozinhar, dividir, tratar de detalhes e providências domésticas... Como supostos "especialistas estrangeiros", tínhamos acesso a alguns mercados especiais, onde havia muitas coisas que não estavam ao alcance das pessoas comuns em Cuba: rum, charutos, gêneros alimentícios de todos os tipos, leite condensado, café, e até mesmo pasta de dentes, lâmpadas e pilhas. Para mim, com a minha mentalidade simplista de esquerda, esses privilégios eram suspeitos, e hesitei em fazer uso deles. Masha achou meus escrúpulos descabidos. Pelo contrário, ela disse. Tínhamos literalmente a obrigação de usá-los. Ela logo subornou Toni, o motorista que nos conduzira pelo país por incumbência do ministro, e ele nos levou em seu calhambeque até o mercado para estrangeiros e enchemos o porta-malas com todas as preciosidades que podiam ser adquiridas ali.

A partir de então, na Calle 10 eram celebradas festas para todos os amigos. O dramaturgo Virgilio Piñera, a quem a união dos escritores cubanos chutara para escanteio, aparecia por lá, e também o escritor e etnólogo Miguel Barnet, que tinha permissão para viajar ao exterior sempre que quisesse. Acima de tudo, porém, pudemos abastecer José Lezama Lima — o corpulento *grand old man* da literatura cubana, cuja principal obra, o romance *Paradiso*, finalmente havia sido publicada — de Montecristos e Partagas, os charutos dos quais ele se privara por tanto tempo.

Também outras pessoas que não faziam parte daquele obscuro mundo literário eram bem-vindas para Masha, que brilhava como anfitriã. Todos achavam que ela era a única russa em Cuba sem uma missão e sem a aprovação da KGB. Os homens a rodeavam e ela gostava disso.

De vez em quando, alguém trazia uma duvidosa conhecida da zona portuária, onde sobrevivia um resquício de demi-monde. Nesse tipo de sociedade, qualquer um pode perder o emprego e o ganha-pão da noite para o dia por ter criticado alguém em voz alta ou porque é homossexual. É de presumir que tenham também aparecido ali um ou outro espião elegante, mas não passava pela nossa cabeça que precisávamos ter cautela.

Nosso convidado favorito era Heberto Padilla, um homem da minha idade, com uma mente surpreendentemente ensolarada, sem preconceitos, para quem era fácil alternar entre a seriedade e o cinismo — um fenômeno genuinamente cubano. Sua cabeleira farta e os seus grandes óculos sempre enfeitavam nossas festas. Ele conhecia a Rússia e se dava bem com Masha. Ele ria das preocupações de seus colegas, como se nada grave lhes pudesse acontecer. Passeamos muito pela cidade com ele e sua esposa Belkis. Seus versos, que não levavam em conta as regras linguísticas habituais, circulavam secretamente nos ambientes de espíritos mais livres. Alguns desses poemas me agradaram tanto que eu os traduzi:

Die Reisegefährtin

Sie wirft ihren Lehrgang fort
Marxismusleninismus
meine Reisegefährtin
Sie steht im Abteil
und steckt den Kopf aus dem Fenster
und fängt an zu schreien:
Da draußen schreit sie geht die Geschichte
da draußen huscht etwas vorbei
schwärzer als eine Krähe
gefolgt von einem Gestank
feierlich wie der Arsch eines Königs.*

---

* "A companheira de viagem": Atirando para o lado o seu manual / de marxismo-leninismo / minha companheira de viagem / se levanta de repente no vagão / e põe a cabeça para fora da janela / e me grita que por ali vai a história / que ela mesma está vendo passar / uma coisa mais negra que um corvo / seguida de um fedor solene / como a bunda de um rei.

Heberto vinha de Pinar del Río e era um fumante inveterado. Ele conhecia bem os Estados Unidos; em Moscou, havia trabalhado como correspondente, o que o protegia contra certas ilusões. Em outubro de 1968, um júri, do qual fazia parte Lezama Lima, lhe concedeu o prêmio de poesia pelo livro *Fuera del juego*. A união dos escritores não teve escolha senão publicar o livro, ainda que tenha desagradado tanto os dirigentes partidários que eles o dotaram de uma longa nota de toda uma página que advertia os leitores contra as "opiniões contrarrevolucionárias" do autor. Mais tarde, Heberto passou a ser considerado um desviacionista, um estigma que não prometia nada de bom para seu futuro.

Mas o conhecendo como o conheço, você deve ter se mantido relativamente cauteloso.

Na medida do possível. Você tem que imaginar a coisa assim: no domingo cedo, às cinco e meia da manhã, alguém bate na porta do quarto. Perguntam por mim. Acordo assustado. Um garoto me entrega uma carta, um pacote e um copo de chá. Por toda parte reina o mau humor, porque o café acabou.

O pacote, cuidadosamente embrulhado, contém um par de tênis velhos. Pego uma calça no armário, visto uma camisa e leio: "Meu caro, passei às quatro horas para lhe trazer esses tênis maravilhosos, parece que têm cem anos, espero que lhe sejam úteis no campo. Não posso ir com você, porque ontem tive uma discussão acalorada com o diretor do meu instituto e absolutamente preciso dormir".

Bebo meu chá, bato a porta atrás de mim e esfrego a areia dos meus olhos. Uma garota com roupas maltrapilhas me espera do lado de fora entre dois Cadillacs. Caminhamos até o ponto de ônibus. Cada um põe cinco centavos no coletor. A viagem demora 45 minutos. Descemos num subúrbio. Ainda está escuro como o breu, as ruas estão desertas. Abrimos caminho entre lixo, bananeiras e cabras, que estão amarradas junto a uma caixa-d'água elevada. Perguntamos a um velho camponês sentado ali: "Onde estão os escritores?". Ele responde apenas com um movimento vago da mão. Depois de nos perdermos um pouco, encontramos um pequeno grupo de pessoas bocejando, cada uma apoiada numa enxada ou numa picareta. O dia clareou e todos se dirigem para o terreno inculto.

A ideia é transformá-lo numa plantação. O "máximo líder" decidiu que, na primavera de 1968, deverão ser plantados cerca de 4 milhões de pés de café ao redor da capital. Todos os "trabalhadores culturais" são convocados para o trabalho voluntário de domingo — uma ideia que não soa original para quem conhece a União Soviética.

Quem o incentivou a ir até lá? Alguém o forçou?

Não.

Culpa sua então.

Sim.

Continue.

Então todos começam a arrancar os cardos e as ervas daninhas e a cavar pequenas covas. Centenas de pequenos arbustos verdes são descarregados de um caminhão. O invólucro de plástico é removido, a muda é inserida e a cova é coberta de terra. Em outros terrenos, também há falsos agricultores em ação: um pouco mais adiante a Biblioteca Nacional pega na enxada; à direita, o teatro e, logo atrás, a editora estatal. Apenas a indústria cinematográfica parece ter escapulido. Ao meio-dia, o sol arde como no inferno, formam-se bolhas nas mãos. Um homenzinho bigodudo aparece montado num cavalo magro e distribui pão sem dizer uma palavra. Depois das duas horas, as ferramentas são jogadas num monte, e eu me ponho a caminho de casa.

Junto à caixa-d'água, encontro novamente o velho camponês, que comeu seu pão da tarde e está de melhor humor do que pela manhã. Enquanto fumamos um cigarro, ele me diz que nunca dará café nesse solo. As mudas vão morrer, porque ali é lodoso e seco demais. Qualquer um sabe disso. Mas ninguém nos pergunta! Em países em que a indefectibilidade é uma razão de Estado isso é normal.

Em pé no ônibus lotado vejo passar na minha frente o reboco desmoronante, as colunas e as balaustradas dos palacetes degradados de La Víbora. Em placas desbotadas de restaurantes de tempos antigos, leio: "Os quatro pontos cardeais", "O outro mundo", "O paraíso, bife a 50 centavos".

Esse foi seu único trabalho na frente agrícola?

Não! Mas para pôr meu desempenho sob a luz correta, tenho que recuar ainda mais.

Fique à vontade.

Sabe o que é um *ingenio*? Assim são chamadas as moendas de açúcar em Cuba desde tempos imemoriais, a palavra deriva dos engenhosos mecanismos da era pré-industrial. São os *satanic mills* de que fala o poema de Blake. Nesses lugares, até hoje se encontram os antigos *barracones*, onde moravam os escravos, e as locomotivas a vapor, que ainda chiam como na virada do século. Numa instalação de proporções gigantescas, pessoas que parecem pequenas se movem em escadas, galerias e pontes. Volantes imensos, fuligem, óleo, caldeiras enormes. A grande máquina lança fumo, bate, silva, tritura, borbulha. Homens seminus trabalham num emaranhado de canos, correias transportadoras e recipientes. Um labirinto arcaico que muitas vezes tem que ficar vários dias desligado, porque as bombas estão enferrujando e as velhas válvulas começam a falhar.

É comovente como você se interessou por moendas de açúcar, pecuária e estatísticas sobre a produção em Cuba! Na Alemanha, que eu me lembre, nabos e fábricas de cimento não mexiam com você.

Kafka escreveu *Investigações de um cão*. Minha ambição era mais modesta, mas Cuba é um país pequeno, e achei que seria adequado para uma pesquisa de campo, ainda que os resultados deixassem a desejar. De cães eu não entendo nada. Mas não queira negar minha afeição pelos cubanos.

Apenas com Fidel Castro você não estava muito empolgado.

A comparação com Dom Quixote, que se ouve com frequência, ele que atribui a si mesmo. "A Revolução", ele disse em 1966, "mostrou que em Cuba há mais Dom Quixotes do que Sancho Panças". O romance de Cervantes foi uma das primeiras publicações que ele autorizou, com tiragem de 150 mil exemplares. Todos deveriam lê-lo. Também dá testemunho de sua identificação com o herói a estátua que ele mandou erigir no jardim da união dos escritores cubanos. Ela representa Dom Quixote como um combatente anti-imperialista.

Como se sabe, ele deve muitos sucessos e muitos fiascos à sua língua grande. "Em dez anos, Cuba terá o mais alto padrão de vida do mundo", prometeu ele em junho de 1959; "De que servem as palavras se o povo não goza de seus frutos", disse em 1963; "No fim deste ano, nenhum gênero alimentício será racionado", garantiu em janeiro de 1965. Nunca uma coletânea de seus discursos foi publicada. Isso não deverá acontecer enquanto ele viver. A história precisa ser retocada e constantemente reescrita, um procedimento que Castro adotou de seus modelos soviéticos.

Mas uma coisa é preciso reconhecer. O *comandante* não estava disposto a se submeter incondicionalmente à aliança com Moscou. Embora não tivesse nada contra os fornecimentos russos de petróleo, ele não gostava das tendências revisionistas dos sucessores de Stálin. Já houvera um grave conflito em 1962, por ocasião da chamada Crise dos Mísseis. Castro teria preferido o risco de uma guerra nuclear a renunciar à instalação de mísseis nucleares em seu território. Esse desejo obsessivo acabou lhe rendendo sua maior humilhação. Quando

Khruschóv e Kennedy fizeram um acordo passando por cima dele, ele teve um dos seus temidos acessos de fúria.

Como a maioria dos políticos, o *comandante* sabe-tudo era um ignorante em questões econômicas. Ele ficava irritado porque a economia não queria dançar conforme sua música. Igualmente sobrecarregado era o pobre Ernesto Guevara, que como ministro de Assuntos Econômicos teve que lidar com a questão de como fabricar pasta de dente. Como presidente do Banco Central, ele tinha que proteger uma moeda que quase não valia o papel em que era impressa.

Mais e mais campanhas eram decretadas, sempre eram anunciados novos planos para pôr um fim à escassez crônica. Como o regime conseguiu fazer desaparecer até mesmo a fartura tropical de frutas e legumes da ilha deverá permanecer um segredo seu.

Um dia, Castro de repente se lembrou do açúcar. Desde a época do domínio espanhol e norte-americano, a cultivo do açúcar era a base da riqueza da ilha, e sua maldição. Dele dependiam 80% de suas exportações. No final do século XIX, José Martí, o profeta da pátria, declarou: "É suicida um país que baseia sua economia num só produto". Inicialmente, a Revolução quis pôr fim a essa monocultura. A produção caiu. Entre 1960 e 1969, com os preços em queda no mercado mundial, foram colhidas apenas entre 3,8 e 6,7 milhões de toneladas. Esqueçam o que eu disse, proclamou o *comandante en jefe* em outubro de 1969. Audaciosamente, ele anunciava: "Ano que vem, Cuba será o maior produtor de açúcar do mundo". Agora, de repente, seriam 10 milhões, a safra das safras. Em La Rampa, a avenida vitrine da capital cubana, onde havia anúncios luminosos, mas nada para comprar, de um dia para o outro apareceu um display à la Warhol, meio bambo e espalhafatoso, com estrelas e setas de néon, recrutando para a colheita do açúcar.

Esse projeto tornou-se talvez a maior falência econômica que o sabe-tudo impôs a seu país. Em 1969 e 1970, a vida econômica cubana parou quase completamente. Universidades e escolas, fábricas e escritórios foram fechados por meses. Todos tiveram que se voluntariar para a colheita do açúcar. Divisões inteiras do Exército se puseram em marcha. Eles não apenas tinham que ir para as plantações, mas também impor nelas uma disciplina militar.

O ministro responsável pela indústria do açúcar disse ao *comandante en jefe* que seu objetivo não poderia ser alcançado. Ele lhe provou que a capacidade física de todas as usinas era insuficiente para processar aquelas quantidades. As máquinas antigas, ele disse, só poderiam ser mantidas entre 40% e 70% da capacidade, pois constantemente precisavam ser consertadas e não havia peças sobressalentes. Além disso, não havia locomotivas disponíveis para transporte, apenas carros de boi. O chefe ficou irritado e perguntou aos camaradas presentes: "Qual revolucionário tem coragem suficiente para substituir este pusilânime e assumir a tarefa?". Alguns que eram imunes a fatos imediatamente levantaram as mãos e o fracassado foi destituído no ato. Ele sabia do que estava falando e os eventos provaram que tinha razão.

Como você sabe de tudo isso? Por acaso estava lá?

Quem me contou isso foi o próprio ministro do açúcar, que foi demitido. Naturalmente a dita *zafra* foi um desastre. Embora a tentativa de Castro de quebrar o recorde tenha paralisado todo o país, ela ficou em parcos 8 milhões de toneladas. Desde então, a indústria do açúcar vem caindo rapidamente. Ela nunca se recuperou dessa prova de força.

Mas você não se deixou intimidar, e foi para o canavial com o machete na mão.

Isso não foi nessa colheita, mas um ano antes, na miserável *zafra* de 1969. Eu não queria de modo algum me juntar a uma brigada de turistas da Revolução, suecas loiras, hippies do Meio-Oeste, distintas filhas da Auvergne e seminaristas indisciplinados de El Salvador, que vagavam com facões nos canaviais de Camagüey. Eles se deixavam filmar e gostavam de dar entrevistas. Alguns logo estavam cansados demais para se perguntar para que serviria todo o esforço.

Não, eu preferia estar com os cubanos comuns que foram enviados para a colheita com a foice. Depois do trabalho, nas barracas improvisadas com beliches de três andares, pudemos descobrir como realmente eram as coisas no "primeiro território libertado das duas Américas".

Quer ouvir alguns versos?

Você até mesmo escreveu um poema sobre isso?

Sim. Ele se chama "Um acampamento em Toledo".

As pedras do dominó batendo na mesa da cozinha,
o farfalhar no beliche embaixo do meu:
o distinto cavalheiro do Congo lê um velho número
do *Le Monde Diplomatique*.

O roçar da lima no machete,
o tossir e o choramingar do rádio
entre dois hits brasileiros
sob o telhado de zinco, Dubček renuncia.

Na janela está o inimigo sem número
que deve salvar o país,
impiedosa, alta e gorda
a cana verde viceja: no céu, negra,
a silenciosa coluna de fumaça sobre o engenho.

Seu repertório parece ser inesgotável. Mas pode ser que ninguém mais queira saber dessas histórias antigas.

Então vamos parar por aqui.

Agora você ficou ofendido. Quer que eu vá embora?

Pode tapar os ouvidos se quiser. Nos parques de Havana, mas também nas praças das aldeias na província, não é raro os estrangeiros serem abordados por crianças. Três meninas, duas negras e uma branca, oito ou dez anos, me pedem educadamente um *chiclet*. Não entendo de imediato o que é isso. Então me dou conta de que elas se referem a uma marca americana de goma de mascar.

"Como vocês sabem o que é isso?"

"De antes."

Ela se refere à época anterior a 1959.

"Mas eu não sou americano e não tenho *chiclets* para vocês."

"Então você é um russo."

"Não, sou da Alemanha."

"A Alemanha é tão bonita quanto Cuba?"

"Eu gosto de lá, mas daqui também."

"Na Europa tem de tudo."

"Sim, quando se tem dinheiro. Mas por que vocês precisam tanto assim de *chiclets*?"

"Queremos liberdade e *chiclets*, você não gosta de goma de mascar?"

"Não muito."

"Isso é porque vocês têm tudo na Europa. A gente sempre quer o que não tem."

Tudo isso foi dito literalmente, de modo espontâneo e a sério, como se as meninas tivessem acabado de pensar isso ali no gramado.

Não tem mais nada para contar?

Sim, tenho. Sabe o que é uma *posada*? Em Cuba, sempre existiram pensões e hotéis por hora para casais. Antes de 1959, Havana era o maior bordel das Américas. Somente a Nova

Esquerda europeia acreditava que as *posadas* eram uma invenção da Revolução para a liberação sexual. Só o que havia de novo era que agora quem administrava esses estabelecimentos era o Estado, mais precisamente a Empresa Consolidada de Centros Turísticos. Dizem que nem todas são tão sujas quanto La Diana, no Malecón. Segundo ouvi, os colchões estão cheios de molas quebradas infernais, e as toalhas não são limpas.

Há grande variedade de *posadas*. Os clientes também podem procurar outros locais, por exemplo o Musical, o Canada Dry, o Chic ou o Encanto. Os entendidos do tema sabem de um que não consta na lista telefônica, onde até mesmo se pode entrar de carro: El Monumental.

Os homens fazem fila na frente dessas casas, especialmente no fim de semana. Eles têm que se registrar. Não é preciso apresentar documento. A mulher permanece invisível e fica esperando na esquina ou no pátio interno até que o homem tenha conseguido um quarto. Então ela pode entrar por uma porta nos fundos.

As três primeiras horas custam dois pesos e sessenta centavos, com ar-condicionado, três. No entanto, segundo me disseram, o aparelho está quase sempre quebrado. Um garçom leva cerveja ou rum até o quarto. Em algumas casas, o pedido é içado para o andar de cima dentro de uma cesta. As paredes são tão finas que é possível acompanhar facilmente todas as transações sobre o troco.

O Pullman espera pelos clientes com uma grande parede política, decorada com cartazes, duas bandeiras vermelhas e um retrato de Che Guevara. Me dizem que embaixo está escrito: *El mejor servicio al pueblo!* Um certificado atesta que os funcionários cumpriram as metas do Plano com consciência revolucionária. Um aviso pregado nos quartos diz: "Desde o lançamento da ofensiva revolucionária, não aceitamos mais gorjetas".

Isso é bom.

Estranhamente, isso combina bem com o lado puritano ao qual o regime atribui importância: a segregação oficial em escolas e campos de colheita, e o cinismo do ministro da Educação, que diz: "Desde que preservem as aparências, por mim, podem fazer o que quiserem". O aborto é acessível gratuitamente a qualquer momento; ninguém faz perguntas. Não há pílula, porque seria muito cara, mas pessários são prescritos sem reservas pelos médicos.

Mas o pior capítulo da educação sexual revolucionária foi a caça aos homossexuais. Para eles, foram instituídos campos específicos de trabalho forçado, as famigeradas UMAPs (Unidades Militares de Apoio à Produção), para onde eram enviados e tratados em condições de campos de concentração os "vadios, contrarrevolucionários e imorais". Homens que preferem homens, queriam dizer.

Naturalmente, com isso, os cubanos tinham que travar uma luta vã contra si mesmos; sim, pois os talentos sexuais nessa ilha subtropical conhecem tabus, mas não limites. Até mesmo no coração da capital, no Cementerio de Colón, sua maior necrópole, não muito longe da Praça da Revolução, homens que se rendiam ao amor proibido se encontram à noite, bem ao lado da sepultura coberta de flores da *Milagrosa*, sob as asas do gigantesco anjo de gesso que a protege; um sinal de que perante as contradições e a anarquia desse povo, mais cedo ou, como é de se temer, mais tarde, qualquer doutrina está condenada ao fracasso.

Uma das razões para isso também pode ter a ver com o fato de que em Cuba a magia e o iluminismo muitas vezes encontram lugar na mesma e única cabeça. Certa vez, esbarrei com uma dirigente que representava a associação de mulheres e um sindicato. Essa velha mulher negra com um ar de feiticeira era ligada à *santería*, um culto afro-americano dos tempos da escravidão que é muito difundido. Os estudiosos gostam de chamar esse tipo de devoção de "religião popular".

Eles dizem que muitos dos seus ritos vêm da África Ocidental ou do Congo. De qualquer forma, tambores, dança e música inebriante fazem parte do culto. No transe, um santo católico se transforma sem problemas numa divindade africana. Assim, a ruiva santa Bárbara, padroeira da artilharia, na *santería* se transforma em Xangô, o orixá guerreiro do trovão, um deus beligerante dos iorubás.

Mas isso não é tudo o que o sincretismo cubano produz. A velha guerreira da associação de mulheres me disse que era obcecada não apenas pelos deuses e santos desse culto, mas também pelo marxismo. Naturalmente, ela também é vidente e conhece os poderes curativos de certas plantas. Não lê livros, mas adora histórias suculentas. Consegue ter voz em disputas político-culturais, ela me diz, porque não faz muito tempo participou de um seminário e, desde então, está familiarizada com a ideologia.

Alguns *comandantes* também são seguidores da *santería* e participam privadamente de seus rituais, enquanto outros preferem sessões espíritas. O mau-olhado é temido em todo lugar. Uma vez me permiti uma brincadeira e disse ao ministro da Cultura: "Quem é contra mim morre. Não sei como acontece, eu nunca evoco. Infelizmente é algo que não posso evitar". O ministro bate na madeira. Dois meses depois, ele é destituído e banido para uma cidadezinha esquecida no interior, onde morre de repente vítima de um derrame.

Você tem uma queda por essas anedotas. Você acredita seriamente que elas dizem algo sobre a revolução?

Eu sei que os historiadores se recusam a levar essas histórias suspeitas a sério. Mas isso é um erro! Elas costumam dizer mais do que qualquer teoria, e têm a vantagem de serem breves. Quer ouvir mais uma?

Vá em frente.

Uma noite, toca o telefone no nosso quarto. Uma desconhecida está na linha e deseja marcar um encontro; mas por quê? "Por admiração." Algumas perguntas mostram que a mulher ao telefone não sabe bem quem ela admira e por qual motivo. A coisa parece claramente uma oferta. Em todos os países socialistas, essas meninas podem ser encontradas nas imediações de hotéis internacionais; para quem elas trabalham é outra questão. A desconhecida é insistente, tenta três, quatro vezes.

Por um acaso, depois venho a conhecê-la numa festa. S. é magra e pálida, mas mostra sinais de uma elegância pregressa. Antes obviamente bonita, talvez encantadora, agora parece arruinada. Álcool ou drogas? Os cabelos tingidos de ruivo, os olhos bem maquiados. Parece ter quarenta anos, mas provavelmente é bem mais jovem.

Os pais dela eram podres de ricos, proprietários de terras da província de Oriente. Aos dezessete anos, após um curso rápido de primeiros socorros, ela foi para Sierra. Isso em 1957. Ela teve um caso amoroso com Camilo Cienfuegos, um herói guerrilheiro que morreu misteriosamente depois que Castro o rebaixou. S. ainda hoje tem uma enorme fotografia desse revolucionário na parede do seu quarto. Na época, seu pai era a favor de Castro; como muitos cubanos ricos, ele queria se livrar de Batista e não levava a sério a retórica de Fidel. A filha conhece, da guerrilha nas montanhas, quase todos os que têm importância em Cuba hoje. ("Naquela época, cuidei dos ferimentos de todos esses heróis. Eles choravam como bebês.")

Após o triunfo da revolução, ela trabalha para o serviço de segurança do Estado. Depois de alguns meses, o primeiro conflito: ela se recusa a espionar camaradas de Sierra. Prisão, quatro meses de cárcere sem julgamento; seus contatos a ajudam a sair. Ela se casa com um jovem médico, que se divorcia quando S. se recusa a emigrar com ele para os Estados Unidos, onde hoje ele vive e prospera. Então ela se apaixona por um espanhol que faz negócios de importação e exportação em Havana e vai trabalhar no escritório dele. Um dia, Fidel Castro aparece ali e a reconhece. "Você aqui? Por que está ajudando um capitalista? Por que não trabalha para nós? Tome, me telefone!" Ela ainda tem em sua bolsa o pedaço de papel com o número secreto, ela o mostra, aqui, a prova! Ela afirma que nunca ligou de volta. Por que não?

O empresário espanhol deixa Cuba em 1966, a empresa é incorporada pelo Estado. Ela tem um visto espanhol no passaporte, mas também dessa vez se recusa a deixar a ilha. O espanhol até hoje lhe escreve cartas estranhas.

Ela para de trabalhar. O pai ainda vive no campo, e está consumindo a indenização que recebeu pelas terras expropriadas. Ela telegrafa e pede que ele lhe mande 2 mil pesos. O apartamento dela é grande o suficiente para convidar amigos, que ela alimenta, cuida e aloja por dias. Por isso a imensa geladeira, do ano de 1958, está quase sempre vazia. Então ela faz compras no mercado negro. Reclama de tudo, parece apática, mas ainda se define como revolucionária, especialmente quando está bêbada. "Socialismo, palavra estúpida, esses puxa-sacos com seus discursos são nojentos, mas o que vocês sabem sobre os pobres cubanos?! A coisa é necessária, é inevitável, além disso, é um assunto de Cuba. Os estrangeiros que calem a boca!"

Mas ela só dorme com visitantes do exterior. "Os cubanos tratam mal suas mulheres e as enganam. Mas se as esposas os enganam, eles ficam fulos da vida. E quando estão satisfeitos, capotam como sacos. Simplesmente não conversam." Ela troca de homens como troca de camisa, mas é extremamente ciumenta. Nos filmes, em cenas de nudez, pergunta ao amigo: "Você gosta dela?", e fica furiosa se ele não negar.

Ela costura as próprias roupas. Os estrangeiros não lhe trazem nada. Ela está convencida de que é vigiada. O comitê de bairro onde os vigias dos blocos de apartamentos se reúnem a hostiliza. O pai queria que ela voltasse, mas ela lhe diz que não tem vontade de morar na província e que não quer trabalhar na agricultura de jeito nenhum. Depois disso, por um mês inteiro, ele não lhe envia mais dinheiro. Ele terá que se conformar com o fato de que ela não se deixará chantagear.

Eu a conheci na casa da Cookie. Cookie ganha a vida bancando a supervisora num banho turco no centro velho da cidade. No estabelecimento deteriorado reúnem-se músicos de jazz, meios poetas e fotógrafos em soirées melancólicas. Poemas são declamados de improviso, ou então um velho disco riscado dos Beatles é colocado na vitrola. Cerveja e rum, 25 ou trinta pesos a garrafa, são adquiridos no mercado negro. Por ali também circulam alguns mulatos com suas namoradas suecas, preocupadas com a arquitetura de interiores em Cuba; elas reclamam do mau gosto do governo. Fidel — um encolher de ombros. Uma francesa explica por que o Plano nunca vai funcionar. Um homossexual reclama da repressão. Mais uma vez, são contadas as piadas costumeiras ("Fidel morre e vai para o céu…" — "Fidel fala com a sua falecida mãe…"). Alguns estão desempregados, outros se agarram a seus empregos fictícios. A revolução não lhes interessa, mas eles também não querem ir para Miami. De onde vem o dinheiro que gastam? Há uma espécie de serenidade sem esperança. Após vinte minutos, o disco é trocado. Cookie não se importa muito com aquilo tudo, mas S. parece estar exausta.

Você está contando tudo isso só para desviar a atenção de si próprio e do que estava acontecendo em Berlim.

Em abril de 1968, as tavernas em Berlim fervilhavam de camaradas. Ninguém sabia muito bem se eram camaradas de época, de partido, de ideologia ou de cama.

Na Quinta-Feira Santa, um pobre-diabo, incitado pela perseguição da imprensa ao líder estudantil, deu três tiros na cabeça de Rudi Dutschke, que ficou gravemente ferido e corria perigo de vida. Naquela mesma noite, alguns milhares de pessoas foram para a frente do edifício do grupo Springer na Kochstraße e tentaram invadi-lo em vão. Com a ajuda dos provocadores habituais, alguns automóveis foram incendiados. Esse foi o início dos chamados distúrbios da Páscoa: barricadas, manifestações e batalhas campais em vinte cidades, nas quais aconteceram pelo menos duas mortes.

Mais uma vez eu não estava presente, e sim sentado numa sala do subúrbio de Vinohrady, em Praga, com meu amigo e tradutor Josef Hiršal. Bohumila, sua mulher, nos serviu *lievance*. Acho que não falamos sobre a Primavera de Praga; discutimos sobre as perspectivas da poesia experimental.

No dia 1º de maio, eu estava novamente em casa. Em Berlim, os meios de comunicação estavam espumando. O mês de maio em Paris, os protestos estudantis na Polônia e a campanha de Gomułka contra o "sionismo", a escalada da Guerra do Vietnã — o mundo parecia em chamas. E, no entanto, na grande manifestação de maio após o atentado contra Dutschke em Neukölln,* prevalecia um clima estranhamente abafado. Eu não era o único que tinha a sensação de que estávamos num navio que começava a afundar. Naturalmente ninguém queria admitir.

Mas logo se multiplicaram os sinais de que o clímax da revolta havia passado. Em 30 de maio, o Bundestag, o parlamento da Alemanha, aprovou as leis de emergência com os votos da Grande Coalizão. Em junho, De Gaulle voltou ao poder. O maio parisiense chegara ao fim, e em agosto a invasão soviética liquidava o "socialismo com rosto humano".

Onde você esteve durante esse tempo?
Não lembro.
Filme preto, portanto, blecaute. Quer uma dica? O nome Lehning lhe diz alguma coisa?

---

* Distrito de Berlim.

Ah, sim, agora eu lembro. Estive várias vezes em Amsterdam. *Para se divertir, suponho. Ou os holandeses o esperavam para dar as boas-vindas?*

Pois é, eles traduziram coisas minhas, embora os *moffen*, como os alemães eram chamados na Holanda, não fossem muito bem-vindos. Naquela época, era frequente furarem os pneus dos turistas sequiosos por umas baforadas de haxixe. Expliquei aos meus editores que eu era exatamente igual aos outros, mas eles não quiseram me ouvir. Tampouco nas muito admiradas vitrines em Walletjes, onde as prostitutas esperam por clientes, não encontrei nenhum prazer. Eu me pus em busca de Arthur Lehning.

Ele era um homem com muitos endereços. Com sorte ele poderia ser encontrado numa ilha perto da foz do rio Escalda, numa mansarda em Ménilmontant, num quarto clandestino nos fundos de algum prédio em Barcelona, numa casa de fazenda no Maciço Central e, durante alguns anos, até mesmo na distante Jacarta. Isaiah Berlin se encarregou de que Oxford o escolhesse para ser *fellow* de Old Souls, um daqueles monastérios seculares espartanos e elegantes como existem apenas na Inglaterra. Revela elevado grau de autoconfiança uma civilização que é capaz de cooptar tanto um velho anarco-sindicalista como também seu oponente no Birkbeck College da Universidade de Londres, o obstinado comunista Eric Hobsbawm.

Mas o melhor era encontrar Arthur Lehning em sua velha mansarda à beira do Amstel. Nunca as placas nas portas eram de latão polido e lustrado, ornadas com graus e títulos acadêmicos, como nas casas das pessoas ordeiras — que já aos 25 anos haviam desistido de descobrir quem eram. Na maioria das vezes, porém, o telefone tocava em vão, e no Instituto diziam apenas: Arthur não está.

Há muitos anos ele foi cofundador do Instituto de História Social, no Herengracht, em Amsterdam. O arquivo sobreviveu a crises, revoluções, mudanças de lugar, a uma guerra mundial e a uma ocupação, e quem nunca trabalhou lá não sabe os tesouros que abriga.

Sei pouco sobre os tempos heroicos de Arthur. Eu o conheci como um cavalheiro de setenta anos de idade, com grandes entradas em sua cabeleira farta, não como o jovem combativo de perfil afilado, que nos anos 1920 editou a única revista do mundo impressa em quatro idiomas. Ela se chamava *i10*. Para listar seus colaboradores, algumas linhas não são suficientes; Schwitters, Benjamin, El Lissitzky, Arp, Gropius, Kandinsky... e continua.

Naturalmente, Arthur sempre foi um anarquista sui generis. Não uma caricatura com a bomba e o pavio na mão, como prefere retratá-lo o medo burguês. O *weledelzeergeleerde heer*, o acadêmico erudito, era um nômade, um pássaro migratório, que não deixou um ninho, mas uma pirâmide de conhecimentos. Os *Archives Bakounine* [Arquivos Bakuninianos] cresceram de tal forma que se converteram na obra de toda uma vida. Com intervalos de alguns anos, Arthur publicava um desses grandes volumes preto-azulados em quatro ou cinco idiomas. Espero que ele não escape voando de nós, os mais jovens de andar desengonçado.

Mas ainda não terminei com Cuba.

Hoje em dia ninguém mais quer saber disso com tantos detalhes.
Eu ainda queria dizer alguma coisa sobre a fábrica de humanos.
Se é necessário.
O edifício na Calle Carlos III, uma movimentada via arterial, antigamente era um mercado de carne. A grande instalação é vigiada por policiais mulheres com fuzis. O interior é aberto, é possível olhar dentro de seus diversos andares como que através de galerias. Uma rampa de concreto retangular parte do pátio para que seja possível chegar até o último andar sem subir um só degrau. Nas paredes, cartazes enormes anunciam: "Cuba triunfará! Cuba — um exemplo para toda a América!".

Primeiro, o ser humano é projetado com base em gravuras e reproduções de pinturas a óleo de enciclopédias antigas. Um homem negro molda cuidadosamente um crânio de gesso e o pinta. Outros fazem as pernas de gesso, tórax de gesso, mãos de gesso. Alguns passos adiante, na sala ao lado, esses moldes são preenchidos. Em seguida, começa a produção propriamente dita. Num grande salão, trabalham quatrocentos antigos funcionários públicos.

O ser humano é feito de jornais velhos molhados, que são prensados num grande molde de gesso e depois secos. Uma vez por dia o tambor é aberto e nasce o humano. Ele é cheio de buracos, completamente adulto, áspero e vazio. Faltam-lhe cérebro e pulmões, coração e baço, estômago, intestinos e o sexo. Ele está aberto, oco, sem atrativos; em sua pele, podem ser lidos os editoriais do jornal do Partido. Então ele é raspado e polido. Numa mesa adiante, uma mulher o mergulha em tinta verde berrante: é a cor de base. A seguir, é aplicado um rosa sinistro. Um velho mulato pinta os músculos com um pincel vermelho cor de sangue de boi. Em outras mesas, em outros moldes, são produzidos os cérebros: dezenas de esferas amareladas, todas cortadas ao meio, com veias azuladas. Burocratas mal-humorados pintam amígdalas, vesículas biliares, úteros. Um cavalheiro de óculos, muito bem-vestido, ocupa-se de um tórax aberto com um corte. Uma mulher gorda cuida das pernas; sua especialidade é um determinado osso. As pernas são penduradas em uma estrutura na horizontal, onde giram devagar. Também o humano, depois de totalmente montado, gira num compartimento alongado em torno de seu próprio eixo longitudinal; num dos suportes é afixado o crânio, no outro, os pés; alguns tendões amarelos são acrescentados. Finalmente, o ser humano é dotado de um pequeno número em preto. Ele pode ser desmontado a qualquer momento. Suas cores são chamativas, escandalosas, diabólicas; parecem ter sido criadas só para esse fim, pois não podem ser encontradas em nenhuma outra parte do mundo.

Nem tudo o que a fábrica produz serve nesse humano. Por exemplo, há uma longa série de orelhas enormes que, na escala em que foram feitas, seriam mais adequadas a um elefante. Estranhas formas atrás da concha auricular lembram formações geológicas. Além disso, são fabricados embriões de bezerros, estômagos de ruminantes, retos e relevos carnosos dos quais não se pode depreender se representam cavidades intestinais ou laranjas doentes com um eczema esverdeado.

Todos esses objetos são feitos um a um. A fábrica de homens é a inversão de um matadouro, uma vivissecção ao contrário. O velho cheiro de carne, penetrante, invencível, ainda está nas paredes, nas mesas de pedra, no calçamento do pátio.

A fábrica é apresentada com orgulho e satisfação. Sua produção é de trezentos a quatrocentos humanos por ano; a demanda é de milhares. É o Plano que exige. Tudo pela educação!

Antes da revolução, havia material didático apenas em poucas escolas particulares da capital. Por um tempo, o novo governo importou caros materiais de ensino da Alemanha Oriental. Um ministro dedicado, que desaprovava essa despesa, passou na peneira os funcionários de sua pasta, encontrou pessoas dispensáveis, descobriu um mercado de carnes no qual não havia mais carne, foi atrás de gesso, tintas, papel velho, pincéis, encontrou o que precisava, engajou alguns especialistas que fossem capazes de treinar seus burocratas e criou esse monumento de surrealismo involuntário. Todos ali com seus pincéis compartilham de seu desprendimento, de sua confiança.

Pode me dizer o que significa essa fábrica? Um Grand Guignol pedagógico? Ou uma câmara de tortura de papel machê?

A mim pareceu uma ácida paródia do Novo Homem. Além disso, o caso mostra que é mais fácil transformar o subdesenvolvimento em arte do que eliminá-lo.

Isso não tem nada a ver com você. Você me lembra Rumpelstilts-kin no conto de fadas: "Oh, que bom que ninguém sabe...". É melhor voltarmos para Masha e você.

E se as histórias dos outros forem mais interessantes do que as nossas? Por exemplo, a do pobre italiano, que teve um final infeliz. Ele era do Piemonte, onde seu pai era agricultor. Ele não queria ficar lá. Foi para Turim e se tornou metalúrgico. Durante quinze anos, foi membro do Partido Comunista. Numa manifestação em frente à embaixada dos Estados Unidos, ele foi ferido com bastante gravidade, mas não pela polícia, e sim pelos seguranças do partido. Ele havia levado uma foto de Che Guevara e gritava slogans sobre a luta armada. Ele fora levado a essa ideia por uma série de artigos no *L'Unità* em que a guerrilha era apresentada como o único caminho para o socialismo. O autor dos artigos também foi chamado à ordem. No seu caso, porém, sem apanhar. O jornalista se mudou para Havana como contato do partido e correspondente do jornal.

P. largou o seu emprego aos 34 anos. Com suas economias, conseguiu viajar para Cuba. Lá tentou entrar em contato com os emissários da guerrilha latino-americana. Quando lhe perguntaram como tivera essa ideia, ele mencionou seu compatriota, o jornalista. Este último declarou às autoridades cubanas, que lhe perguntaram sobre P., que não podia dar garantias por ele; P. poderia muito bem ser um agente da CIA. O serviço de segurança não teve a ideia de obter informações sobre ele na Itália.

Enquanto isso, P. se apresentara para o trabalho voluntário na agricultura. Logo chegou à categoria de *trabajador de vanguardia*. Sua dedicação não o tornou mais popular entre os outros trabalhadores do campo. Impaciente, ele esperava por uma notícia da capital. Parecia que haviam se esquecido dele por lá. Depois de meses, retornou sozinho a Havana e, quando pedia informações, era sempre mandado para algum outro lugar. Ele rodava em círculos, ninguém era responsável por ele. Finalmente, P. foi procurar o correspondente italiano em seu apartamento. O jornalista lhe disse que não podia fazer nada por ele; além disso, de qualquer maneira, a guerrilha no continente já havia acabado.

Ainda na mesma noite, P. participou de uma pequena festa. Os convidados eram em sua maioria estrangeiros, exilados da Nicarágua, Venezuela e Colômbia, também havia um sequestrador de avião dos Estados Unidos e alguns cubanos dos quadros oficiais. P. elogiou a comida, bebeu pouco e anunciou a todos que quisessem ouvir que tiraria a própria vida durante a noite. Por volta das cinco da manhã, cortou os pulsos em seu quarto. Ele perdeu a consciência, mas não sangrou até a morte. Às onze horas da manhã, acordou e se jogou pela janela.

Nem o jornalista, nem a embaixada italiana, nem as autoridades cuidaram do funeral de P. Estranhos que o haviam conhecido na festa perguntaram por ele e descobriram que o seu corpo estava havia semanas numa câmara fria. Arcaram com a despesa do carro fúnebre, que custou quinze pesos. No cemitério, compraram um túmulo pobre para P. O morto não toleraria em hipótese alguma uma cruz em sua sepultura. Mas no Cementerio de la Habana as cruzes (a um custo de um peso e quarenta centavos) eram obrigatórias. Um pequeno grupo comprou a cruz; o mais forte entre eles, um engenheiro de compleição atlética, entortou-a o máximo que conseguiu antes de colocá-la no túmulo.

Na Itália, a mãe de P., viúva e sem notícias do filho durante meses, escreveu cartas a todo tipo de órgão público cubano, todas ficaram sem resposta. Finalmente, ela encontrou um pequeno anúncio num jornal comunista vespertino. Uma trabalhadora da província cubana de Matanzas procurava alguém na Itália para trocar cartas. A mãe de P. respondeu com uma longa missiva, na qual pedia à destinatária que fizesse investigações em Havana. A trabalhadora cubana teve grande dificuldade com a linguagem da velha camponesa. Ela não conseguia decifrar a letra nem a ortografia, não entendeu do que se tratava e entregou a carta ao Ministério do Interior. Lá teve início uma investigação. Pessoas que haviam dado abrigo a P. caíram sob suspeita de assassinato. Também os camaradas que cuidaram de seu funeral foram presos, interrogados — etc. etc.

O que quer provar com isso? Que em Havana não havia diversão o tempo todo?

Isso não seria novidade. No verão de 1968, o mercado negro prosperava. Cerca de meio quilo de arroz na loja: dezoito centavos, no mercado negro: três pesos; uma onça de café: entre 0,95 e cinco pesos; um filé bovino: de um a 25; um par de meias de náilon: entre dois e doze. Me ofereceram trinta pesos pelos meus óculos Polaroid. Os trabalhadores vendiam sapatos que confeccionavam com retalhos de tapeçarias velhas de automóveis e tiras de couro que roubavam em suas fábricas. Máquinas importadas eram desmontadas e retalhadas já no porto para obter peças de reposição que faltavam por toda parte.

Esse tipo de atividade foi favorecido por uma "ofensiva revolucionária" que o governo deflagrou no verão de 1968: fechamento da loteria, dos bares e das tavernas, expropriação dos últimos pequenos comerciantes, salões de cabeleireiro, lavanderias, oficinas artesanais e restaurantes particulares. A fila em frente à pizzaria estatal era cada vez mais longa. Havia os profissionais da fila, que por um cigarro ou um pouco de açúcar se dispunham a reservar para outra pessoa um lugar que lhe permitisse furar a fila no dia seguinte. As pessoas foram proibidas de receber pacotes enviados por parentes do exterior. As rações de tabaco foram drasticamente reduzidas. Tudo isso acontecia sob o lema: COMBATA O EGOÍSMO!

Os efeitos foram devastadores. Os cubanos, que habitam um dos países mais férteis da Terra, não tinham o suficiente para comer. Não havia mais frutas e quase nenhuma carne.

Talvez para eles fosse ainda mais difícil a renúncia ao supérfluo: o charuto, o café, o rum. Como criticar não era permitido e resistir abertamente era impossível, o povo se defendia com comércio ilegal, nepotismo, roubo e suborno. Um novo círculo vicioso havia se iniciado: quanto menos comida, mais polícia, e quanto menos a polícia tivesse para abocanhar, mais corrupta se tornava.

No nosso país, a explicação para tudo isso é sempre subdesenvolvimento. Só que ninguém parece saber exatamente do que se trata. Creio que o termo designe mais uma maneira de existir do que um conceito exato. O mecanismo econômico ainda é o que pode ser definido com mais clareza, pois inequivocamente remonta à colonização. O mais difícil é decifrar as formas mentais híbridas que dela resultaram: a textura marmorizada com que as pessoas veem a si mesmas, sua concepção de poder, negociação e corrupção.

Em Havana, essa mistura é particularmente evidente. Não só porque riqueza e pobreza se cruzam numa mesma rua. Até mesmo sintomas como o machismo generalizado têm algo a ver com isso. A toda hora se fala em testículos. O importante é ter *cojones*. O próprio Castro vê a si mesmo como um modelo nesse quesito.

É evidente que a rejeição e a perseguição à homossexualidade têm suas raízes nessa questão. A forma específica de racismo que pode ser encontrada no Caribe também provém da história colonial. Aqui há um vocabulário para os tons das cores da pele mais rico do que em qualquer outro lugar. Isso explica que um mulato se sinta muito superior a um negro, mesmo que ninguém admita isso. Ninguém vincula tal fato à retórica anti-imperialista, que, como todos sabem, nega o que todos sabem. Algo semelhante vale para a reiteradamente proclamada abolição da prostituição. O subdesenvolvimento, no sentido mais amplo, também inclui as transações cotidianas nas quais a lealdade é trocada por recompensas e a obediência, por complacência.

Você já está me entediando com suas histórias cubanas.

Como queira. Também estive algumas vezes em Estocolmo naquela época.

Isso não me interessa.

Ah, não? Você se esqueceu dela?

De quem?

De Nelly. Nelly Sachs.

Você está passando da conta. Eu era amigo dela.

Justamente. Estocolmo ficava mais perto da minha casa na Noruega do que Roma ou Praga, e assim de vez em quando eu aparecia em seu minúsculo apartamento na Bergsundsstrand. Ela tinha quase setenta anos e havia passado pela repercussão que seu Prêmio Nobel causara nos meios de comunicação. Mesmo em pleno tumulto, transportávamo-nos para um outro mundo ao entrar naquele refúgio que pertencia à comunidade judaica. Eu sabia algo sobre a vida dela, naturalmente, e tinha alguma noção do fardo que ela carregava. Evitava perturbá-la com as perguntas habituais, interpretações, tentativas de "enquadrar" sua obra poética, como é comum acontecer. A veneração pode ser um peso quando arromba a porta dos que são venerados.

Enquanto Nelly Sachs preparava algo para comermos na sua pequena cozinha — a propósito, ela era uma ótima cozinheira —, sempre conversávamos primeiro sobre assuntos bastante triviais: família, seus médicos e indisposições, um ou outro poeta sueco que ela traduzira. Nelly parecia apreciar que eu evitasse todo e qualquer páthos e nunca mencionasse o fato de ela ser uma vidente, talvez a última de uma honorável tradição judaica.

Eu temia sobretudo que muitos de seus admiradores não entendessem os místicos. Eles os consideram alienados ou estilitas, como se Hildegard von Bingen nunca tivesse recomendado uma cura para a impotência, Jakob Böhme nunca tivesse pegado na mão um buril, Swedenborg não tivesse brilhado com invenções para a mineração. E quanto aos chassídicos, estes nunca perderam a capacidade de rir. É um tipo muito especial de humor, leve como uma pluma, com o qual eles foram abençoados, um humor que nem todos conseguem entender.

Muitas pessoas da burguesia esclarecida de Estocolmo ou do círculo literário com o qual ela se relacionava a ajudaram. Mas também havia outros que eram próximos a ela. No apartamento vizinho, porta com porta, vivia uma mulher da qual nunca me esquecerei. Seu nome era Rosi Wosk, uma húngara sobrevivente do campo de extermínio de Auschwitz. Ela sempre estava disponível para Nelly, não apenas quando esta se sentia mal, quando estava triste ou quando lhe faltava um remédio. Muitas vezes, simplesmente havia acabado o leite ou o sal, ou era preciso comprar um par de sapatos para os pés minúsculos de Nelly, ou trocar uma lâmpada. Uma força peculiar emanava dessa mulher fortemente traumatizada. Ela, mais alta e bem mais jovem, assumira o papel de mãe e protegia a poeta. Rosi era a única a ter uma televisão em casa, e às vezes Nelly batia em sua porta. Então as duas assistiam secretamente a um filme ou a uma partida de futebol.

Isso soa bastante plausível.

Também posso entretê-lo com outras coisas. Eu poderia lhe explicar o que vi de interessante em Moscou ou o que aconteceu em Moabit.

Isso foi antes ou depois? Você está misturando tudo.

Quantas vezes vou ter que fazer você entender o que é um tumulto? Se está procurando por um contabilista do passado, pegou o cara errado. Se isso o incomoda, por mim podemos encerrar esta conversa.

Não, meu garoto. Pode continuar!

Eu não sou seu garoto. Eu tinha 38 anos quando tudo começou, estava velho demais para o chamado movimento estudantil, a oposição extraparlamentar etc. A universidade nunca foi meu terreno. Eu não tinha nada que fazer lá. Achava que os professores e os alunos deviam se virar eles próprios com seus organogramas, suas paridades representativas e seus exames intermediários.

O que mais me agradou, no entanto, foi como a ordem social alemã ficou abalada. Tinha que acontecer e era irrefreável. Para mim foi a principal atração. *Antiautoritarismo* — este era o slogan. Não me incomodava que eu mesmo corresse o risco de me tornar uma espécie de autoridade, ainda que contra minha vontade e em formato de bolso.

Provavelmente isso tudo não é do seu interesse. Mas eu já me cansei da sua serenidade.

E eu da sua inquietação.

O que quer dizer com isso?

Me refiro ao estardalhaço e a gritaria da revolução.

A bandeira vermelha era a pior coisa que a Alemanha Ocidental poderia imaginar. E não apenas o governo, mas também o povo. A maioria dos que falavam em revolução só queria assustar as pessoas, e eles conseguiram. Eu nunca acreditei totalmente neles.

Bem, vamos assistir à próxima sequência do seu filme. O que está vendo agora?

Paris. Estou me perguntando por que está tão quieto na Place de Clichy. A cidade parece completamente deserta, como se houvesse sido decretado estado de sítio. Os paralelepípedos brilham na chuva. De repente sirenes são ouvidas. Em Milão, uma bomba explode na Piazza Fontana. Em outros lugares, o som abafado das correias dos tanques. O pavilhão de uma antiga fábrica, cujo chão está coberto de colchões — provavelmente no bairro de Moabit, em Berlim. Pessoas vestidas com trapos exóticos olham para três televisões preto e branco ligadas simultaneamente, mas sem som. Uma das telas exibe vibrações psicodélicas, em outra passa uma propaganda de sabão em pó, na terceira pode-se ver pessoas ardendo em chamas. Nos alto-falantes reverbera "All You Need Is Love".

Oh, por favor, pare com esse discurso interminável.

Eu não inventei nada disso, foi assim que aconteceu. Ruídos confusos, aterrissagens, tiros em salas de estar, slogans, gritos, lacunas na memória. Uma estação do metrô de Moscou. Há uma briga. Um bêbado se atraca com um veterano do Exército. A polícia é chamada. Tudo como sempre. Um jovem baleado num estacionamento em Berlim, não é possível reconhecer seu rosto. Um pequeno grupo de manifestantes congelando em frente ao prédio do Tribunal de Câmaras Prussiano no Kleistpark, que está vazio desde 1948. Desde então, está sediado ali o Conselho de Controle Aliado, o mais alto poder governamental da Alemanha após a guerra. O habitual arame farpado, os habituais canhões d'água, as prisões habituais. No resto desse rolo de filme, apenas manchas dançantes.

Ou vejo diante de mim o juiz da New York Night Court. Um homem resignado, troncudo, de cabelos brancos e compreensivo, que tem que julgar traficantes, estupradores, batedores de carteira em questão de minutos. Não há por que se preocupar, ele usa de benevolência, quase sempre há uma pequena multa em dinheiro ou algumas semanas de serviço comunitário, remoção de neve ou varrição das ruas. Apenas na terceira vez é que ele finalmente envia o réu para a prisão.

E o que faz o *day trader*, que antes era um voluntário em comunidades carentes e que agora atua por conta própria em seu quiosque na MacDonald Street? Ele está sentado na frente do computador. No banheiro, ele mantém um grande saco cheio de um pó branco que tem um gosto estranho. Quando rompe o dia, ele precisa de uma nova dose. Tem que ficar acordado porque a Bolsa de Tóquio já está trabalhando quando Wall Street ainda está dormindo.

Robert Rauschenberg instalou um pequeno avião na laje do seu prédio no Soho e o pintou com manchas de tinta coloridas. Manhattan fervilha de galerias e artistas que cobrem paredes com protestos e santificações. Não há vagão no metrô sem grafite. Os grafiteiros que picham silhuetas de Che Guevara nos tapumes das construções e nas paredes de estacionamentos simplificam o trabalho usando moldes vazados.

O resto é filme preto.

Entende agora que o tumulto não se deixa enfileirar?

Quer dizer que às vezes, quando acordava, você não sabia onde havia aterrissado?

Sim, é exatamente assim que eu me sentia. O silêncio estava como que envolto por algodão e havia um cheiro de neve. Uma fumaça fraca subia da estufa, que crepitava baixinho. Deve ser madeira de bétula, pensei. Quem fez fogo enquanto eu dormia? Foi a russa Niania?

Outros lugares tinham um cheiro bem diferente. De desinfetante? Gás? Vômito? A água azul na piscina tinha gosto de cloro. No oleoduto havia um cano estourado e o mar Cáspio fedia a betume e enxofre.

Depois novamente a eucalipto, hibisco, buganvília e a um odor sexual de musgo e selva numa cama emprestada que era mais entorpecente que as flores tropicais na varanda...

Uma fuga sem fim. Mas não como no romance de Joseph Roth, no qual há uma questão de vida ou morte. Tudo era só uma tragicomédia.

A comicidade foi involuntária. Durante dois dias, precisei esperar em Karachi. Havia pessoas sem vida deitadas nas calçadas. Algumas ainda respiravam. Havia um cheiro de podridão, de fezes, tudo estava coberto de moscas. O reflexo de fuga foi mais forte do que a compaixão e a curiosidade. Eu me dirigi a um porto seguro, um daqueles hotéis Sheraton que sempre abominei, com a uniformidade estéril de seus banheiros, onde o mundo exterior escorre pelo ralo. Justo ali eu me entrincheirei diante da miséria, do mesmo modo como às vezes eu me recostava, exausto de tantos olhares de esguelha em selvas e desertos, na poltrona de um avião da Lufthansa que me levaria a Frankfurt.

Ou a Moscou. Você ia me explicar que a cidade estava brilhando, mesmo que apenas em certos lugares. Eu não teria considerado isso possível.

Você conhece a Kutuzovski Prospekt? É uma daquelas inóspitas avenidas suntuosas que o stalinismo tinha em tão alta conta e que hoje parecem carecer de reparos. O edifício número 12, com escadas e corredores escuros e cujo elevador quase sempre está fora de funcionamento, faz parte desse legado. Ali moram generais reformados ou altos funcionários públicos, que parecem fantasmas eles próprios.

Atrás dessas paredes, num apartamento de dois cômodos com cozinha, esconde-se um segredo sublime: o único salão literário elegante da capital e, provavelmente, de todo o país. Ele não deve seu esplendor aos desenhos de Chagall e às pinturas de Pirosmanashvili nas paredes, nem aos visitantes ilustres de todo o mundo que podem ser encontrados ali: a primeira bailarina do Bolchoi, cineastas da Itália, poetas latino-americanos e costureiros de Paris, mas sim à mulher que os recebe. O nome dela é Lília Brik.

Quando a visitei pela primeira vez, sabia apenas que era a viúva de dois homens famosos com os quais ela havia formado um apaixonado ménage à trois: Maiakóvski e Óssip Brik. Somente mais tarde eu soube que a viuvez de Lília era ainda mais extensa: um de seus maridos, um general do Exército Vermelho, teria sido vítima dos expurgos de 1937. Depois ela se casou novamente, com um homem que fez o nome como um competente roteirista. Ele ajuda a empregada a servir e se põe modestamente atrás da cadeira de Lília.

Quando a conheci, se parecia com a descrição que Viktor Chklóvski fez dela uma vez: "Seus olhos eram castanhos, ela era bonita, ruiva, leve. Entre os muitos conhecidos dela havia até mesmo banqueiros e outros fósseis. Ela adora usar brincos em forma de moscas douradas e crucifixos ortodoxos russos decorados, tem um colar de pérolas e se enfeita com todo tipo de bugiganga. Ela podia ser melancólica, feminina, presunçosa, volúvel, orgulhosa, apaixonada, inteligente, tudo a uma só vez". Pode ser indelicado mencionar a idade dela, mas mesmo com mais de setenta anos Lília ainda era capaz de flertar.

Ela é completamente russa e completamente cosmopolita. Seu julgamento literário é temido. Ela parece conhecer tudo. Sempre pergunta a quem a visita: "O que há de novo em seu país? Por que os políticos de vocês parecem tão horríveis quanto os nossos? O que faz a vanguarda? O que vocês estão usando neste inverno?". Ela considera o socialismo um erro; o capitalismo, uma estupidez. Ajuda os poetas russos enquanto são jovens. Pacientemente, tira um a um de seus antolhos. Eles a visitam com frequência e com prazer, porque Lília os adora, e a sua cozinha é boa, talvez uma das melhores de Moscou. Assim que os jovens poetas se tornam estrelas, perde o interesse por eles. "Coitados", ela diz, "já foram engolidos pelo sucesso."

Ela sabe intimidar os burocratas, o que é mais difícil em Moscou do que em qualquer outro lugar. Os microfones, que sem dúvida estão acoplados ao telefone, ela ignora. Com uma franqueza estonteante, fala sobre Stálin, sobre os anos 1930 e 1940 e sobre traição. Ela menciona nomes, em algum momento todos terão sua vez, apenas muito poucos se salvam.

Uma vez por ano ela vai a Paris visitar a irmã, Elsa Triolet, e seu cunhado, Louis Aragon, o famoso comunista de salão. Yves

Saint-Laurent a endeusa e promete desenhar tailleurs para ela. Acho que às vezes Lília fica cansada. Mas não deixa transparecer. Acharia falta de educação ficar entediada.

Ela tem muitos inimigos em Moscou. Para seus compatriotas, é maliciosa demais, linda demais, espirituosa e independente demais. O que as pessoas mais desaprovam nela é talvez seu maior mérito: ela não suporta monumentos. Com habilidade e tenacidade, resistiu às muitas tentativas dos figurões de fazer uma estatueta oficial de Maiakóvski em gesso. Ela tem charme e é incorruptível. Aos olhos do mundo em que vive, duas falhas imperdoáveis. Moscou não é uma cidade particularmente divertida. Sem Lília Brik pareceria ainda mais cinzenta.

A propósito, também reencontrei Neruda em Moscou. Sempre que ele ia à Rússia lhe era reservado o melhor quarto no melhor canto do melhor andar do Hotel Nacional, a uma curta distância do Kremlin. Ele imediatamente me convidou para um café da manhã. A garçonete, de touca e avental branco, trouxe em seu carrinho de chá o que Neruda pediu: caviar, blinis e champanhe. As questões ideológicas ele empurrava para fora da mesa. "O que tem feito?", ele perguntou. "Quando vai ao Chile? O que quer beber? Café? Chá? Vodca? Aqui está meu último livro de presente para você, uma edição de luxo, há apenas cem exemplares dele." E então ele também escreveu uma dedicatória para mim com a sua garra saliente. Claro, não fui o único a quem foi feita essa gentileza, pois ele gostava de receber pessoas e manter uma corte em sua suíte. Ele achava natural que pudesse fazer tudo porque era um poeta. Neruda conseguiu ignorar que esse mito havia desaparecido. Ele fazia suas aparições como se fosse Lord Byron, embora o famoso predecessor provavelmente pagasse suas próprias contas. A postura pomposa se tornara para ele uma segunda natureza.

Outra evidência disso é o museu que ele construiu na Isla Negra, no Chile. Ele era um colecionador desenfreado de arte e troféus. Uma vez, numa recepção na casa de russos mimados, testemunhei como ele caiu de joelhos diante de um quadro que lhe agradou. Ele não conseguia tirar os olhos dele, explicou à anfitriã, que ficou tão perplexa que acabou lhe presenteando com o objeto de seu desejo. Era difícil se ressentir de seu entusiasmo. Ele era um artista da sobrevivência, mas não alguém que fizesse cálculos. Ele não precisava disso. Às vezes ele era uma criança, às vezes um *grand seigneur*, mas sempre um poeta.

E quanto a você? Quem cuidava de suas hospedagens? Quem pagava as contas? Por acaso não eram sabe lá que fundações? Associações de escritores? Instituto Goethe? Arts Councils? Latifundiários? Universidades ricas?

Você sabe exatamente o que acontece quando um escritor entra na lista invisível que todos os que distribuem um pouco de dinheiro e seus comitês xerocam uns dos outros. É algo semelhante ao acúmulo de cargos na política.

Não é uma censura. Nós dois sabemos que não existe dinheiro limpo. Nenhum Estado que o imprime pode controlá-lo, e nenhum ministro das Finanças sabe onde ele vai parar. A parte boa do dinheiro vivo é ele passar por tantas mãos. Por isso, no fim do dia, é preciso lavá-las. Conte-me sobre seus prêmios.

A maioria deles eu esquecia mal o dinheiro acabava. Uma vez houve um pouco de barulho. Foi em Nuremberg. Lá eles me deram 6 mil marcos. Eu os destinei a alguns antigos comunistas que haviam sido presos por não respeitarem o banimento do Partido Comunista Alemão. Naquela época, deve ter havido milhares de investigações políticas no país porque as pessoas estavam convencidas de que o inimigo estava à esquerda.

O dinheiro, é claro, foi apenas uma gota d'água no oceano. Alvoroço artificial entre as autoridades e a imprensa. Vamos pôr uma pedra nesse assunto.

Admito que, em pleno tumulto, uma vez recebi um prêmio na Sicília. Não me pergunte quando e quantas liras estavam no cheque. Houve uma leitura em Catânia, no suntuoso Teatro Massimo Bellini, e um hotel luxuoso em Taormina. Mas tudo isso não foi nada comparado à aparição de Anna Akhmátova, alguns anos antes, no mesmo palco. Nunca esqueci sua apresentação. Aos 75 anos, ela se destacava como uma rainha, uma beleza orgulhosa, cujos poemas, depois de décadas agonizantes, triunfaram sobre Stálin, o seu antagonista! Ela chegou a decorá-los e depois queimá-los: "Mãos, fósforos, um cinzeiro — um belo e amargo ritual". Assim me contou Lídia Chukovskaia em Peredelkino.

Então, excepcionalmente, os italianos, com sua pompa arcaica, tomaram a decisão certa. Dois anos depois, a rainha intangível da poesia russa, que nunca abdicou, falecia em Domodedovo.

Mas voltando a Cuba...
Essa é uma ideia fixa sua.
Então vamos falar sobre outra coisa.
Você também andou por Roma.
Ali eu fizera amizade com Carlos Franqui, um escritor cubano que havia sido um dos companheiros de estrada de Castro desde os primeiros momentos. Junto a Guillermo Cabrera Infante, o polemista mais malvado e lúcido do país, ele fundou um semanário chamado *Lunes de Revolución*. Já em 1961 a boca dele foi tapada e Cabrera foi afastado e enviado para Bruxelas como adido cultural. Alguns anos depois, ele deixou o serviço diplomático e se exilou em Londres.

Já voltamos a Cuba novamente!

Sim. Carlos Franqui aguentou por mais tempo. Eu conhecia sua voz porque Franqui foi um dos interpeladores da minha peça *Das Verhör von Habana* [Interrogatório de Havana], e eu sabia que por décadas ele lutara, tão bravamente quanto em vão, contra o atrelamento dos espíritos livres que ainda restavam. Ele estava bem familiarizado com as entranhas do regime. Não quis se conformar com a aprovação da invasão soviética que pôs fim à Primavera de Praga. Preferiu o rompimento com Castro, o exílio e a pobreza num quarto de pensão em Roma. Devo a ele e à nossa amiga sefardita em comum, Laura Gonsález, que, no meio dessa confusão, eu tenha me poupado de muitas tolices.

Eu ia até lá com tanta frequência que provavelmente estou confundindo as coisas de novo. Em Trastevere, sempre visitava Laura, que trabalhava e ganhava mal como editora para Einaudi. Ela tinha mais conhecimentos do que eu. Por um lado, era altamente competente em filologia; por outro, conhecia o Partido Comunista italiano e tudo que acontecia por dentro e por fora da esquerda italiana. Ela falava espanhol, estivera em Cuba, me mantinha atualizado sobre as experiências de Carlos Franqui e mais de uma vez pegou a minha ingenuidade no pulo.

Tenho a impressão de que também me sentei uma vez num bar na Via Veneto com a bela Kiki e o orgulhoso Massimo, cujos sobrenomes me fugiram, perto da embaixada americana, diante da qual voavam pedras. O vento carregou o gás lacrimogêneo até nós. Depois fomos dançar, com Ingeborg Bachmann, que usava um vestido de lantejoulas brilhantes, de braço dado com Ungaretti.

Para mim já basta do seu name dropping!

Ah, mas éramos todos famosos na época. Gostávamos de nos sentar à mesa tanto com obscuros jornalistas quanto com

Carlo Emilio Gadda, Cesare Cases e o avarento Moravia, embora a *dolce vita* já de longe tivesse acabado.

Nenhuma palavra sobre Hans Werner Henze? Isso é estranho. Vocês se conheciam, ambos estavam extremamente envolvidos com Havana e trabalharam juntos por muito tempo. Não era pouca coisa! Uma ópera, muita música...

Ele morava num exuberante apartamento antigo em Roma, na porta ao lado da de Sandro Pertini, o presidente do Parlamento italiano. Sobre o piano de cauda, ele dispusera pretensiosamente fotos assinadas de músicos, diretores e cantores. Na frente ficavam aqueles com quem ele se dava bem, rivais e adversários caíam em desgraça, passavam para trás ou eram completamente retirados.

Naquela época, eu ainda desfrutava de sua simpatia. Gostei de trabalhar com ele tanto em Cuba como em Marino, onde Hans Werner adquirira a imponente vila La Leprara, nas colinas Albanas. Seria verdade que a propriedade pertencera outrora à família Colonna, que a usava como área de caça? Ao certo, só sei que o compositor cuidou de Rudi Dutschke e acolheu refugiados da clandestinidade alemã em sua casa, embora preferisse ficar compondo em seu estúdio à prova de som.

Ele me escrevia cartas em papel-arroz azul, com sua caligrafia nervosa. Mas um dia, não sei por quê, nossa amizade se apagou, e nunca mais tivemos notícias um do outro.

Aos seus afetos escandinavos você sempre permaneceu fiel.

É verdade. Eu ia com frequência à Suécia. Eu quase não tinha problemas com a língua, pois conseguia ler tudo e me virar razoavelmente com o meu norueguês.

Estocolmo já vimos. Em pleno tumulto, você deve ter descansado na neutralidade social-democrata.

Que nada, também ali havia agitadores. Um pequeno grupo de estudantes, quatro rapazes e três garotas de classe média abastada, havia se perdido no labirinto das seitas esquerdistas. Eles queriam pôr fim à sua doença, a burguesia, e levar a sério sua ideologia. Eles se entrincheiraram num apartamento em Östermalm, encheram a geladeira e fizeram exercícios de autocrítica. Um por vez tinha que sentar numa cadeira e prestar contas sobre seu passado, sua vida e suas opiniões. Descobriu-se que não havia nenhum Novo Homem (Ou uma Nova Mulher) entre eles. Portanto, os sete decidiram apertar o interrogatório. Quem dava respostas falsas ou não tinha militância suficiente era esbofeteado e espancado, naturalmente não sem o próprio consentimento. Depois de uma semana, quase não havia nada para comer e eles dormiam por uma hora, apenas de vez em quando. Então uma das garotas fugiu. Ela escapou pela janela do banheiro, através de uma sacada.

Ouvi que até hoje ela parece perturbada. Trabalha numa fábrica no subúrbio da cidade e agita os trabalhadores. Mas a personalidade dela parece dividida: quando fala sobre a luta de classes, ela o faz com sua voz normal, mas quando conta ao médico sobre seus pesadelos, muda para um falsete, numa cantilena monótona e sibilante. Ela recusa se tratar e muda de calçada quando topa com um antigo camarada no centro da cidade.

Os seis restantes entraram num estado extático entre a euforia e o desespero. No 12º dia, um dos garotos teve uma grave recaída política. Ele manifestou dúvidas sobre a revolução e a possibilidade de transformação do homem. O grupo decidiu então levá-lo a julgamento. O garoto foi condenado à morte. Aceitou o veredicto; ele se deu conta, disse, que se considerava um caso perdido. Ganhar uma nova consciência ia além de suas forças. Eles o amarraram com cordões de cortina. Eram dez horas da noite, no começo do verão. A porta pregada foi arrombada. Um deles foi buscar o carro estacionado, os outros desceram com o covarde desviacionista pelo elevador sem serem percebidos, puseram-no dentro do carro e se dirigiram para o porto. Como não tinham armas nem queriam deixar pistas, decidiram, com a anuência do condenado, que a morte seria por afogamento. No cais, o automóvel parou num lugar proibido de estacionar. Uma patrulha policial que passava ali por acaso pediu os documentos e acabou vendo o garoto amarrado no banco de trás.

O encontro com a polícia — poderia ter sido também com um carteiro ou uma faxineira — funcionou como a abertura de uma válvula. Era o primeiro encontro com o mundo exterior em doze dias, um choque explosivo de realidade. Em vez de fugir ou de se defender, os seis, incluindo o condenado, explodiram em gargalhadas histéricas. Os policiais acharam que eles estavam bêbados, fizeram um teste de hálito, farejaram em vão por drogas e finalmente os deixaram ir.

Eles se separaram sem mencionar o Grande Presidente. Eles não tinham mais nada a dizer um ao outro. Quando se encontram, matéria e antimatéria desaparecem numa descarga repentina, deixando como resultado o Nada. Não é o que diz um mito inventado pela física contemporânea?

Não acredito numa palavra sua. De onde você tirou essa história?

De alguém que conhece muito bem o meio. Uma fonte confiável.

De segunda mão, portanto. De ouvir falar. Só boatos, fofocas políticas. Ou você simplesmente mentiu.

Não preciso disso. A realidade já é suficientemente improvável. Apenas escute como continuou a história de M. Lembra, o estudante desertor que emigrou para Cuba porque do contrário acabaria na prisão. Ele foi totalmente incapaz de se adaptar. Para se livrar dele, arranjaram-lhe um emprego como professor de alemão, que, no entanto, ele perdeu por causa de rabos de saia. Além disso, ele defendeu os homossexuais que Castro enviara para campos de trabalhos forçados. Após cinco minutos na colheita "voluntária", ele começava a citar Adorno. Nunca saía do hotel em que confortavelmente se acomodava como asilado sem levar uma certa quantidade de papeizinhos com seu número de telefone, que distribuía na rua ou no ônibus para mulheres mulatas que lhe agradavam. Ele se gabava de ter bastante sucesso com esse método.

Foi assim que acabou encontrando sua Evangelina, para quem levava, dia sim, dia não, panelas e pacotes com provisões que pedia no serviço de quarto do hotel até a distante Guanabacoa, onde quase não havia nada para comer. Isso, como ele disse, infundiu-lhe um forte anticomunismo. Queria se divorciar da esposa, que ficara na Alemanha, e se casar a qualquer custo com sua Evangelina.

Isso soa como uma paródia de sua própria história de amor.

Eu tenho que aturar esse tipo de absurdo? Ele catou aquela mulher na rua.

Mesmo assim. E no que deu o romance?

Ele mendigava, em seu desespero, alguns dólares a todos que conhecia, inclusive a mim. Finalmente, os cubanos o classificaram como um "elemento politicamente inaceitável". Evangelina ficou onde estava, sem dinheiro, sem passaporte e sem visto. Mais tarde, ouvi dizer que o desertor não demorou a se consolar com outra mulher que possuía mais capital cultural e financeiro.

Eu também quero lhe contar sobre os "vermes". É assim que são chamados oficialmente aqueles que querem deixar o país enquanto isso ainda é possível. Não são apenas os ricos, os latifundiários desapropriados, os profissionais liberais e os agentes de uma ditadura deposta; há também entre eles camponeses, sacerdotes e pequenos comerciantes, cujas lojas foram estatizadas. Eles fazem fila diante do Ministério das Relações Exteriores e das embaixadas da Espanha e da Suíça. Eles são fáceis de reconhecer por seu isolamento, seu medo e todo seu comportamento.

Antes de o avião para Madri decolar, eles permanecem colados às paredes de vidro da sala de embarque, na esperança de ainda conseguir um lugar, enquanto nós, Masha e eu, já temos em mãos nossos cartões de embarque.

De repente, eles são as vítimas e nós, os virtuais vencedores. Eles acham que simpatizamos com os guardas em fardas verde-oliva, o que confere ao seu silêncio um tom de espreita. O senso para amigo e inimigo é fortemente exacerbado em Cuba. Sensações desagradáveis, incômodas nos acometem a ambos os lados.

O avião finalmente decolou. Três velhos camponeses embarcaram. Um deles entrou na cabine com um missal e um breviário na mão. "Aqui estão meus documentos", ele disse à aeromoça. "Não são mais necessários, *señor*, pode jogá-los fora." Uma sensação inebriante, desconhecida, ser tratado com essa palavra! As madames viajavam com as melhores roupas, o caro veludo, as bolsas bordadas, chapéus e véus. Garotinhas escreviam empolgadas em seus álbuns de poesia. "*Ah, la buona comida!*", exclamou o agricultor bêbado de rosto chupado quando a refeição foi servida.

Em Madri, a $-4^{\circ}C$, eles são recebidos por um corpulento monge dominicano. Cobrindo o pescoço com as mãos, pressionando lenços contra a boca, os emigrantes pisaram a terra estrangeira.

Uma vez você me contou sobre as pesadas venezianas de ferro na frente das portas e janelas no centro antigo de Praga, sobre fechaduras enferrujadas e chaves enormes, igrejas escuras, fachadas com o reboco descascado, e hotéis para estrangeiros na Praça Venceslau. Ali havia garotas que só estavam disponíveis por moeda estrangeira, agentes secretos, conversas conspiratórias... Ou isso foi antes? Quando? 1964? 1967?

As imagens de Praga são difíceis de datar. Eu teria que remexer em velhos cartões-postais, coletar recortes de jornais, reconstruir biografias. Prefiro não fazê-lo. Apenas as portas de ferro permaneceram as mesmas, as tavernas do indomável contador de histórias Hrabal, das quais já pela manhã há bêbados saindo, os corredores em que a carcaça stalinista apodrece, as pedras no cemitério judaico, os bondes com sinetas de antes da guerra, as vilas dos colaboracionistas de então e de agora. Mas quando exatamente eu não sei.

Só depois é que as frases proibidas foram para a rua. Duas mil, 20 mil, 200 mil palavras. Também aqui mudanças, decretos, disputas de poder, manifestos, boatos, reivindicações elementares, expectativa febril. O que esse movimento desenfreado tinha a ver com os outros movimentos desenfreados, com as charadas de Paris e Berlim, o idílio ameaçado de Peredelkino, a odisseia dos guerrilheiros bolivianos pelo mundo, as bolas de fogo no rio Mekong? Tudo e nada. Como eu poderia "compreender" tudo isso ao mesmo tempo, "formar um conceito", "tirar conclusões"?

Enquanto na Praça Venceslau havia algo em ebulição, embora não violenta, eu subia as escadas de um velho edifício e entrava numa sala parcialmente escura, atulhada de papéis, objetos do cotidiano, livros e imagens desordenadas, na qual reinava uma calma singular. Nela trabalhava Jiří Kolář. Duas folhas que ele me deu e que você pode pegar, se duvida do que digo, provam que não inventei essa cena. Mas esse grande cômodo cheio de recantos era uma mansarda? Foi à noite ou à tarde? Eu não saberia dizer a data nem o endereço.

Jiří Kolář falou pouco, apresentou laconicamente seus trabalhos, o tumulto silencioso de seus materiais. Um onívoro incansável e inesgotável, a quem não escapa um corte, um resto, uma alusão, que tomou toda a história, em sua grandeza e sua nulidade, separou-a ano a ano, desmembrou-a, rasgou, recortou e, sem comentários, recompôs e colou num novo conjunto.

O silêncio em seu ateliê captava o som do mundo exterior como num radiotelescópio. "A verdadeira realização do poeta está em sua atenção", diz Óssip Mandelstam. A sala estava cheia até o teto com uma estranha alegria. Aquele Sísifo não suava. Ele tinha a elegância e a leveza de um velho mestre. Ele completou setenta anos. Pouco depois, teve que trocar seu ateliê em Praga por um pequeno quarto alugado em Paris. Sei que ele está repleto de papéis e quadros, colheres e muletas, tesouras e bules, e que ainda os faz falar como antes. Onde ele mora ainda é tranquilo. Jiří Kolář está sozinho. Mas não desistiu.

Algumas semanas depois, Dubček assumiu a liderança política. Num café numa galeria, encontro dois dos meus conhecidos literários. Um deles havia sido comunista até 1948. Eu os escutei conversar sobre o maio parisiense, a vanguarda, Mao Tsé-tung e a Guerra do Vietnã. Houve uma discussão acalorada. O primeiro estava tão irritado que foi embora sem se despedir, e o outro me confessou: "Estou por aqui com a política. Nunca mais vou me entender com ela de novo, a arte é a única coisa que importa para mim, todo o resto é enganação".

A algumas centenas de metros dali, no pátio da Universidade Carolina de Praga, encontrei dois estudantes que tinham um pequeno broche vermelho de Mao pregado na roupa. "Antes não era possível", eles disseram. "Mas agora a União Soviética é um país livre."

Não era assim que pensava o filósofo barbudo, um cubano que vivia em Moscou e gostava de dizer que era um "não conformista". Ele falava sobre o culto à personalidade no Ocidente, onde as pessoas carregam consigo retratos de Che Guevara e Mao Tsé-tung. Tinha sido bem feito para os estudantes franceses que a polícia tivesse batido neles. Foi uma sorte para o mundo. Imagine se eles tivessem ganhado a supremacia! Gás lacrimogêneo ainda foi brando demais para lidar com eles.

Não tive vontade de discutir nem com um nem com o outro.

O pobre T. teve uma sorte bem diferente.

Não sei de quem você está falando. Não gosto de suas abreviações.

Eu não menciono nomes.

Muito respeitoso. Mas vai saber o que você vai inventar agora.

Você não precisa acreditar em mim. De qualquer forma, esse T., também ele um jovem escritor, já quase parecia um camponês, embora em outros tempos tivesse sido um típico intelectual de Havana, poliglota, nervoso e espirituoso. Na primavera de 1968, ele teve permissão para viajar à Europa. Ele tinha um interesse especial pela Itália. Em Florença, foi visitar a Accademia. Ele queria ver o *Davi* de Michelangelo. Mas a Galeria estava fechada, sob a alegação de reformas no espaço. Um amigo lhe disse que isso era só um pretexto. Na realidade, a administração temia um grupo de estudantes maoistas que ameaçara colorir a estátua de vermelho com uma pistola de tinta.

Ele seguiu para Veneza. A cidade com a qual sonhava desde a infância lhe pareceu um milagre. Mas os estudantes lhe disseram que após a revolução seria necessário demoli-la, pois os venezianos viviam em condições desumanas, isto é, expondo sua própria miséria aos turistas.

Em Roma, ele me contou que um de seus amigos italianos propagandeava ideias desse tipo. Era filho de uma família rica e uma das principais cabeças do movimento estudantil, um intelectual de grande sensibilidade e alto senso estético, o tradutor italiano dos próprios escritos de T.

Não foi um caso isolado. Não faz muito tempo, a pobre B. recebeu em Berlim uma visita indesejada de uma chamada comissão. Três camaradas com cara de peixe morto entraram, se instalaram, disseram que ela era uma potencial candidata e começaram um interrogatório. "Chamamos a sua atenção para o fato de que o camarada H. registrará todas as suas declarações." O recrutamento de uma caloura começava com um dossiê policial. Assim, uma autodenominada vanguarda recorre às piores tradições da história do Partido na Rússia — espionagem e obediência cega.

"A tradição de todas as gerações passadas é como um pesadelo que comprime o cérebro dos vivos. E justamente quando parecem estar empenhados em transformar a si mesmos e as coisas, em criar algo nunca antes visto, exatamente nessas épocas de crise revolucionária, eles conjuram temerosamente a ajuda dos espíritos do passado, tomam emprestados os seus nomes, as suas palavras de ordem, o seu figurino, a fim de representar, com essa venerável roupagem tradicional e essa linguagem tomada de empréstimo, as novas cenas da história mundial."*

*Você conhece os seus volumes azuis.***

Cito Marx de memória. É preciso agir como ele e desmontar impiedosamente todos os predecessores.

Será que você é o homem certo para isso?

Não sei.

Quando voltei a Praga, o sonho da primavera havia acabado. Os soviéticos haviam imposto um fim a ele com a invasão de agosto de 1968. Eu tinha que pousar com um avião russo justamente em Ruzyně? Mas não havia outra rota, porque estávamos a caminho de Havana, Masha e eu — uma russa e um alemão. Quem nos ouvia falar devia pensar que éramos das forças de ocupação. Quase exatamente 29 anos antes, o Exército alemão havia invadido esse lugar e, havia apenas algumas semanas, os tanques soviéticos tinham ocupado a Praça Venceslau. Nas ruas, reinava um silêncio abafado. Apenas as universidades

---

* Tradução de Nélio Schneider em *O 18 de brumário de Luís Bonaparte*, de Karl Marx (São Paulo: Boitempo, 2011, pp. 25-6). ** "Blaue Bände", como ficou conhecida a edição, a partir do ano de 1956, em 44 volumes, das obras completas de Marx e Engels pela editora Karl Dietz, à época vinculada ao comitê central do SED, o partido único da Alemanha Oriental.

ainda estavam em greve. Falávamos inglês por precaução, esperando que ninguém percebesse de onde vínhamos. A rede telefônica ainda estava intacta, então telefonamos para velhos amigos pois sabíamos que, mesmo nessa fatídica situação, seríamos bem-vindos para Bohumila e Josef Hiršal e para Jiří Kolář.

E então vocês estavam de volta à sua inóspita Havana.
Acredite numa coisa: não é apenas a mudança brusca entre zoom e grande-angular que distorce a percepção. A profusão de eventos também limita o campo de visão. Por isso não captei muito bem o que ocupava a mente das outras pessoas.

Só no mês de julho de 1969, os jornais alemães trataram dos seguintes acontecimentos que consideravam importantes. Cito:

O Conselho Geral de Andorra anuncia a instituição do sufrágio feminino; cargos governamentais ainda não podem ser ocupados por mulheres;
Uma cantora alemã chamada Alexandra sofre um acidente em Schleswig-Holstein — quem não conhece a sua *Lied der Taiga* [Canção da Taiga]?;
Cem mil pessoas saúdam o papa Paulo VI em Campala;
O Conselho do Banco Central alemão eleva em 1% o índice de reservas mínimas; e
Meta Antenen, de Liestal, bate o recorde mundial no pentatlo em 23 pontos sobre os 5046 anteriores.

Notei tão pouco de tudo isso quanto quase não me dei conta do surgimento da internet, que na época engatinhava para fora da Arpanet, um projeto do Pentágono. Já o pouso dos dois americanos na lua no mesmo mês eu não perdi, embora as viagens espaciais me aborreçam; mas de modo geral eu sofria de uma visão de túnel, da qual escapavam não apenas os faits divers, como também muitas coisas importantes.

Por que estávamos tão focados na Guerra do Vietnã que nos comovíamos muito menos com os tantos outros conflitos armados que havia naquela época? Na Nigéria, morreram pelo menos 2 milhões de pessoas, porque a Biafra queria se desligar do poder central. Ao longo do rio Amur, houve perigosas escaramuças; na Guiana, no Iêmen do Sul, no Quênia e na Nova Guiné lutas eram travadas; Irlanda do Norte, Colômbia, Caxemira e País Basco enfrentavam guerras civis. Sobre Honduras e El Salvador as pessoas ainda podiam fazer piadas, embora a chamada Guerra do Futebol tivesse feito 2 mil mortos. Mas até mesmo a Guerra dos Seis Dias entre árabes e israelenses foi ofuscada pelo que acontecia no Vietnã.

Eu sempre me perguntei a que isso se deveu. Muito poucos alemães da minha idade tendem ao antiamericanismo. Ainda me lembro muito bem do momento em que vi os primeiros soldados dos Estados Unidos. Foi em uma aldeia da Francônia. Eram cinco soldados negros, que estavam sentados em volta de uma fogueira, fumando. Eles haviam chegado com uma imensa coluna de tanques blindados e simplesmente esmagaram todo o aparato de Hitler. Isso foi maravilhoso. Eu respirei aliviado e conversei com eles. Diferentemente das maltrapilhas tropas alemãs, seus uniformes estavam passados a ferro e eles haviam trazido bens materiais que não conhecíamos. Mas, mais importante, eles tinham algo que não existia na Alemanha, algo que começava com D, E e M e também era conhecido em outros lugares, como Inglaterra, Suíça e Escandinávia.

Eu não fui o único a gostar disso. Então o desapontamento com o governo dos Estados Unidos foi ainda mais forte quando seus soldados encostaram pistolas na cabeça de criancinhas amarelas do outro lado do mundo.

Se alguém idealiza uma superpotência e depois se indigna com o fato de ela não corresponder à imagem, a culpa é toda de quem idealizou.

Não sabíamos que a festa já havia terminado
e que todo o resto era assunto
dos diretores do Banco Mundial
e dos camaradas da segurança do Estado. [...]
Devia ser em junho, não,
era o início de abril, um pouco antes da Páscoa,
descíamos a Rampa,
passava de uma hora, Maria Aleksandrovna
olhava para mim com olhos faiscantes de fúria.
[...]
Falávamos numa língua misturada,
espanhol, russo e alemão,
da terrível colheita de açúcar
de dez milhões, hoje, é claro,
ninguém mais fala disso. O que
me importa o açúcar, eu sou um turista!,
gritou o desertor, então citou
Horkheimer, justo Horkheimer,
em Havana! Também falamos de Stálin
e Dante, não me lembro mais
o que Dante tinha a ver com o açúcar...

Estes estrangeiros que se deixam fotografar
nos canaviais do Oriente, o machete para o alto,
o cabelo pegajoso, a camisa de chita dura
de caldo da cana e suor: gente supérflua!
Nas entranhas da capital, a velha miséria
continua a apodrecer, ela fede
a urina velha e a velha servidão [...]
E esse homem esguio que anda
em Havana, animado, distraído, enredado em brigas,
metáforas, histórias de amor sem fim — era eu realmente?
Eu não poderia jurar.

Ninguém se importa com seus juramentos. E quanto a Nelly Sachs?
Você não se preocupou mais com ela?

Pelo contrário. Quando voltei a Estocolmo, ela reclamou de homens que a espionavam em frente à entrada do edifício da Bergsundsstrand. Ela ouvia as vozes dos perseguidores, que ali em frente, na outra margem do Mälaren, trocavam mensagens pelo rádio. Eles também podiam nos escutar quando nos sentávamos em sua cozinha. Eu sabia por experiência que qualquer tentativa de a demover dessas ideias ameaçadoras seria em vão. "Vamos lá para trás", sugeri, "onde ninguém pode nos ouvir, as antenas dos agentes não chegam até lá." Na sacada, sussurrei para ela que os perseguidores estavam sob controle. Todas as contramedidas em relação a eles já haviam sido tomadas. Dessa maneira, eu pude acalmá-la mais de uma vez. Mas a longo prazo meus recursos não foram mais suficientes para dominar o seu medo crônico.

Algumas semanas depois, Nelly teve que deixar o apartamento. Os médicos da clínica de Beckomberga, onde passou os últimos anos de sua vida, e seus amigos suecos fizeram todo o possível. Quando a vi pela última vez, ela me deu um poema num papel azul. Sua letra trêmula era difícil de decifrar. Mas até o final ela nunca duvidou de sua missão.

Muito bem. Mas há outra coisa que quero lhe perguntar. O que pode me dizer sobre o seu envolvimento com a RAF?* Você conheceu Ulrike Meinhof, não?

Obviamente eu a conheci! Naquela época, ela morava sozinha, em algum lugar na Unter den Eichen, separada do marido, um especulador de esquerda. Ela entregara os filhos a alguém. Era uma jornalista famosa e combativa, mas isso não

---

* Rote Armee Fraktion, Facção do Exército Vermelho, que ficou conhecida como Grupo Baader-Meinhof.

lhe bastava. Sua mãe adotiva a havia infectado com uma primitiva forma alemã de protestantismo da qual ela nunca se livrou. Ela era solitária, uma freira sem convento. Eu sentia pena dela. Quando tirava os óculos, parecia indefesa.

Pacifismo, trabalho social, agitação, todas essas penitências não eram suficientes para ela. Escrever uma coluna, isso não era para os frouxos? Quando os primeiros automóveis foram incendiados, tudo o que saiu foi uma pequena nota no jornal; tais ações pareciam ter a única intenção de conquistar a primeira página dos tabloides. Ulrike Meinhof se envolveu na absurda discussão sobre o uso de violência que na época exaltava os ânimos. Violência contra coisas ou contra pessoas? Era uma espécie de natação no seco. Essas considerações abstratas me pareciam absurdas.

Eis que de repente, numa tarde de maio de 1970, apareceram quatro pessoas completamente esbaforidas na minha casa em Friedenau: Ulrike, Gudrun Ensslin, Andreas Baader e um quarto, de quem não consigo me lembrar. Eles vinham diretamente de Dahlem, onde Baader estava preso por incêndio criminoso, e tinham acabado de libertá-lo de forma violenta durante o banho de sol. Embora estivesse claro que eles estavam fugindo, eu não tinha noção do que haviam feito. Só mais tarde soube que um bibliotecário, que por um sinistro acaso se chamava Linke,* ficara gravemente ferido.

Eles não haviam pensado num esconderijo e queriam passar a noite na minha casa. Expliquei-lhes por que essa não era uma boa ideia. Já fazia algum tempo que na frente de onde eu morava havia um Volkswagen preto com um homem que cumpria a tediosa tarefa de observar quem entrava e saía de lá. Isso não me incomodava. Eu até mesmo havia puxado uma conversa com o enviado da Polícia Política quando lhe

---

* Esquerda, em alemão.

pedi fogo. Portanto, eu disse aos meus inesperados visitantes que, caso ficassem ali, logo haveria algum ataque. Então eles se foram rapidamente.

Desse episódio eu concluo que a RAF surgiu sem querer. O único propósito de sua primeira ação armada consistiu em livrar um cúmplice de dois anos de prisão. Nenhuma reflexão política ou estratégia para atuação futura. Desse modo, os próprios autores haviam criado uma situação sem saída. Na ilegalidade, tudo o que lhes restava era procurar apartamentos clandestinos, arrecadar dinheiro com assaltos a banco e inventar razões ideológicas para suas ações. O mundo exterior não importava mais. Dedicaram-se de tal maneira às suas carreiras políticas que acabaram por pagar o preço do isolamento e da perda da noção da realidade. Não precisou de nenhum tribunal para condená-los a isso.

Mais tarde, Ulrike Meinhof fez chegar uma mensagem até mim no metrô, por caminhos tortuosos. Contatos me levaram a um apartamento clandestino em Hamburgo, onde ela havia se entrincheirado com seus companheiros fugitivos. Ulrike me convocara para me comunicar a pauta do seu pequeno grupo, que agora pretensiosamente se chamava Facção do Exército Vermelho. Gudrun Ensslin, que era filha de um pastor e se tornara uma fetichista de armas e roupas, também estava presente. O líder inconteste desse exército fantasma era o abominável Andreas Baader, um malandro dissimulado, que trabalhara como modelo fotográfico para uma revista gay e que, além de si mesmo, amava sobretudo carros velozes. As mulheres haviam se submetido incondicionalmente a ele. Diante delas, a postura dele era a de um gigolô. Ulrike falou desesperadamente da necessidade de derrubar o "sistema" com uso de violência. Eu lhe disse que essas fantasias não me diziam nada. Baader proferiu o veredicto. Fui unanimemente declarado covarde, porque não tive vontade de participar das suas provas de coragem. O que eu não lhes disse: desafios semelhantes me haviam sido dirigidos trinta anos antes por um *Fähnleinführer*, um "líder de tropa" mirim da Juventude Hitlerista que queria que eu pulasse de um muro muito alto só para lhe provar que eu não era um covarde. Para mim, isso não fazia sentido.

Até seu suicídio, nunca mais ouvi falar da pobre Ulrike Meinhof. Do resto se encarregaram o judiciário e a polícia federal, os meios de comunicação e o serviço de Inteligência.

Recentemente, uma amiga da Turquia me trouxe uma carta antiga que você escreveu naquela época. Quer que eu leia para você?

Melhor não. Eu posso imaginar o conteúdo.

Fique tranquilo. É menos constrangedor do que muitas declarações suas da época. Ouça!

Hoje, no terceiro dia do Advento de 1969, por aqui as coisas estão assim: os marxistas-leninistas de Frankfurt dividiram-se em ML-1, ML-2 e ML-3. O dinheiro rodopia pelas ruas e as pessoas nas lojas de departamentos rugem, carregadas de seus pacotes natalinos. A libertação da humanidade está fazendo grandes progressos: pornografia e Mao, tudo colado na mesma parede. Ninguém mais sabe o que é verdade e o que é mentira, e tudo se confunde como numa viagem de haxixe. Aqui o "turco vermelho" é muito popular, e a polícia é impotente, não contra o futuro, mas contra o presente, porque há outras preocupações.

Costumo comer sozinho quando não vou a Londres encontrar Masha em Battersea. Lá você sempre tem que ter *half crowns* no bolso, senão o gás acaba, e esfria muito rapidamente. Fez quinze graus negativos à noite. Eu peguei uma gripe. Não estou infeliz. Em Cuba eles lutaram em vão contra o açúcar, e suas camisas ainda estão molhadas de suor e com uma crosta do sumo da cana. Eu me lembro, é um trabalho terrível. Tudo é estritamente racionado lá.

Eu já estou bem velho, mas pulo como um gafanhoto. Todos os dias chegam novos livros. Quase parei de lê-los. Na verdade, tenho que trabalhar, mas muitas vezes não tenho vontade. Tenho dinheiro suficiente também. A Olivetti pôs um anúncio nas revistas com a imagem de Che Guevara e abaixo da foto diz: "Nós o teríamos contratado imediatamente, é de gente assim que precisamos". Em outro anúncio, cinquenta bundas são fotografadas. Nossa sociedade é um outdoor com coisas novas todos os dias...

Cheguei à conclusão de que não devemos nos deixar matar. Na maior parte do tempo, recuso até mesmo a me irritar. Uma torrente caudalosa de pessoas vai e vem. Eles querem um apartamento, ou contar suas histórias, ou saber o que fazer, ou dinheiro. Eu quase nunca os mando embora. O que eu mais gosto é quando esvaziam a geladeira ou levam um par de sapatos. Eu só não quero me incomodar; estou velho demais para isso.

Mas não velho demais para migrar de novo para a Noruega, para a casa da sua ex-mulher...

Não há absolutamente nada a dizer a esse respeito. O máximo que eu fiquei lá foi duas semanas. Você sabe exatamente o quanto é agradável. Em Tjøme, em três dias a água deixa sua pele e seu cabelo dez anos mais jovem. Uma camisa pode ser usada por uma semana inteira. As casas brancas e vermelho-sangue: cores que agora só são vistas na publicidade ou nas grandes metrópoles. A transparência do Norte, uma natureza que ainda não foi consumida pela história. O que fica de lado não envelhece.

Lá há poucos subterfúgios, apenas o luxo do silêncio.

Sem telefone, sem trabalho urgente, sem encontros e compromissos. Eu me sentia como se ainda tivesse 24 ou 35 anos. E, como antes, eu ia até a caixa de correio, na esperança de encontrar uma mensagem do mundo exterior numa garrafa. Ninguém havia asfaltado os velhos caminhos da praia. O motorista do ônibus ainda me conhecia. O vizinho veio para um gole de Linie Aquavit. Você se lembra do rótulo com o cara sentado no barril de brandy, ao lado do veleiro? "Løiten Brænderi Destilação Oslo" é o que está escrito nele. A mulher do chefe do correio me cumprimentou, o quiosque ainda estava no mesmo lugar, as bolas de bocha estavam na grama como dez anos antes.

Nessa tranquilidade dos rochedos, das árvores e da baía havia apenas uma coisa perturbadora. Dagrun, a mais gentil de todas as mulheres, havia se afiliado a um partido marxista-leninista. O mundo simples do *Beijing Review*, como uma cópia feita com papel vegetal, parecia ainda mais exótico na pacata Noruega do que em Berlim. A necessidade de religião pode dominar todas as dúvidas. Com a maior seriedade, essa delicada criatura me disse que os julgamentos de Moscou tinham sido um modelo de justiça popular, sem mencionar Trótski — esse traidor teve o que merecia. Fora a propaganda burguesa que caluniara o camarada Stálin. Os comunistas russos que pereceram no gulag eram inimigos do povo, revisionistas, espiões. Era verdade que alguns quadros partidários excessivamente zelosos tinham cometido alguns erros, mas Stálin não sabia nada sobre eles. O *diabolus ex machina* dessa versão se chamava Khruschóv. Somente com ele teve início a agonia da Revolução de Outubro.

A ingenuidade expressada em tais discursos às vezes chegava às raias da loucura. Orgulhosos, os jovens companheiros de luta de Dagrun na pequena cidade carregavam a imagem de um assassino em seu caminho rumo à libertação.

E o que você disse?

Esperei que a verborragia terminasse. Mas na medida em que "intelectuais burgueses" são necessários para que os sofrimentos de nações inteiras não sejam tão descaradamente recalcados, desejo a essa categoria de pessoas uma longa vida e até mesmo espero que sobreviva ao capitalismo.

Você também trabalhou um pouco? Você pretendia escrever um livro inteiro sobre Cuba.

Eu tentei. Havia reunido uma coleção inútil de materiais, todo tipo de estatísticas, citações, listas de preços — uma mera compilação de fatos. Eu ter desistido não se deve apenas a um resquício de autocensura, pois eu não tinha vontade de bater num cachorro doente, mas especialmente porque tudo isso me entediava. Então esse projeto acabou não dando em nada.

Em Havana, no final, eu me sentia como um remanescente de um futuro distante. Então fiz apenas uma pequena saudação pública de despedida, uma análise publicada na imprensa em 1969: "Bildnis einer Partei" [Retrato de um partido]. Vinte e cinco páginas para todos que ainda se interessassem por algo assim. Em Havana, ela foi recebida bastante a contragosto; no entanto não houve sérias consequências para o autor, pois eu já havia deixado o país alguns meses antes.

Mais uma vez, você conseguiu salvar sua pele.

Sim. Mas com esse ensaio eu queria demonstrar duas coisas: aos seguidores locais de Castro, que eu não me deixava intimidar por eles; aos oficiais de sua equipe, que não podiam ver em mim um propagandista. Os destinatários, tanto uns quanto os outros, reagiram com a fúria que era de esperar.

Meio ano depois, Castro me fez o favor de desautorizar os mais fervorosos de seus seguidores.

Por que vocês decidiram abandonar definitivamente sua provisória ilha paradisíaca?

Como você sabe por experiência própria, em todas as ditaduras existem áreas cinzentas. Por um lado, prevalece a repressão direta. A escala vai da expulsão ao genocídio, dependendo de como o regime define seus inimigos. Normalmente, as regras são vertidas no papel. Mas há outros casos em que os aparelhos responsáveis agem informalmente, sobretudo quando se trata de estrangeiros. Nega-se o credenciamento de um correspondente, um inconveniente historiador contemporâneo não recebe mais visto. O quarto de hotel do visitante é revistado. No limite, os manuscritos são confiscados. Uma violação das normas monetárias pode ter consequências desagradáveis. Também entram em questão formas atenuadas de chantagem.

Muitas vezes bastam as relações com amigos que são suspeitos de dissidência; ou algum informante de ocasião denuncia comentários grosseiros a respeito do número um do governo. Com isso, o estrangeiro adquire um status para o qual o aparelho cubano dispõe da bela expressão *conflictivo*. Traduzido para a linguagem da diplomacia, ele se torna uma persona non grata. Isso não é ameaçador. Não significa prisão nem deportação, apenas um pouco de assédio aqui e ali, um privilégio mínimo que se dissolve no ar, um pouco mais de vigilância. No nosso caso, não sei o que foi a gota d'água. Foi o caso de Padilla? Foi algo que publiquei na Europa? Ou caímos em desgraça quando o Máximo Líder elogiou a invasão soviética da Tchecoslováquia? Realmente foi só então que percebemos que era melhor desmontar o nosso acampamento em Havana?

Como estavam as coisas quando você voltou para o conforto da sua casa em Berlim?

Encontrei um grande armário atulhado de correspondência. Não existia uma via postal regular entre Berlim e Havana. Dependíamos de eventuais intermediários, portadores, mensageiros, que de vez em quando conseguiam passar pela censura e pelos funcionários da alfândega com um manuscrito ou um pacote. De resto, estávamos praticamente excluídos do serviço postal. Por isso, uma vizinha punha dentro desse armário tudo o que chegava para mim. A grande maioria dos assuntos havia se resolvido por si só nesse meio-tempo. Somos mais dispensáveis do que pensamos.

Mas alguma coisa você deve ter trazido de Cuba. Mostre-me seus souvenirs!

Um machete, da marca Krähender Hahn, de 60 cm já com o cabo, de fabricação chinesa. Polaroides já amareladas. Uma sobrecasaca, confeccionada por Franz Winter, Braunau i. B. antes da Primeira Guerra Mundial. Rolos de filmes numa lata. Um álbum do Consejo Nacional de Cultura com gravuras do arco da velha, em que se veem alegorias de prazer e riqueza, adesivos para caixas de charuto com relevos de coroas dourados, medalhas e senhoras peitudas com bochechas rosadas que representam Ceres e Industria, as deusas da agricultura e da manufatura. *Qualité somptueuse!* O cruzador blindado *Aurora* repousa em miniatura dentro de uma lata. Depois há um roupão de seda indiano com estampa *paisley*, nunca usado, com a seguinte etiqueta: Burlington's Ashoka Hotel, Nova Délhi. Moedas cambojanas, cédulas de rublo, dólares de Hong-Kong. Uma nota marrom de dois pesos se desintegrando, que nunca valeu muito, assinada por Ernesto Guevara de la Serna, presidente do Banco Central de Cuba — justamente por ele, que nunca soube lidar com dinheiro! Esses resíduos parecem um mar de sargaços numa terra seca.

Às vezes você sonhava com Cuba?

Claro. Simplesmente não sei por que achei tão difícil me afastar dessa pequena e insignificante e louca ilha.

Não tem mais nada para me contar?

Não. Em 1968, e agora não é mais do que uma data imaginária, um fervilhar de reminiscências, autoilusões, generalizações e projeções tomou o lugar do que aconteceu nesses poucos anos. As experiências estão enterradas sob a pilha de lixo dos meios de comunicação, de materiais de arquivo, de painéis de discussões, da idealização das experiências pelos veteranos que sub-repticiamente as tornam incríveis.

Você não poderia fazer um resumo?

Meu velho querido, você sabe tão bem quanto eu que o tumulto nunca termina. Ele apenas ocorre em outro lugar, em Mogadíscio, Damasco, Lagos ou Kiev, onde quer que tenhamos sorte suficiente de não morar. É apenas uma questão de perspectiva.

Soa conciliador.

Espero que não. Eu nunca quis ser como você. Felizmente somos bem diferentes um do outro.

Pelo menos nisso estamos de acordo.

Postscripta

(2014)

No outono de 1969, um mensageiro, cujo nome esqueci, entregou-me em casa dois sacos do correio com material da Kommune 1, que, depois de se alojar durante meses numa fábrica abandonada em Moabit, se dissolvera definitivamente. Não fiquei surpreso quando encontrei fichários com recortes de jornal meticulosamente colados. Tanto amor pela ordem provavelmente tinha a ver com o fato de que os membros daquele coletivo atribuíam grande importância ao eco midiático de suas atividades. Encaminhei os dois sacos para um endereço onde haveria pessoas interessadas por tais heranças: o Instituto Internacional de História Social, em Amsterdam.

Quem quiser saber mais sobre os membros pode recorrer a um livro do meu irmão: Ulrich Enzensberger, *Die Jahre der Kommune 1: Berlin, 1967-1969* [Os anos da Kommune 1], Colônia, 2004.

Muito depois da minha despedida, o movimento de protesto chegou também a Middletown. A Universidade Wesleyan teve que ser fechada no verão de 1970 porque os estudantes bloquearam o acesso a todas as aulas. Muitos professores também se solidarizaram com eles.

Minha viagem pelo mundo foi, como disse Imre Kertész em *Tagebüchern* [Diários], "sem sentido, exaustiva, mas bela".

Uma seleção de poemas de Heberto Padilla também foi publicada em alemão em 1971, em Frankfurt: *Außerhalb des Spiels* [Fora de jogo], traduzidos do espanhol por Günter Maschke.

Uma versão anterior e menor de minhas memórias do tumulto foi publicada na ocasião de uma exposição em Nuremberg, em *Hommage à Jiří Kolář. Tagebuch 1968* [Homenagem a Jiří Kolář. Diário 1968], Kunsthalle Nürnberg, 1984, pp. 10-1.

Ach Europa! é o título de um livro publicado em 1987. Ele é mencionado aqui porque Jiří Kolář contribuiu com colagens para a capa e para as páginas de guarda. Ele morreu em 2002, em Praga.

Haydée Santamaría atirou em si mesma em seu escritório em julho de 1980, um suicídio que foi extremamente constrangedor para o regime. Pouco antes, Castro chamara todos que não concordavam com ele de escória e os convidara a deixar o país. Cerca de 125 mil pessoas não se fizeram de rogadas e, partindo do porto Mariel, deixaram a ilha com uma frota de pequenos barcos em direção à Flórida. Começava uma "década cinzenta". Haydée perdeu apoio e não viu futuro para seu trabalho. Talvez tenha levado ao pé da letra o verso do hino nacional cubano que diz: "Morrer pela pátria é viver".

Arthur Lehning ainda viu o primeiro dia do século XXI. Ele morreu em 1º de janeiro de 2000 em Lys-Saint-Georges, em seu centenário. Uma tradução de *Unterhaltungen mit Bakunin* [Conversas com Bakunin], organizada por ele, foi publicada em 1987 pela Greno, em Nördlingen.

"Quietas eram as noites boreais [...]" Alguns versos de "Erinnerung an die sechziger Jahre" [Memória dos anos 1960], publicado em *Blindenschrift*, Frankfurt, em 1964.

Carlos Franqui morreu em 2010, em Porto Rico, ainda irreconciliado.

Muito sobre Nelly Sachs pode ser encontrado num álbum maravilhoso que Aris Fioretos publicou pela editora Suhrkamp, quarenta anos após sua morte, por ocasião de uma exposição em 2010: *Flucht und Verwandlung. Eine Bildbiographie* [Fuga e metamorfose. Uma biografia ilustrada].

Os únicos que podem explicar a vertigem à qual não só o exterior, mas também o meu mundo interior se entregara são os astrólogos, a quem nunca faltam explicações. Em 1968, houve uma conjunção extremamente rara de Plutão e Urano. Ambos estavam em oposição a Saturno. Bingo!

Depois do meu regresso, escrevi algumas linhas sobre as dificuldades da reeducação:

Simplesmente magníficos
todos esses grandes planos:
a Idade Dourada
o reino de Deus na terra
a morte do Estado.
Tudo muito convincente.

Apenas não fossem as pessoas!
Sempre, em toda parte, as pessoas estorvam.
Elas confundem tudo.

Quando se trata da libertação da humanidade
elas correm para o cabeleireiro.
Em vez de seguirem a vanguarda entusiasmadas
elas dizem: agora cairia bem uma cerveja.
Em vez de lutarem pela causa justa,
elas lutam com varizes e sarampo.
No momento crucial,
elas procuram uma caixa de correio ou uma cama.
Pouco antes de romper o milênio,
elas fervem fraldas.

Tudo dá errado é por causa das pessoas.
Não se pode fazer um Estado com elas.
Tudo menos elas! São piores do que sarna.

Vacilação pequeno-burguesa!
Idiotas consumistas!
Restos do passado!
Mas não se pode matar todo mundo!
Também não dá para passar o dia falando com eles!
Sim, se não fossem as pessoas,
a coisa já seria bem diferente.

Sim, se não fossem as pessoas,
seria tudo vapt-vupt.
Sim, se não fossem as pessoas
Aí sim!
(Aí eu também não iria mais querer estorvar.)

Depois

(1970 em diante)

Uma espécie de purgatório. Um dia tudo havia acabado. "Me sobrevém, não sei por que, uma grande calma." Quando anotei essas duas linhas, a fase de normalização havia se iniciado. A razão teria voltado? Não. Mas o tumulto não havia sido em vão. O que importa é o que ele trouxe no final. Não só para mim, mas para a grande maioria, mesmo para aqueles que não tiveram nada a ver com ele.

Para minha surpresa, ficava evidente que o nosso devastado país, muito gradualmente, quase pelas nossas costas, tornava-se cada vez mais habitável. Ninguém mais batia os calcanhares, ninguém fazia vênias, os motoristas começavam a deixar os pedestres passarem no cruzamento, os policiais jogavam fora os seus *tchacos*, os condutores dos ônibus esperavam pelas velhinhas em vez de arrancar com o veículo diante do nariz delas. O parágrafo 175* e o outro sobre proxenetismo foram abolidos. Contra as resistências do Estado autoritário, consolidavam-se formas tolerantes de convivência. Aconteciam milagres na Alemanha. Até se podia ter a impressão de que a República Federal estava começando a ficar civilizada.

Estava na hora de dizer adeus às obsessões políticas e privadas que haviam me perseguido nos últimos anos. Para obter um mínimo de clareza cheguei ao ponto de — também poderia dizer: caí tão baixo — manter um diário confuso durante

---

* Que criminalizava a homossexualidade.

alguns meses, confiante que, se seu autor as relesse depois, essas anotações incutiriam a aversão que elas merecem. Eu pensava comigo: será como um reencontro! Nisso eu estava certo. Aqui estão alguns excertos dessas páginas:

Em primeiro lugar, no que diz respeito ao clima político, o grande arranjo está progredindo. Na Alemanha, o governo Brandt está desarmando o confronto junto ao Muro com sua nova *Ostpolitik*. Fala-se em anistia para a oposição extraparlamentar.

Mas o poeta moribundo ainda está sentado na sua cozinha em Praga, e termina de datilografar seu livro, que nunca será impresso. Como antes, os espiões estão na frente do edifício. Na cervejaria desmantelada, Václav Havel está apoiado nos barris de cerveja com o seu sujo avental de borracha, e Dubček leva sua pasta puída para o arquivo de um desolado departamento florestal.

Novas negociações entre as grandes potências estão na ordem do dia. Nixon se prepara para viajar para Pequim e se despede da tentativa de isolar a China. A União Soviética, um "Alto Volta com mísseis", que por conta das próprias e autoinfligidas dificuldades chegou à beira da paralisia, sonda acordos com os Estados Unidos. O conflito com Cuba também é posto no gelo. Só pode ser uma questão de tempo até que a guerra perdida no Vietnã seja encerrada por um acordo mútuo. Em breve, Le Duc Tho, o líder do Partido Comunista do Vietnã do Norte, e o meu criminoso de guerra favorito, Henry Kissinger, compartilharão o Prêmio Nobel da Paz.

Por que não? O que prevalece aqui é a paz. As mercadorias se multiplicam como as moscas. Tudo aqui é mercadoria de paz, incluindo as pessoas. Há algo de civil até nos políticos. As leis de emergência murcham na gaveta. Em encontros de cúpula, cochicha-se sobre renúncia à violência. Desde 1945, nos deram férias da história; licença do front. Nenhuma fase foi mais idílica, nenhum verão mais despreocupado.

Não há como refutar essa evidência. Não nos admira a casa não cair. A guerra está acontecendo em outro lugar. Às vezes a palavra "Ussuri" aparece no jornal, mas quem sabe como esse rio se chama em chinês?

É possível continuar sempre assim? Pelo menos a venda final deveria nos dar o que pensar. O relógio elétrico em cima da mesa não faz mais tique-taque. Funciona totalmente em silêncio. Mais um progresso! Claro que minha cabeça entende. Mas eu simplesmente não consigo ficar com medo. De sobremesa tem melão gelado. Antes se lutava de outra maneira.

Alguns erguem triunfantes o dedo em riste e dizem que sabiam que tudo isso aconteceria. É muito reconfortante ter razão ao menos uma vez, ainda que com décadas de atraso! Outros ainda acreditam em Mao e apostam na China, onde nasce a manhã vermelha, assim como antes Vladimir e Estragon esperaram por Godot, ou veem em Enver Hoxha o último farol da Internacional. Quem ainda fala da revolução como se ela já viesse virando a esquina entende menos de política do que um limpador de chaminés que faz parte do conselho municipal de uma pequena cidade na Baviera.

Um ano de fundação. Quando saiu da Suhrkamp, em 1970, a revista *Kursbuch* teve que procurar um novo parceiro. Klaus Wagenbach prontamente colocou seu pequeno aparato editorial à nossa disposição. Mas eu conhecia os camaradas leitores bem o suficiente para saber que, mesmo nos empreendimentos mais modestos, eles viam assomar a face do lucro. A fim de evitar essa suspeita, nunca nem o menor dividendo era distribuído.

O primeiro passo foi fundarmos uma empresa. Para isso, era necessário passar por rituais dos quais eu nada sabia: pastas cheias de contratos, a solenidade estúpida das certidões notariais, todos os tipos de manobras linguísticas, o registro na junta comercial e a abertura de conta no banco. O gerente, como um cão pavloviano, se via exposto ao mesmo tempo a dois estímulos contraditórios: sua desconfiança e a perspectiva de ganhar novos clientes.

A legislação civil tem suas dificuldades para impedir que os sócios acumulem capital. Contanto que ninguém processe ninguém, ela fecha um olho. Nosso cálculo para garantir a independência da revista diante de pressões políticas foi considerado descabido. Wagenbach e eu nos vimos forçados ao papel de benfeitores, que sempre poderiam mudar de ideia se lhes desse na telha.

Como se viu, expropriar a si mesmo não era tão fácil.

Você pode! Eu havia cancelado minha participação. Pode-se dizer assim. Receio que meu interesse fervoroso por política sempre tenha sido autodefesa. Não havia no mundo coisas mais importantes do que a repetitiva, desolada e eterna corrida pelo poder? Em julho de 1970, viajei para a Provença por algumas semanas com Tanaquil. Tínhamos o hábito de viajar juntos uma vez por ano. Isso não tinha nada a ver com os meus périplos anteriores. Para onde íamos era a minha filha quem decidia. Dessa vez ela queria ir para a França. Visitamos o nosso velho amigo Roger Pillaudin, em Lauris.

Ele já havia me ensinado algumas coisas novas nos fatais anos 1950, quando ainda éramos jovens e belos. Ele não só conhecia o *Ubu Rei* de Jarry, como também sabia de cor estrofes inteiras de Apollinaire e me apresentou Queneau e Ionesco; ele também me convencera de sua solução tácita para a vida, que era: Você pode! Na provinciana Alemanha cercada de tabus, essa era uma ideia proibida. A meus inocentes olhos, Paris ainda era a cidade das luzes, e o pequeno apartamento no sótão de Roger, em Belleville, foi por muitos anos o refúgio das imposições que meu próprio país me infligira. Nenhum de nós tínhamos dinheiro, mas Roger era da Auvergne e não fazia concessões no que dizia respeito à boa comida. Ele escreveu poemas, não teve sucesso, começou a se virar com um emprego no rádio e se tornou um gênio desse meio de comunicação. Então a existência parisiense lhe pareceu muito estúpida, ele não gostava do clima, e se retirou para a Provença.

As portas da sua espaçosa casa ficavam abertas o dia inteiro. No pátio, encontravam-se para o aperitivo e para conversar um grupo de músicos, dançarinos e pessoas que trabalhavam de alguma maneira que eu não entendia bem com teatro, rádio ou pequenas editoras: um alfarrabista que raramente abria o seu sebo, a mulher de um professor de Cambridge, um jovem que desenhava roupas de malha ou um russo que eles chamavam de "Grão-Duque", que vivera além de seus meios durante décadas sem se preocupar. Os filhos dos camponeses da aldeia também se sentiam em casa ali. Nenhuma dessas pessoas se interessava por política, o que lhes conferia uma aura de liberdade que não existia em Berlim.

Heiner, um fabuloso dançarino de Düsseldorf, doente hepático, homossexual e incapaz de abstração, levou-nos a Avignon com seu pequeno conversível. Lá, era possível encontrar Jean Vilar no La Civette, enquanto um palhaço tentava vender os pensamentos de Mao Tsé-tung aos turistas desesperados que saíam estonteados do Palácio Papal de volta para o ar fresco com seus lenços sobre a cabeça. À noite, havia arte por todo lado. Ela simplesmente não pode ser erradicada dessa região.

No dia seguinte, fomos para Aix, onde estava sendo encenado o *Cimarrón* de Henze. Stom, o baterista japonês, era adepto do zen-budismo, enquanto o cantor Leo Brouwer, de camisa verde, se preocupava com a Revolução Cubana no Cours Mirabeau. Meninas bobas e inofensivas o cercavam sem outra coisa em mente a não ser passar uma hora com ele entre os lençóis. Sempre havia novidades nas boutiques: looks de safári, cintos com tachas, túnicas indianas de voile tecidas à mão.

Uma noite, houve um baile de aldeia em Lauris, atrás da *mairie*, que Roger havia organizado. A gorda Simone levou ponche gelado feito com suco de laranja e rum. Quatro cubanos negros muito sérios tocavam sua música de cabaré. José Martí e "Guantanamera" de novo, mas, por favor, nada de política! Tanaquil, com treze anos e em seu primeiro vestido de baile, comprado em Aix no dia anterior (*"cela s'appelle un smock"*, com cintura plissada e mangas bufantes, rosa e quase transparente), dançou salsa com o dervixe japonês. A serragem sob meus pés me convenceu mais que todos os banhos da lama em que afundara o movimento de Berlim.

Na viagem de volta, em Choisy-le-Roi visitamos Diego Camacho, um imigrante espanhol que havia anos, geralmente à noite ou aos domingos, ocupava-se da biografia de Buenaventura Durruti, herói da Guerra Civil Espanhola. Nos dias de semana, ele trabalhava em uma pequena oficina onde velhos anarquistas imprimiam cartazes de filmes ou convites para o baile de máscaras, mas também seus próprios folhetos e brochuras. Ele nos convidou para umas azeitonas com presunto em seu pequeno apartamento. Com o metrô, em pouco mais de meia hora estávamos em frente à residência dele na cidade da tal Baronesa de Rothschild, que recebia toda a esquerda parisiense em sua mesa e da qual diziam que gostava dos meus poemas.

O interrogatório de Havana. Até mesmo em Recklinghausen eu estive uma vez. À primeira vista, esse lugar na região do Ruhr nada tem a ver com a luta na Baía dos Porcos, ocorrida em Cuba, em 1961. Já fazia nove anos que a CIA tentara uma invasão armada à ilha com o aval de Kennedy. Após o fracasso, o Exército de Fidel fez mais de mil prisioneiros, e os Estados Unidos tiveram que pagar mais de 60 milhões de dólares para resgatar seus mercenários.

O lugar onde isso aconteceu, a Baía dos Porcos, não é muito atraente. Não há absolutamente nada para ver lá, nem mesmo leitões. Ainda assim, eu voltei a essa operação militar. Até mesmo escrevi um livro sobre isso. Foi intitulado *Das Verhör von Habana. Ein Selbstbildnis der Konterrevolution* [O interrogatório de Havana. Um autorretrato da contrarrevolução]. A capa tinha manchas verdes e marrons, como o padrão de camuflagem.

Como não tinha nada melhor para fazer em Havana naquela época, fui até os estúdios de televisão, assisti às filmagens de abril de 1961 e tomei notas do que havia acontecido. Os vencedores haviam promovido uma audiência pública com seus prisioneiros, que se estendeu por quatro noites. Um processo bastante singular, pois os prisioneiros puderam subir ao palco para explicar seus motivos e se defender. É raro uma ditadura consentir uma discussão tão perigosa com seus inimigos.

Depois eu importei esse evento para Recklinghausen, um lugar bem longe de Havana. O WDR* estava lá, a encenação tinha o apoio dos Festivais do Ruhr e do Teatro de Essen. Müller-Stahl era o diretor, Münchenhagen fazia o papel de moderador e a coisa toda foi transmitida ao vivo. Eu não tinha em mente um espetáculo exótico sobre o Caribe, mas um programa experimental. Ao lado de cada cubano que fora interrogado na época, eu queria colocar um alter ego alemão. Não foi fácil, porque entre os invasores havia filhos de políticos corruptos, funcionários do serviço secreto, um torturador e um pastor militar, mas também gente pequena e reformistas inofensivos. Alguns duplos foram fáceis de encontrar: latifundiários desapropriados da Prússia Oriental, que queriam reaver suas terras, a filha de um político de Bonn, conhecido pela mesma razão que o seu alter ego, até mesmo um capelão do Exército

---

* Westdeutscher Rundfunk, canal público de televisão da Alemanha Ocidental.

da Alemanha estava disposto a uma performance. Essa noite televisiva tinha tudo para não dar certo; porque nem todos os paralelos eram convincentes, por um lado, e por outro, os convidados respondiam tão bem quanto seus duplos cubanos na época. Foi arriscado, muito mais excitante do que um talk show. Naquela época, algo assim ainda era possível na TV alemã.

Pobres sexólogos. N. é meio brasileira, meio francesa, sem profissão. O dinheiro dela vem em parte dos pais, que levam uma velhice confortável no agonizante império colonial, em parte de seus homens. Ela mora em Paris, viaja muito, é generosa, despreocupada e esquecida. Só toma conhecimento da desgraça quando esta atinge seus amigos; mas então ela os ajuda com o que tem sem hesitar. Gostei de me deixar seduzir por ela. No amor, ela tem um vigor animal, mas sem laivos de ternura.

Que seja mais fácil tirar as roupas do que expor os sentimentos faz parte do decoro do Sul. Aqueles de caráter nórdico têm dificuldade de entender algo assim. Eles se ofendem quando uma mulher dispensa as mentiras que a civilização espera.

Como são estúpidos os estudos sobre a sexualidade das mulheres! Essas pesquisas à la Kinsey & Masters confundem as moradoras dos subúrbios americanos com a humanidade em geral. Um equívoco lamentável. Dessa maneira, a racionalidade se torna mistificação e a terapia, propaganda. Uma mulher andaluza dificilmente permitirá que tais especialistas calculem a curva de seu clímax.

Uma amante como N. é capaz de servir um refresco, fazer uma massagem num homem, sem que lhe passe pela cabeça que essas ações simples poderiam ser interpretadas como símbolo de opressão. Todo sinal de independência no amor liberta também o homem. É grande o encanto de uma mulher que está livre do mau hálito do sentimentalismo.

Velha fotografia. Numa das minhas gavetas, há fotos de amigos que agora já estão velhos, de casas da minha infância e de garotas que nunca transaram. A foto de uma desconhecida me põe diante de um enigma. No verso, numa caligrafia minúscula, como que escrito por uma anciã: "Agosto de 1951. Isla de la Virgen del Mar".

A foto mostra uma bela mulher com um rosto muito calmo. Ela traz os longos cabelos pretos divididos por uma risca. Um lenço cobre seu pescoço. Seu vestido também é escuro, pregueado, como num quadro da Madonna. Ela usa uma renda branca apenas sobre o peito e os ombros. O colo e as clavículas e os braços, nus até os ombros, estão à mostra.

A mulher está deitada num rochedo no mar, atrás do qual se vê a rebentação. Ela se apoia nos cotovelos. O rosto, de uma garota de uns 27 anos, está completamente imóvel. Ela não presta atenção no fotógrafo. Talvez não saiba da presença dele. Ela olha para a frente, na direção da água. Parece que está ouvindo ou pensando algo distante. Seus dedos, que se abrem sobre a rocha, parecem um pouco desajeitados, mas seu rosto tem traços delicados. Os pés, cobertos pelo vestido e pela pedra, não estão visíveis. Ela parece muito sozinha. Não é uma foto posada.

Em 1951 eu ainda não falava uma palavra de espanhol. Até hoje não sei onde fica a Isla de la Virgen del Mar. A foto está sobre um papel que os especialistas chamam de *chamois*, cujas bordas estão aparadas daquela forma esquisita regularmente irregular que estava na moda nos anos 1950. O canto inferior direito tem uma mancha amarela. Nunca vi essa mulher. Seu olhar nunca deve ter pousado em mim. Ela vê apenas as rochas e a água. Todas as obras de arte são como ela; elas fazem parte de uma promessa que nunca se cumprirá.

O sr. Gustafsson em pessoa. É preciso paciência para viajar de trem de Oslo até Västmanland via Dunshammar, mas em compensação aqui reina uma calma que está fora de cogitação em outro lugar. Lars Gustafsson e sua esposa Madeleine, que provavelmente era mais inteligente do que ele, mas guardava isso para si mesma, costumavam se recolher em sua modesta casa em Åmenningen no verão.

Era ele próprio quem mais se surpreendia com suas sacadas geniais. Ele tocava pequenas peças na flauta transversal e falava mal da social-democracia. Tudo isso ainda nos deixava tempo suficiente para revisar algumas traduções que eu fizera de seus precisos e misteriosos poemas. (Alguém chamou Lars de "racionalista místico", uma caracterização que me parece plausível.)

Remamos na superfície do lago profundo e traiçoeiro e falamos sobre Frege, Wittgenstein e os achados da Idade de Ferro — 1500 anos atrás, as pessoas daqui extraíram o minério do subsolo, construíram fornos subterrâneos de barro e pedra e, a mais de mil graus de temperatura, derreteram o ferro até ele ficar mole o suficiente para ser forjado. Na floresta passamos por um casarão branco. Da janela aberta, ouvia-se uma sonata para piano de Johan Helmich Roman. Um leve vento atravessou a cortina. Eu teria gostado de ver a pianista, mas ela permaneceu fora do quadro.

Algumas vezes também fui hóspede de Lars em Västerås. Ele é um dos últimos dos mandarins suecos. Sua vaidade desarmante revela, do mesmo modo que a agilidade de seu pensamento, o treinamento das escolas de Uppsala e Oxford. Nos divertíamos em nomear os piores clássicos. Lars: Rubens. Eu: Dostoiévski. Ele: Balzac. Como um bom exemplo de um clássico ruim, sugeri Wagner, que naturalmente é e continua sendo um clássico. Do contrário, esse jogo estaria vencido.

Nós dois constatamos que nas imagens o que nos interessa, como no caso das crianças, é o que elas mostram. O desastre da pintura abstrata: não mostra nada, ou apenas estados emocionais, mas já os conhecemos. Ou uma literatura de vanguarda onde nada acontece além dela mesma. Mesmo na música, quanto mais avançada ela é, menos audível. Há uma razão pela qual o "povo" gosta de romances triviais e imagens kitsch. O cervo bramante* é, por assim dizer, o representante de necessidades negadas pela arte contemporânea.

A propósito, meu amigo Lars absolutamente não se encaixa no estereótipo do intelectual distraído. Ele adora lidar com ferramentas, sabe burilar pedras, remendar redes e uma vez até mesmo perfurou um poço. Talvez isso se deva ao fato de que seus pais não eram abastados. Como agente de seguros, o pai dele mal e mal se virou nos anos 1920 e 1930. A mãe, uma mulher amável, enterrada em si mesma, sem esperanças, tem uma mente um tanto singular e não lê os livros do filho.

Nelly Sachs morreu em maio de 1970. Ela havia me confiado a tarefa de cuidar do seu trabalho. Portanto, em Estocolmo, eu tinha que lidar com o espólio literário dela. Sozinho eu não teria conseguido dar conta dessa triste tarefa, mas com a ajuda de Bengt e Margaretha Holmqvist, seus leais amigos, pude ao menos resolver algumas coisas.

Duas crianças queridas. Dois anos atrás eles ainda andavam por aí com amigos, tomavam LSD, nunca tinham dinheiro, mas sempre tinham os últimos LPs e projetos para este ou aquele filme. Agora, ambos trabalham na fábrica e estão no "ML", isto é, uma das três seitas pró-China da cidade. Existem muitas dessas siglas. Eles as conhecem de cor e conseguem diferenciar umas das outras tão facilmente quanto as marcas de cigarros ou de automóveis. Em Berlim, há jornais que as acompanham e convocam a população para campanhas. Três pessoas numa sala decidem: "Todos para a região do Ruhr!" ou "Destruir as Forças Armadas!". Eles conclamam seus seguidores a se casarem, a recusarem o controle de natalidade e a gerarem

---

* O cervo bramante é um motivo frequente na pintura que retrata animais selvagens, e é considerado a essência do kitsch.

filhos suficientes para que o mundo logo esteja povoado por marxistas-leninistas.

Como todos os que "se organizaram", eles sempre falam do próprio partido no singular e com o artigo definido; se alguém lhes pergunta qual partido, eles não entendem muito bem. Mesmo após o segundo racha, "O Partido" continua sendo o único que pode existir. Com uma espécie de nostalgia, eles mencionam as últimas decisões do Comitê Central, defendem expurgos ou se revoltam contra algum procedimento a ser adotado pelo partido. Adoram usar as palavras "glorioso" ou "heroico". As divergências internas das lideranças — que são uma meia dúzia de camaradas — são discutidas com seriedade. Eles têm uma curiosa veneração pelos trotskistas, que, segundo eles dizem, sabem como solapar o partido e se infiltrar em seus órgãos. Em Berlim, naturalmente existem apenas duas dúzias de adeptos da Quarta Internacional; mas "objetivamente" essas pessoas são agentes do imperialismo. A jovem me segredou que tem debaixo do seu travesseiro um trabalho intitulado *A grande conspiração*, que desmascara sem piedade todo o bando.

Mas esse casal é simplesmente adorável. Os dois abandonam seus hábitos e seu conforto e negam sua origem, tanto quanto possível, por amor à "causa". Os trabalhadores não têm motivos para ter medo deles. É tranquilizador; se uma revolução realmente estivesse na ordem do dia, e esses malucos simpáticos tivessem algo a dizer, só haveria uma opção para o povo: fugir gritando para um lugar livre de tanta cegueira.

Histórias privadas. A namorada de A. faz uma cena furiosa. Ele lhe recomendou a leitura de um texto de Lênin. "Sempre esse lixo chato", ela grita. Depois de uma noite de briga, ela o deixa. A mulher de B. pede ao seu editor que não coloque uma foto do autor na capa: "O senhor sabe que ele é muito feio". Por que C. toma cinco comprimidos para dormir todas as noites? Ninguém sabe por que o camarada D. se matou. F. afirma impunemente que a dissertação dele é o mais importante texto marxista que já apareceu na Alemanha desde Benjamin. Por que G. não disse à namorada que tem gonorreia? H. tem sempre que contar aos convidados quanto custou o vinho que ele lhes serve? O último trabalho de direção de I. recebe críticas demolidoras. Ele sofre um ataque cardíaco, mas tem mais de 100 mil marcos em sua conta.

Os nomes são intercambiáveis. A fofoca dá informações mais precisas sobre a esquerda berlinense do que qualquer análise do imperialismo. Por que alguém se entrega voluntariamente a um ambiente tão neurótico e obsessivo permanece um enigma sem solução.

Um encontro curioso no avião. Ao meu lado, um trabalhador bebendo sua terceira cerveja. Ele quer conversar. No Leste, ele afirma, ela não era nada, mas também no Oeste a vida não tinha mais sentido. Na verdade, ele preferia ter sido um guarda-florestal, porque na natureza é melhor. E, é este o ponto, acaba vindo à baila que ele é filho de Ernst Jünger. Ele defende o pai, bondoso e indefeso, contra os inimigos.

Muitos da minha idade estão pasmos com a data de seu nascimento. Seus corpos já estão começando a abandoná-los? Fantasias de impotência e medos. Antes do café da manhã, olham assustados para os fios de cabelos que ficaram na escova. Mas quem não se deixa abalar também perde tempo com ninharias, escova os dentes, preenche formulários e vai ao barbeiro.

Leitura em vez de Pervitin. Publicações políticas são cheias de ruminações e escolásticas. Uma revista se chama *Marxismus Digest*: a doutrina começa a digerir a si mesma. Também não tenho paciência para as novidades literárias.

Caro Montaigne! Folhear para a frente e para trás uma vida que, a despeito da distância histórica, parece menos alheia.

A consciência burguesa nele se move com um frescor sem precedentes, como uma surpresa.

Ou *Bouvard e Pécuchet*. O ódio de Flaubert não está direcionado à estupidez em si, mas à percepção de que a realidade dá razão a ela. É bastante claro que ele se reconhecia nos dois copistas. Ele ainda não sabia disso quando começou a obra. O ângulo cego é inevitável quando alguém se propõe algo do tipo. Pode ser vertiginoso quando a verdade de uma sentença idiota se prova: "Dinheiro não traz felicidade." — "Primeiro trabalhem, depois vocês podem protestar." — "Você nunca me amou."

Estremecido pela banalidade, é preciso se segurar firme na cadeira, como quando se está no avião e começa uma turbulência.

Como terceiro patrono, recorro a Diderot. Seria preciso fazer um roteiro sobre *Jacques le fataliste*. Independente disso, a estrutura dessa obra-prima antecipa a técnica de montagem do cinema. Locação: as Cévennes, o Maciço Central; regiões quase desabitadas. Os dois heróis se movem como figuras de balé sobre as montanhas e os planaltos. As roupas em farrapos, o tricórnio carcomido, os cavalos esquálidos. Tons de marrom e cinza, nada colorido. A sordidez e a pobreza da província no século XVIII. Na vivacidade do romance subjaz uma camada de pessimismo; no humor negro, o desespero. Seria preciso também inserir cenas que não aparecem no livro, como as dos quadros de Bruegel, onde uma mulher é estuprada aqui, uma casa é incendiada ali, sem que os personagens principais tomem conhecimento.

Independentemente desse plano, pretendo reler essa narrativa uma vez por ano.

Visita da Califórnia. Quase ninguém poderia ser mais alemão do que Reinhard Lettau. Ele é da Turíngia e afirma que Erfurt é o centro da terra. Mas ao mesmo tempo ele deixou sua terra natal. Preferiu viver como emigrante e estava orgulhoso de seu passaporte americano. Um escritor como ele é uma raridade na Alemanha. Ele produz pouco, mas nunca escreve nada realmente ruim. Há apenas dois anos, foi publicado seu magnífico livro *Feinde* [Inimigos], que diz mais do que quilos de panfletos e edições piratas de conteúdo político. Ele é militante, mas à sua maneira. O radicalismo é para ele, em boa medida, uma questão de estilo. Em vez de trotar em manifestações ou jogar pedras no Grupo Springer, ele prefere rasgar a revista *Bild* diante das câmeras de televisão com os seus dedos finos.

Recentemente, os Lettau retornaram a Berlim. Mal os dois se sentam à minha mesa, bebem chá, acompanham-me em um pedaço de camembert com exclamações de júbilo, entregam seus souvenirs, experiências e expressões — (*it's really something else, why, it's something out of space*) — e essa cidade de batalhas campais já se alterou e adota uma face menos fechada, quase aristocrática. Ele é perdoado por suas absurdas explosões de repulsa quando chama qualquer coisa que o desagrade de "fascista", seja uma vespa incômoda ou a fachada feia da casa do outro lado da rua. A graça e a cortesia de Reinhard fizeram de sua visita um prazer inesperado.

Sua esposa, Véronique, voltou completamente mudada dos Estados Unidos. Antigamente ela era confusa e ingênua, agora sabe exatamente o que quer. Quando bebe, fuma o cachimbo ou lê um livro, sempre pergunta a si mesma: o que dirão os chefes? Se eles gostarem, é ruim, se ficarem irritados, é bom. Assim, ela também participa da paranoia da esquerda, embora de uma forma atenuada. Isso se partirmos do fato de que os chefes não estão nem aí para o que Véronique bebe e que livros ela lê. As vantagens de uma visão de mundo simples compensam qualquer objeção.

Seu partido, ao qual ela evidentemente se refere como se fosse o único, chama-se Progressive Labor. Segundo Véronique, no começo ela também teve uma e outra dificuldade em lidar com resoluções do partido que não lhe pareciam razoáveis;

mas havia encontrado um meio eficaz para dominar as dúvidas. O melhor era defender esses rituais difíceis de entender perante outras pessoas. Dessa forma, a própria pessoa ficava convencida no final. Assim, a infantil Vero redescobriu a máxima de Pascal segundo a qual é possível alcançar a fé através de seus sinais exteriores.

Expresso de Bernina. Visita a Herbert Marcuse, que passa suas férias no Kronenhof em Pontresina. O lugar parece inventado por Dürrenmatt, cheio de rododendros, copeiras e relógios de cuco. Com seu *habitus* de grande burguês, o filósofo se encaixou muito bem no ambiente. O luxo suíço é, como sempre, simples, sólido e impiedoso. Os hóspedes do spa, com idade média de sessenta anos, em calças de abrigo e anoraques, armados com bengalas, fazem o chamado *parcours*: é preciso completar a volta de uma estrada florestal pavimentada com placas esmaltadas, nas quais, com intervalos de alguns minutos, é possível ler instruções para exercícios físicos. Marcuse, que faz as suas caminhadas aplicadamente, responde com o ar mais tranquilo do mundo ao casal alemão que o cumprimenta com um alegre *Grüß Gott*:* "Depois de vocês".

A conversa com ele mostra que, a milhas de distância de qualquer oportunismo, ele se apega às suas ideias com uma simpática teimosia. Em última instância, elas remontam às tradições do idealismo alemão. Sua desconfiança perante as pessoas comuns é ilimitada. Ele profere a palavra proletariado entre aspas apenas ironicamente. "O povo é um conceito nazista." O homem que há trinta anos já escrevia sobre o caráter repressivo da cultura mantém uma fé na arte que me parece singular; no *Fausto*, diz ele, há mais potencial revolucionário do que em qualquer tendência esquerdista no mundo ocidental. Ele não

---

* Saudação regional do Sul da Alemanha. Significa "Deus abençoe" e equivale a "bom dia".

deve estar errado. Mas sua teimosia me provoca tanto que, no final, transformo-me num leninista tímido que defende a ditadura do proletariado contra o domínio dos filósofos preconizado por Platão. Assim, em plenos Alpes, nós dois acabamos tomando o bonde errado.

Ideias fixas. Minhas dificuldades com religiões, filosofias e sistemas ideológicos: infelizmente, nunca consigo de fato acreditar que estejam falando a sério. Se alguém me diz que minha aversão a cabeleireiros se deve ao medo de castração, isso me faz rir. Por trás de tudo que percebo, deve existir alguma outra coisa, e a outra é a verdadeira. É claro que nunca acreditei realmente na existência de um espírito universal. Um epistemólogo me assegura que a questão se existe ou não um mundo exterior é insolúvel. Pois bem!

Talvez em toda grande teoria haja um gênio engarrafado esperando a primeira oportunidade de escapar. Mas eu não conheço a palavra mágica que poderia libertar o demônio. Mas ele que fique onde está, seja lá como se chame: situação de classe ou Espírito Santo, o ser dos seres ou estrutura instintiva.

Também é popular a tese de que não haveria mais indivíduos, que o núcleo de uma pessoa se tornou mera aparência. É fácil ver o que há de correto nela. No entanto, sinto pena de quem toma isso ao pé da letra e simplesmente engole. Só pode levar à tosse intensa e à falta de ar. Alienação ou não, todos podem distinguir as pessoas com quem convivem, não apenas por seu nome ou por seus gorros, mas por seus passos, sua voz, até mesmo pelos ruídos que fazem na cozinha quando põem água para ferver para o chá. Todos sabem disso, mas muitos não ousam contradizer preceitos que lhes foram incutidos. "Tolerância repressiva", "terror do consumo", "manipulação" — todos esses são conceitos heurísticos que são úteis em certas situações, mas devem ser jogados fora após o uso.

Mas as pessoas da esquerda, em sua configuração atual, são de tal forma obedientes às suas doutrinas que preferem negar a mais simples evidência a jogar suas ideias fixas no cesto de lixo. Às vezes, a própria libertação entra numa camisa de força.

Em branco. Armand Gatti conta sobre uma viagem a Pequim. Um grupo de visitantes da Europa é apresentado a Mao Tsé-tung; todos têm a oportunidade de fazer uma pergunta. Gatti quer saber como o Grande Presidente vê o futuro da humanidade. Mao põe a mão no bolso em seu peito, tira um caderno de notas, folheia-o, encontra uma página em branco, arranca-a e entrega ao questionador.

Gatti guardou a folha branca por meses, entre as páginas de um livro. Um dia, seus filhos tiraram o livro da prateleira, encontraram o papel e o rabiscaram com hieróglifos coloridos que zombam de qualquer tentativa de decifração.

Mais uma despedida de Cuba. Heberto Padilla foi denunciado em março de 1971 por "atividades subversivas contra o governo". Houve um processo de fachada em que ele foi forçado a fazer uma confissão humilhante. Esse processo, que lembra os julgamentos de Moscou de 1936, causou sensação mundial. Sessenta e dois autores, incluindo Jean-Paul Sartre, Julio Cortázar, Italo Calvino, Carlos Fuentes, Marguerite Duras, Juan e Luis Goytisolo, Alberto Moravia, Jorge Semprún, Susan Sontag, Pier Paolo Pasolini, Juan Rulfo e Mario Vargas Llosa dirigiram uma carta aberta a Castro, à qual o soberano respondeu com um acesso de raiva. Os autores eram "intelectuais burgueses, detratores e agentes da CIA, espiões do imperialismo, a quem Cuba negava acesso definitivamente". Isso foi uma estupidez que custou a ele e a seu regime o prestígio que ainda lhe restava na esquerda ocidental. Naturalmente, eu continuava fazendo parte dos agentes do imperialismo, pois fui um dos primeiros signatários da carta. Bem-vindos ao clube!

Noite com gatos escaldados. O Bundespresseamt* convida uma série de autores latino-americanos. O funcionário responsável desenvolve um programa de visitas que quase não difere do das delegações soviéticas. Há os pequenos vouchers habituais para o café da manhã e o jantar, intermináveis passeios de ônibus para ver vacas de Holstein ou uma fábrica de automóveis. Também foram previstas entrevistas, colóquios e recepções. A composição da "delegação" é curiosa. Os participantes se empenham em ser gentis, mas não é só o caso de Padilla que está latente aqui. Outros contrastes políticos são ainda piores. Um secretário argentino pálido, de pele acinzentada, parece representar a ditadura militar. Três brasileiros se mantêm ostensivamente reservados. Mas também há algumas estrelas: Mario Vargas Llosa e Gabriel García Márquez, velhos conhecidos e rivais, que levam suas diferenças com um humor cáustico.

Como eu falo um pouco de espanhol, proponho uma noite em minha casa para relaxar e, de fato, uma dúzia de convidados aceita meu convite. Há o suficiente para beber. Literatura é o assunto menos falado. Depois de uma hora, como se tivessem combinado, os chatos se levantam, entre eles Asturias, que não consegue se livrar do estigma do seu Prêmio Nobel, e se despedem. Música toca na vitrola, passa um baseado na roda, alguns se deitam no chão. Estão todos aliviados. Por algumas horas eles escaparam do programa.

Faux frais. Ouve-se que muitos da chamada geração de 1968 fizeram carreiras confortáveis. A maioria deles simplesmente foi para o funcionalismo público como professor universitário, com estabilidade e direitos previdenciários. Os ministros, secretários de Estado e magnatas da economia provavelmente

---

* Departamento de imprensa e informação do governo federal.

podem ser contados nos dedos. Mas nunca houve um movimento político sem que houvesse gente que acabasse absorvida pelas engrenagens. Muitas vezes, essas eram pessoas altruístas em mais de um sentido: elas não se preocupavam consigo mesmas nem com os outros, e arrastaram os seus ingênuos seguidores consigo para a perdição. Para alguns poucos, o fracasso ajudou a criar uma fama duvidosa. Eles foram transfigurados em mártires pela mídia ou promovidos a ícones pop.

A maioria dos outros foi rapidamente esquecida. Ninguém menciona os nomes daqueles que acabaram no pântano das drogas, na prisão ou na clínica psiquiátrica. Não foram poucos os que se mataram.

Como me retirei, o que para mim foi antes um ganho de liberdade, muitas vezes penso nesses perdedores. Vez ou outra me atribuem um papel de protagonista nos anos do tumulto no qual eu realmente nunca estive interessado. Mas não pude e não posso negar um resquício de cumplicidade. Qualquer um envolvido no tumulto é, em maior ou menor grau, corresponsável. Portanto, vejo o que posso fazer para ajudar algumas dessas pessoas desconhecidas ou, quando isso não é possível, penso em como fazer algo por sua memória.

Eu os incluo a todos, não importa de que lado estavam; tanto o operário Josef Bachmann, condenado a sete anos de prisão por tentativa de homicídio e que se asfixiou com um saco plástico em sua cela, quanto Dutschke, a quem ele tentou matar e que nove anos depois morreu afogado em sua banheira na Dinamarca. O radicalismo não conhece misericórdia.

Perspectivas do além. O paraíso dos muçulmanos promete aos fiéis o que a realidade lhes nega: campos verdejantes em vez do deserto arenoso; belas prostitutas em vez de mulheres inacessíveis e homossexualidade devido à carência; ricos manjares que se dissolvem no ar em vez de ameaçarem com disenteria ou cólera. Como negação exata da realidade social, esse paraíso segue uma lógica convincente.

O cristianismo conhece dois paraísos, que estranhamente competem entre si. O Jardim do Éden tem origem numa antiga fantasia oriental. Ele é sensual e descrito vividamente: vegetação exuberante, harmonia com a natureza, as pessoas estão nuas, não trabalham. Por outro lado, paira sobre o paraíso celestial dessa doutrina uma proibição de imagens que paralisa a imaginação e promete apenas o tédio eterno. Na Europa, o medo do inferno sempre foi mais forte do que o desejo por tamanha recompensa. Assim, o catecismo vence a si mesmo com suas próprias armas e a religião engendra a neurose.

O próprio Jardim do Éden me escandalizou no passado. Quando criança, me parecia que não merecia o nome de paraíso um lugar com placas como "Não cuspa no chão", "Cães devem ser mantidos na guia" ou "Proibido comer maçãs". Hoje tenho outra opinião sobre isso, pois com a proibição os habitantes do jardim ganharam a liberdade e o tempo — o tempo antes e o tempo depois. A maçã era o maior prazer que o jardim tinha a oferecer. Ela abriu o alçapão, a saída de emergência, prometeu o Eros e a inteligência. Sem o fruto proibido, esse lugar teria sido uma prisão. Uma das premissas do paraíso é que seja possível deixá-lo se estiver farto. Isso também se aplica a paraísos políticos, como o prometido pelo comunismo.

O silêncio é de ouro. Meu irmão Christian me conta sobre a doente, feia e meio louca poeta R., que fugiu da Alemanha Oriental e vive de não sei que tipo de pequena pensão. Ela sempre foi estranha, atrasada; o que ela escrevia era misticismo de cabeceira. Mas Christian diz que ela teve seus grandes momentos. Como quando, dando voltas em sua cozinha, com uma inocência que só as poetas líricas conseguem ter, ela diz: "Antes morta do que no proletariado!".

Essa frase, um dos pensamentos mais frequentes do século, nunca é pronunciada em nenhuma discussão política. Só que a maioria das pessoas sentadas no pódio a expressa a cada gole de seu copo e com cada botão de sua camisa. A maioria dos comunistas que conheço não conseguiria admitir isso.

Quem trabalha na linha de montagem, por sua vez, diz a si mesmo: preferia estar vivo a ficar onde estou. Chamam isso de aburguesamento. Tudo é perdoado aos trabalhadores, menos isso. O escárnio da esquerda abomina o pequeno-burguês; quanto mais perto ela está dessa camada social, e quanto mais mergulha na análise de classe, menos pensa em aplicá-la a si mesma. Caso fizesse isso, condições que negam tudo o que a própria teoria diz ficariam evidentes. Portanto, a esquerda precisa manter o mais longe possível da própria pele tudo o que preconiza.

Discurso do complexo de Gulliver. Um terror antigo que nunca me abandonou completamente. Eu devia ter uns cinco anos quando, numa dessas habituais edições adulteradas, li Swift pela primeira vez. Nesse livro havia uma ilustração colorida bastante tosca, mas com um desenho muito preciso. Um gigante estava deitado num campo. Ele estava amarrado com muitos fios finos e não conseguia se mover, embora fosse mais forte do que os liliputianos que estavam ao seu redor, sorrindo; porque eram numerosos e agiam em conjunto.

Por que, como a maioria das crianças, eu me identifiquei imediatamente com Gulliver? Era como se eu sentisse o fio da linha na minha pele, a dor dos grilhões, a tentativa de me soltar à força, sim, até mesmo o escárnio que havia no fato de que dessa maneira a vítima torturava a si mesma. Ele poderia muito bem ficar quieto e derrotado!

Mas a imagem revela mais do que eu gostaria. No final, assemelho-me a esse intruso que invade o reino de Liliput totalmente sozinho? Por que não me vejo como um dos liliputianos, que afinal corporificam uma racionalidade social? E que megalomania é essa que fez a criança de cinco anos se sentir como um gigante? A que quebrou o pescoço de Heine, o homem rigoroso que manteve a cabeça erguida até o final, como se nada soubesse dos grilhões que o oprimiam? Eram fios muito diferentes, fios mais fortes do que os meus: o ressentimento alemão, a censura, a pobreza, a doença e o seu judaísmo, que era mais do que uma religião.

As sentenças de Heine sobre o comunismo são proféticas. O autor viu nele unicamente o instrumento da negação — como o inquisidor que, voltando-se para o delinquente, diz: mostrem-lhe os instrumentos. Mas Heine também viu o que o partido que leva esse nome faria com eles. Ninguém o escutou, naturalmente.

Desvio magnético. Qualquer um que consiga manejar um barco a remo, qualquer um que tenha disparado um único tiro, qualquer estudante atormentado com o paralelogramo de forças sabe que lidar com mais de uma variável tem suas armadilhas. O remador deve equilibrar a corrente e o vento, o atirador deve mirar, deve levar em conta a deriva, o peso do projétil e os movimentos do alvo. Se ele mirar no alvo, vai errar e acertar algo que ele não quis atingir.

Em todas as circunstâncias sociais, o número de variáveis é muitas vezes maior. Portanto, o cálculo que qualquer membro de um conselho municipal, qualquer gerente e qualquer advogado picareta conhece, requer bom golpe de vista, prática e capacidade de avaliar. A dificuldade aumenta quanto mais fortes são as forças opostas em relação às próprias.

Apenas os movimentos que visam a uma mudança revolucionária nos países capitalistas não sabem disso. Na mais pura inocência, eles definem seu alvo e rumam para ele em linha reta. Mas seu adversário normalmente não está mais onde eles miraram. Por isso as ações políticas raramente alcançam o objetivo. É mais frequente que o oposto aconteça. Ideologia é o que menos protege contra isso.

A oposição extraparlamentar e suas ramificações ajudaram a social-democracia, que queriam combater, a triunfar na Alemanha. Com sua agitação, os marxistas-leninistas chamaram a atenção dos sindicatos para os erros mais perigosos cometidos no processo de produção. As células vermelhas ajudaram a realizar as reformas estruturais em atraso nas universidades. As *Kinderläden** experimentavam novas formas sobre as quais os pedagogos não queriam saber. A oposição ao sistema tornou-se, dessa forma, um simples dispositivo da modernização. Ela impulsionou o processo de aprendizagem da sociedade capitalista de forma mais decisiva do que seus defensores.

A esquerda militante reagiu a isso radicalizando ainda mais. A longo prazo, ela ajudou o regime que acreditava combater a se adaptar cada vez melhor às condições da globalização.

A cegueira diante das regras mais básicas da mecânica política, bem como a crença mística em doutrinas ideológicas, aponta para o caráter quase religioso de um movimento com o qual se encontram muitos paralelos no socialismo utópico do século XIX.

Projetos. Portanto, de volta à escrivaninha. Eu trabalhei sem pudores — não mais como antes, pelas costas do "movimento", mas de forma completamente aberta. Coletei o material para uma biografia de Buenaventura Durruti, fui atrás de seus rastros na Espanha, na França, na Holanda e filmei entrevistas com velhos senhores simpáticos que falaram sobre opressão, resistência armada e sobre suas derrotas. Para cada versão do material (filme, rádio, livro), tive que inventar uma estrutura independente.

---

* "Lojas de crianças": pré-escolas alternativas, muitas vezes organizadas pelos pais, instaladas em antigas lojas de bairro que fecharam com o avanço dos supermercados.

Depois, estava em cima da minha mesa *Die Lebensgeschichte eines entflohenen Negersklaven aus Cuba* [Biografia de um *cimarrón*: A história de um escravo negro fugitivo de Cuba], contada pelo próprio e editada por Miguel Barnet a partir de depoimentos gravados. Cheguei a conhecer esse *cimarrón*, que na época tinha 106 anos de idade. Ele disse frases como estas: "O mais importante é a serenidade, sem ela o homem não pode viver e não pode pensar... Isso não é triste, porque é a verdade". Isso é algo para o teatro, eu pensei. E se eu fizesse uma espécie de libreto? Talvez inspire Henze a compor uma música?

Ou deveríamos ousar e tentar a ópera logo de uma vez?

Na Alemanha, dezenas de teatros encenam noite após noite *O morcego*, *Frau Luna* ou qualquer outra coisa de Strauß, Offenbach ou Lehár. A opereta é considerada um meio de massa anacrônico. Não seria melhor uma peça sobre a história da emissão de títulos de dívida pública? Por exemplo, com base na *Lebensgeschichte eines deutschen Bankiers* [A história da vida de um banqueiro alemão], de Carl Fürstenberg; o local e a época da ação coincidem exatamente com o apogeu da opereta. Ela foi o baile de máscaras da pilhagem dos Bálcãs pelo capital. Ou no caso de Leopoldo II, o rei da Bélgica, que arrancou do peito o coração da África e devorou a carne do seu Estado Livre do Congo. Na Conferência de Berlim, de 1884, os outros, Bismarck e os representantes das grandes potências, brindaram-no com esse butim. Leopoldo poderia cantar uma ária triunfal na banheira, acompanhado por sua amante, enquanto na antessala os lacaios negros esperavam por seus salários. Isso não é material para uma opereta? Por que não funcionaria?

Mas está bem. Vamos nos ater então à nossa própria época. Um vaudevile sobre a Revolução Cubana. Também para isso há um modelo, assinado por Miguel Barnet: *Canción de Rachel*, publicado em Havana, em 1969. Quem sabe Henze, que é amigo de Miguel e sabe tudo sobre a música cubana, não teria vontade de trabalhar nesse material?

Também seria possível escrever uma peça radiofônica com base nos cadernos de conversação do surdo Beethoven, ou dar nova vida a uma sinistra comédia policial do século XIX. O autor, Sukhovo-Kobylin, mais perverso que Labiche, está completamente esquecido hoje. Também algumas das peças de Nikolai Erdman desapareceram. Meyerhold encenou seu famoso *O suicídio* em 1925. Sob Stálin, ele passou vinte anos no gulag e hoje li no jornal que ele morreu em Moscou aos setenta anos. Eu também poderia imaginar um duplo drama psicológico, que trate de duas comunidades: um se passa entre gerentes da IBM, enviados para um castelo não muito longe de Amsterdam para um *sensitivity training*; o outro num grupo de maoistas que se digladiam por causa de sua doutrina e da geladeira vazia.

E assim por diante. O que então vem à tona — e provavelmente continuará sem chances no mercado dos meios de comunicação — é o desejo reprimido de voltar a fazer o que eu mais gosto de fazer.

Pensamentos ocultos. Já quando criança eu sabia que algo assim existia. Uma reserva que se guarda para si mesmo. Pensamentos que permanecem não ditos, que nunca devem vazar. O que está por trás deles é o verdadeiro motor. Não há nada de misterioso nisso.

Na filosofia, isso não é possível. A teoria deve expressar aonde quer chegar, enquanto a literatura deixa muito em aberto. Um bom poeta diz mais do que sabe. Cada leitor entende um texto a seu modo. Portanto, o mal-entendido não é algo que se deve evitar, ao contrário, é extremamente bem-vindo.

O que é um clássico? Uma obra que vive mais tempo porque contém possibilidades abertas que talvez o autor nem conheça. Ele nunca foi e nem será o senhor absoluto da matéria. É verdade, ele deve ser capaz de construir algo, e isso significa que deve estar tecnicamente à altura, mas ao mesmo tempo o escritor precisa de um substrato de ingenuidade que escapa ao domínio da teoria. Racionalidade e espontaneidade na verdade são incompatíveis. Mas é justamente o que confere à literatura o seu grau de liberdade.

Ninguém sabe tudo o que ela pode, deve ou precisa fazer. Há autores que não se sentem vocacionados a melhorar o mundo. Quando indagados a respeito, eles dizem: Faça o que quiser, mas me deixe em paz! Ele tem esse direito. Um escritor que define regras para outros escritores é um idiota.

Último capítulo de um romance russo. Naquela tarde de junho em Cambridge foi como se Lewis Carroll pudesse nos observar com sua Alice. Descíamos de canoa o idílico rio Cam. Em 1972, Maria Aleksandrovna conseguira uma bolsa no King's College. Eu me perguntei como teria acontecido. Uma mulher naquela confraria masculina, e ainda por cima estrangeira! Quem mexeu os pauzinhos, em Moscou ou em outros lugares? Isaiah Berlin podia ter um dedo nisso. Ou Lídia Chukovskaia? Eu não conhecia os segredos dos bastidores.

Masha trouxera da Rússia uma mala cheia de materiais raros. Durante anos, ela reuniu panfletos, manifestos, revistas, volumes raros de poesia, folhetos amarelados do ápice da vanguarda, entre 1915 e 1930. Ela queria escrever um trabalho científico de mais fôlego sobre isso, longe do ruído do presente.

Por trás da magnífica arquitetura gótica de Cambridge, reinavam bons e maus costumes monásticos. As leis não escritas não eram fáceis de decodificar. No College, as portas e as escadas rangiam, os dormitórios eram mobiliados com austeridade; mas, ao mesmo tempo, a vida cotidiana dos intelectuais desfrutava de certos remanescentes de um luxo medieval. Ninguém sabia dizer de imediato quanto custava enviar uma carta. Eles simplesmente entregavam a correspondência ao porteiro de cabelos prateados, que a franqueava. Além disso, um *fellow* também não precisava se preocupar em lavar a roupa.

Mas as expectativas tácitas eram altas. Aqueles que não as preenchiam eram ameaçados com uma discreta exclusão. Ninguém diria uma palavra sobre isso em voz alta. Mas o mundo acadêmico não conhece misericórdia com os fracassados. Pouco depois desse último encontro amoroso, Masha me confessou no apartamento que aluguei para ela em Battersea que não havia feito progressos em sua dissertação, exceto por algumas notas sem coesão. Talvez as exigências que ela fizera a si própria haviam sido altas demais, e ela não conseguira alcançá-las. De qualquer forma, ela estava com os nervos em frangalhos. Sua bolsa de estudos terminaria em poucas semanas e estava claro que suas chances no mundo acadêmico eram muito ruins. A noite terminou em lágrimas.

Ela então se virou, mais mal que bem, com aulas de russo e traduções, encontrou um emprego de meio período numa faculdade em Sussex e escrevia alguns artigos para uma elitista revista de cinema.

Ela também sempre ia para Moscou, embora continuasse com relações cortadas com a mãe. Ela levava presentes do inacessível Ocidente e encantava os amigos com seus ares cosmopolitas. Mas não podia mais se sentir em casa nesse ambiente. Ouvi dizer que, no final, ela defendia ideias ultraesquerdistas e passara a cultuar o proletariado. Uma das principais cabeças da união dos escritores russos na década de 1920 foi o ominoso Fadeiev, o pai biológico de Masha, a quem ela nunca conheceu. Em 1932, o Comitê Central decidiu dissolver a entidade, que à época se chamava RAPP.* Fadeiev rapidamente se distanciou de seus companheiros e se arrependeu de seus erros anteriores. Será que Masha pensava numa vingança intelectual tardia contra o pai?

* Associação Russa dos Escritores Proletários.

Não havia perigo nisso, porque em Londres não faltavam amigos que exibiam um ar radical e estavam muito à esquerda do Partido Trabalhista. Alguém me disse que ela brilhava como anfitriã; a Nova Esquerda celebrou muitos carnavais em seu apartamento. Não foi difícil acreditar. Os intelectuais ingleses que eu conhecia eram pessoas sofisticadas e cosmopolitas, jornalistas, professores, cineastas e tradutores. Mas duvido que alguma vez tenham tido algo a ver com uma mulher como Masha. Provavelmente, ela instilava desejo e medo em partes iguais. Talvez tenham adivinhado que por trás de seu comportamento fervoroso estavam escondidas coisas que poderiam assustá-los: solidão, infelicidade e fracasso. Ainda havia algo nela que ardia, embora ela já não contasse com muito mais tempo.

Só nos reencontramos mais uma vez. Receio que tenha havido algum tipo de fadiga dos materiais dos dois lados. Mas o fim de um romance russo não pode passar em brancas nuvens. Ele exige uma cena dramática, possivelmente à noite ou ao amanhecer. Uma mulher como Masha não abriu mão de sua última aparição. O *amour fou* é uma luta em que não pode haver vencido nem vencedor.

Postscripta

(2014)

Vi pela última vez Maria Aleksandrovna Enzensberger, nascida Makarova, chamada Masha, em Londres, em 1979. Um ano depois nos divorciamos. Eu ainda pude comprar para ela um apartamento em Highgate no qual nunca entrei. No outono de 1991, um dia antes do aniversário de sua mãe, com a qual ela nunca conseguiu se reconciliar, Masha tirou a própria vida. Ela não foi a primeira; sua irmã mais velha, Tania, morrera muito antes dela, em 1970, em delírio alcoólico.

Margarita Aliguer, a quem a vida nada poupou, escreveu-me no verão de 1971, depois que Masha e eu nos separamos:

Obrigada por sua carta, pela triste clareza. Meu Deus, como ela é triste. Pobre menina, menina boba, criança! E ninguém é culpado, ninguém pode ajudar, mas você está certo: realmente não faz mais sentido continuar a remoer tudo isso. Lamento muito que não tenhamos nos visto o suficiente e conversado tão pouco. Eu estava convencida de que teríamos toda a vida pela frente. Foi uma pena não ter sido assim. Às vezes, até mesmo com uma certa frequência, me parece que, em comparação com as minhas filhas, eu sou uma pessoa muito simples, muito comum, até mesmo muito primitiva. Assim, infelizmente, há muitas coisas que não consigo entender. Seja feliz. Não me esqueça, sempre terei prazer em esperá-lo em minha casa.

Tive a sorte de encontrá-la novamente no verão de 1976. Ela estava ameaçada de perder a visão. Os médicos falavam de uma degeneração macular incurável. Ela só conseguia ler se usasse uns óculos enormes de lentes amarelas. Consegui convencê-la a ir a Munique, onde havia uma boa clínica oftalmológica e óculos especiais para esses casos. Fomos dar um passeio no Jardim Botânico e estávamos estranhamente alegres. Em agosto de 1992, um ano depois de sua filha Masha, Margarita morreu em Michurinets, perto de Peredelkino.

O pobre Heberto Padilla finalmente conseguiu deixar Cuba em 1980, com a ajuda de Edward Kennedy. Ele levou uma existência infeliz nos Estados Unidos. Embora ainda tenha escrito um romance e poesia, nunca se recuperou da humilhação pública. Sua mulher, Belkis, o deixou, ele bebeu demais e teve um ataque cardíaco, o que causou sua morte em setembro de 2000 em Auburn, uma pequena cidade no leste do Alabama.

Uma documentação detalhada do "Caso Padilla" pode ser encontrada na revista *Libre*, vol. 1, Paris, 1971, pp. 93-145.

Herbert Marcuse morreu em Starnberg em 1979, durante uma visita a Jürgen Habermas.

Mais detalhes sobre Baader, Meinhof & Cia. podem ser encontrados numa conversa com Jan Philipp Reemtsma e Wolfgang Kraushaar: Kraushaar (Org.), *Die RAF und der linke Terrorismus* [A RAF e o terrorismo de esquerda], Hamburgo: Hamburger Edition, vol. 2, 2006, p. 1392-411.

Reinhard Lettau morreu em 1996, após uma longa doença, em Karlsruhe. Seu túmulo fica ao lado do de E. T. A. Hoffmann, em Berlim.

Em memória
(1978)

Bem, quanto aos anos setenta,
posso ser breve.
O telefone de informações estava sempre ocupado.
A milagrosa multiplicação dos pães
se restringiu a Düsseldorf e cercanias.
A terrível notícia foi transmitida pelo telex,
recebida e arquivada.
Sem resistência, de um modo geral,
eles engoliram a si mesmos,
os anos setenta,
sem garantias para o segundo filho,
turcos e desempregados.
Seria exigir demais
que alguém os lembrasse com indulgência.

Índice onomástico

A

Abe Kobo, 43
Akhmadulina, Bella, 72
Akhmátova, Anna, 48, 84, 110, 192
Adorno, Theodor, 197
Adzhubei, Aleksei, 19
Aksionov, Vassili, 41
Alexandra (pseudônimo de Doris
    Nefedow), 203
Alexandre II, tsar da Rússia, 61
Aleksandrov, Aleksander, 78
Alighieri, Dante, 205
Aliguer, Margarita, 47-9, 81, 85
Aliguer, Tania, 82, 105, 251
Allende, Salvador, 135
Alzheimer, Alois, 97
Amalrik, Andrei, 37
Antenen, Meta, 203
Antonioni, Michelangelo, 201
Apollinaire, Guillaume, 224
Aragon, Louis, 189
Arendt, Hannah, 10, 81
Arp, Hans, 176
Asturias, Miguel, 123, 239
Auden, Wystan Hugh, 123
Avicena, 55

B

Baader, Andreas, 207-8
Babel, Isaac, 48, 84

Bachmann, Ingeborg, 11, 193
Bakunin, Mikhail, 61, 218
Balzac, Honoré de, 230
Barnet, Miguel, 158, 245
Batista, Fulgencio, 127, 148, 153, 171
Baudelaire, Charles, 70
Baumann, Josef, 240
Beatles, The, 16, 173
Beauvoir, Simone de, 11, 19
Beethoven, Ludwig van, 246
Benjamin, Walter, 176, 233
Benn, Gottfried, 66
Benz, Georg, 89
Berg, Raissa, 77-8, 95
Berlin, Isaiah, 175, 247
Bingen, Hildegard von, 183
Bismarck, Otto von, 245
Blake, William, 162
Bloch, Ernst, 89
Bogatiriov, Konstantin ("Kóstia"),
    12, 35
Bogatiriov, Piotr, 35
Böhme, Jakob, 183
Bohumila, *ver* Grögerová, 174, 203
Böll, Heinrich, 68
Brandt, Willy, 222
Braque, Georges, 16
Braun, Volker, 58
Brejnev, Leonid, 37-8
Brecht, Bertolt, 53, 78
Breton, André, 126
Bruegel, Pieter, o Velho, 234
Brik, Lília, 188, 190

Brik, Óssip, 188
Brodsky, Joseph, 37, 95
Brouwer, Leo, 225
Butterfield, Victor L., 121-2, 129
Byron, George Gordon, Lord, 190

C

Cabrera Infante, Guillermo, 192
Cage, John, 122
Calvino, Italo, 238
Camacho, Diego, 226
Carroll, Lewis, 247
Cases, Cesare, 194
Castro, Fidel, 126-8, 130, 153-7, 163-5, 171-2, 182, 192-3, 197, 212, 218, 238
Cervantes, Miguel de, 163
Chagall, Marc, 188
Chklóvski, Viktor, 189
Chukovskaia, Lídia, 84, 192, 247
Churchill, Winston, 145-6
Cienfuegos, Camilo, 145, 171
Cimarrón, s. Montejo, 225
Claudius, Eduard, 43
Clay, Henry, 145
Colonna, Família, 194
Cook, James, 62
Corso, Gregory, 133
Cortázar, Julio, 126, 238

D

Dalton, Roque, 149
Déry, Tibor, 11, 35
Diderot, Denis, 234
Dietrich, Marlene, 147
Dostoiévski, Fiódor, 14, 230
Djugashvili, *ver* Stálin, 41, 49

Dubček, Alexander, 166, 200, 222
Dumont, René, 156
Duras, Marguerite, 238
Dürrenmatt, Friedrich, 236
Durruti, Buenaventura, 226, 244
Dutschke, Rudi, 105, 139-41, 173-4, 194, 240
Dutton, Geoffrey, 136

E

Ehrenburg, Iliá, 11, 14, 16-7, 19, 48, 81
Einaudi, Giulio, 126, 193
Eisenstein, Serguei, 52
Elisabeth II, rainha da Inglaterra, 146
Emerson, Ralph Waldo, 122
Empson, William, 123
Engels, Friedrich, 148, 202n
Ensslin, Gudrun, 207-8
Enzensberger, Christian, 241
Enzensberger, Dagrun, ver Kristensen, 88, 104, 106, 112-5, 211
Enzensberger, Katharina, 97
Enzensberger, Tanaquil, 88, 104, 106, 112-4, 224, 226
Enzensberger, Ulrich, 115, 217
Erdman, Nikolai, 246
Etherington, Edwin, 129

F

Fadeiev, Aleksander, 49, 84, 248
Faulkner, William, 68
Fedin, Konstantin, 11, 14, 19, 27, 83
Feltrinelli, Giangiacomo, 126
Ferlinghetti, Lawrence, 132
Fermi, Enrico, 79

Fichter, Tilman, 140
Fioretos, Aris, 218
Fitzgerald, Francis Scott, 151
Flaubert, Gustave, 234
Flynn, Errol, 147
Franqui, Carlos, 192-3, 218
Frege, Gottlob, 230
Freud, Sigmund, 148
Fried, Erich, 139
Frisch, Max, 11
Fuentes, Carlos, 238
Fürstenberg, Carl, 245

G

Gadda, Carlo Emilio, 194
Gagarin, Iuri, 42
García Márquez, Gabriel, 239
Gatti, Armand, 238
Gaulle, Charles de, 30, 174
Ginsberg, Allen, 148
Ginzburg, Lev, 12, 35, 39, 41,
    44-5, 93
Goethe, Johann Wolfgang, 58
Gógol, Nikolai, 14
Golding, William, 11
Gomułka, Władysław, 174
Gonsález, Laura, 193
Górki, Maksim, 12, 37, 83
Goytisolo, Juan, 238
Goytisolo, Luis, 238
Grass, Günter, 115
Greno, Franz, 218
Greville, Daisy, 132
Grögerova, Bohumila (esposa
    de Josef Hiršal), 174, 203
Gropius, Walter, 176
Guevara, Alfredo, 145
Guevara, Ernesto (Che), 124,
    127-8, 135, 164, 168, 179, 187,
    200, 210, 214

Gustafsson, Lars, 229
Gustafsson, Madeleine, 229

H

Habermas, Jürgen, 252
Hamsun, Knut, 68
Hardenberg, Friedrich von,
    ver Novalis, 134
Hausdorff, Felix, 78
Havel, Václav, 222
Heine, Heinrich, 29, 58, 225, 243
Hemingway, Ernest, 52, 148, 152
Henze, Hans Werner, 194, 225,
    245
Herzen, Alexander, 118
Hildegard von Bingen, 183
Hiršal, Josef, 174, 203
Hitler, Adolf, 41, 90n, 121, 153n, 204
Hobsbawm, Eric, 126, 175
Hoxha, Enver, 223
Hoffmann, E(rnst) T(heodor)
    A(madeus), 252
Holmqvist, Bengt, 231
Holmqvist, Margaretha, 231
Horkheimer, Max, 205
Hrabal, Bohumil, 199
Humphrey, Hubert, 114-5

I

Ibn Sina, ver Avicena, 55
Ilf, Iliá, 84
Ionesco, Eugène, 224

J

Jabotinsky, Vladimir, 48
Jakobson, Roman, 35

Jarry, Alfred, 224
Iessiênin, Serguei, 72
Ievtuchenko, Ievguêni, 11, 15, 19,
 42-3, 45, 53, 69, 72
Johnson, Uwe, 11, 89, 106-7, 114-5,
 129-30
Joyce, James, 14, 69
Jünger, Ernst, 233

K

Kafka, Franz, 14, 70, 134, 163
Kandinsky, Wassily, 176
Karmen, Roman, 52
Kaverin, Veniamin, 84
Kennedy, Edward, 252
Kennedy, John F., 26, 164, 226
Kertész, Imre, 217
Kharms, Daniil, 14
Khayyam, Omar, 56
Khlébnikov, Vélimir, 14
Khruschóv, Nikita, 18-20, 22, 25-6, 28,
 30, 33, 37, 39, 49, 52, 58, 164, 211
King, Martin Luther, 122
Kinsey, Alfred, 228
Kissinger, Henry, 138, 222
Koch, Hans, 11, 33
Kolár, Jiri, 199-200, 203, 218
Kraushaar, Wolfgang, 252
Kristensen, Dagrun, 88, 104, 106,
 112-5, 211
Kuhn, Thomas, 78
Kunene, Raimond, 46
Kunzelmann, Dieter, 106, 108, 114,
 120, 140

L

Labiche, Eugène, 246
Langhans, Rainer, 106, 108, 114

Lansky, Meyer 147
Lehár, Franz, 245
Lehning, Arthur, 174-5, 218
Leiris, Michel, 126
Lênin, Vladimir Ilich, 17, 52, 55, 58,
 79-80, 140, 157, 232
Leopoldo II, rei da Bélgica, 245
Lettau, Reinhard, 134, 234-5, 252
Lettau, Véronique, 235
Lezama Lima, José, 158, 160
Linke, Georg, 207
Lissitzky, El, 176
Llanusa, José, 144
Löbe, Paul, 121
Luciano, Lucky, 147
Lumière, irmãos, 145
Lisénko, Trofim, 77

M

Machado, Gerardo, 148
Magalhães, Fernão de, 62
Mahler, Horst, 106
Maiakóvski, Vladimir, 12, 42,
 188, 190
Makarova, Maria (Masha), 47-8,
 111, 251
Makarov-Rakitin, Konstantin, 48-9
Mandelstam, Óssip, 13, 72, 200
Mao Tsé-tung, 4, 200, 225, 238
Marcuse, Herbert, 134, 236, 252
Martí, José, 145, 164, 226
Marx, Karl, 52, 107, 202
Maschke, Günter, 217
Masters, William, 228
Matisse, Henri, 16, 76
Mead, Margaret, 142
Meinhof, Ulrike, 206-9
Meyerhold, Vsevolod, 246
Michel, Karl Markus, 89
Michelangelo, 201

Miller, Glenn, 124
Miller, Henry, 107
Miłosz, Czesław, 10
Mirò, Joan, 76
Modigliani, Amedeo, 17
Montaigne, Michel de, 233
Moravia, Alberto, 194, 238
Muller, Hermann, 77
Müller-Stahl, Armin, 227
Münchenhagen, Reinhard, 227

N

Nabokov, Vladimir, 114, 122
Neruda, Pablo, 123, 190
Nicolau II, tsar da Rússia, 15
Nirumand, Bahman, 141, 143
Nixon, Richard, 139, 222
Nobel, Alfred, 50
Nono, Luigi, 126

O

Obregón, Roberto, 45
Offenbach, Jacques, 245
Orwell, George, 10

P

Padilla, Belkis, 159, 252
Padilla, Heberto, 149, 159, 213, 217, 239, 252
Pahlevi, xá Reza, 141
Pascal, Blaise, 236
Pasolini, Pier Paolo, 238
Pasternak, Boris, 39, 84
Paulo VI, papa, 203
Paustóvski, Konstantin, 38, 48, 84, 111

Pavchinskaia, Marina, 51, 59, 82
Pertini, Sandro, 194
Petrov, Ievguêni, 84
Picasso, Pablo, 17
Pillaudin, Roger, 224
Pilniak, Boris, 84
Piñera, Virgilio, 158
Piranesi, Giovanni Battista, 40
Pirosmanashvili, Niko, 188
Platão, 237
Platonov, Andrei, 84
Poe, Edgar Allan, 69
Presley, Elvis, 15
Proudhon, Pierre-Joseph, 107
Proust, Marcel, 14
Púchkin, Aleksander, 14, 72
Putrament, Jerzy, 11, 21

Q

Queneau, Raymond, 224

R

Rabehl, Bernd, 140
Rauschenberg, Robert, 187
Reemtsma, Jan Philipp, 252
Reich, Wilhelm, 107
Repin, Iliá, 76
Richter, Hans Werner, 11-2, 14, 19
Ridder, Helmut, 89
Rilke, Rainer Maria, 13, 35
Rivera, Diego, 17
Rolling Stones, The, 131
Roman, Johan Helmich, 230
Roth, Joseph, 187
Rothschild, Edmond de, 50
Rothschild, Nadine de, 50, 226
Rousseau, Jean-Jacques, 97
Rubens, Peter Paul, 230

Rulfo, Juan, 238
Rusk, Dean, 24
Russell, Bertrand, 141
Rustaveli, Shota, 86

S

Sakharov, Andrei, 38
Sachs, Nelly, 183, 206, 218, 231
Saint-Laurent, Yves, 190
Salinger, Jerome David, 68
Salvatore, Gaston, 113, 139-40
Santamaría, Abel, 153
Santamaría, Haydée, 153, 218
Sarraute, Nathalie, 11
Sartre, Jean-Paul, 11, 15, 19, 21, 23-5, 49, 126, 238
Shelikhov, Grigori, 61, 69-70
Schiller, Friedrich, 58
Schlögel, Karl, 95
Schmid, Christoph von, 25
Schneider, Peter, 141-2
Sholokhov, Mikhail, 11, 19
Schwitters, Kurt, 176
Seliger, Margarita, s. Aliguer, 47-9, 81, 85
Semler, Christian, 140
Semprun, Jorge, 238
Shakespeare, William, 39
Sihanouk, Norodom, príncipe, 130, 138
Símonov, Konstantin, 17, 52, 83
Siniavski, Andrei, 37, 95
Siqueiros, David, 126
Smith, Adam, 75
Soljenítsin, Aleksander, 28
Sontag, Susan, 238
Springer, Véronique, ver Lettau, 235
Stálin, Josef, 25, 28, 35-6, 39, 42, 52, 58, 77, 84, 87, 163, 189, 192, 205, 211, 246

Strauß, Johann, 245
Strindberg, August, 53, 113
Sukhovo-Kobylin, Aleksander, 246
Surkov (dirigente da União dos Escritores Soviéticos), 23
Swedenborg, Emanuel, 183
Swift, Jonathan, 242

T

Tertz, Abram, ver Siniavski, 37, 95
Teufel, Fritz, 106, 108, 115
Tho, Le Duc, 222
Tolstói, Liev, 14, 19, 36, 87
Triolet, Elsa, 189
Trótski, Liev, 59, 126, 40, 148
Troubetzkoi, Serguei, duque, 225
Tchaikóvski, Piotr, 12, 83
Tchékhov, Anton, 14, 82, 120
Tchukóvski, Kornei, 110
Tsvetaeva, Marina, 84
Turguêniev, Ivan, 12
Tvardóvski, Aleksander, 11, 19, 28, 33, 36

U

Ulbricht, Walter, 28, 39
Ulugh Beg, 56
Ungaretti, Giuseppe, 11, 19, 23, 193
Unseld, Siegfried, 132
Upmann, Hermann, 145

V

Vargas Llosa, Mario, 238-9
Verwoerd, Henrik, 57
Vitória, rainha da Inglaterra, 136

Vigorelli, Giancarlo, 9-10, 19, 23,
    27, 125
Vilar, Jean, 225
Vlaminck, Maurice, 17
Volkonski, Serguei, duque, 60
Voznesenski, Andrei, 72

W

Wagenbach, Klaus, 223-4
Wagner, Richard, 230
Warhol, Andy, 164
Warwick, condessa de,
    ver Greville, 132
Weiss, Peter, 139
Wetter, Gustav, 10
Wilde, Oscar, 69
Wilson, Angus, 11
Winter, Franz, 214
Wittgenstein, Ludwig, 230
Wosk, Rosi, 184

A tradução desta obra foi apoiada por
um subsídio do Instituto Goethe.

Tumult © Suhrkamp Verlag Berlin 2014. Todos os direitos reservados e controlados por Suhrkamp Verlag Berlin.

Todos os direitos desta edição reservados à Todavia.

Grafia atualizada segundo o Acordo Ortográfico da Língua Portuguesa de 1990, que entrou em vigor em 2009.

capa
Bloco Gráfico
imagem de capa
Ulf Andersen/Getty Images
composição
Manu Vasconcelos
preparação
Sheyla Miranda
índice onomástico
João Gabriel Domingos de Oliveira
revisão
Jane Pessoa
Ana Alvares

Dados Internacionais de Catalogação na Publicação (CIP)

— —

Enzensberger, Hans Magnus (1929-)
Tumulto: Hans Magnus Enzensberger
Título original: *Tumult*
Tradução: Sonali Bertuol
São Paulo: Todavia, 1ª ed., 2019
264 páginas

ISBN 978-85-88808-93-5

1. Literatura alemã 2. Ensaios 3. Anos 1960 e 1970
I. Bertuol, Sonali II. Título
CDD 834

— —

Índice para catálogo sistemático:
1. Literatura alemã: Ensaios 834

todavia
Rua Luís Anhaia, 44
05433.020 São Paulo SP
T. 55 11. 3094 0500
www.todavialivros.com.br

fonte
Register*
papel
Munken print cream
80 g/m²
impressão
Ipsis